U0107032

Face, Favor
and
Reproduction
of Power

翟学伟——著

人情、面子与权力的再生产

（精装版）

北京大学出版社
PEKING UNIVERSITY PRESS

图书在版编目（CIP）数据

人情、面子与权力的再生产 / 翟学伟著. —北京：北京大学出版社，
2023.8

ISBN 978-7-301-34153-7

Ⅰ.①人… Ⅱ.①翟… Ⅲ.①社会学－研究 ②社会心理学－研究
Ⅳ.① C91 ② C912.6-0

中国国家版本馆 CIP 数据核字（2023）第 116990 号

书　　　名	人情、面子与权力的再生产（精装版）	
	RENQING、MIANZI YU QUANLI DE ZAI SHENGCHAN（JINGZHUANG BAN）	
著作责任者	翟学伟　著	
责 任 编 辑	董郑芳	
标 准 书 号	ISBN 978-7-301-34153-7	
出 版 发 行	北京大学出版社	
地　　　址	北京市海淀区成府路 205 号　100871	
网　　　址	http://www.pup.cn	
新 浪 微 博	@北京大学出版社　　@未名社科－北大图书	
微信公众号	北京大学出版社　北大出版社社科图书	
电 子 信 箱	编辑部 ss@pup.cn　　总编室 zpup@pup.cn	
电　　　话	邮购部 010-62752015　　发行部 010-62750672	
	编辑部 010-62753121	
印 刷 者	北京中科印刷有限公司	
经 销 者	新华书店	
	730 毫米 ×1020 毫米　16 开本　25.25 印张　366 千字	
	2023 年 8 月第 1 版　2023 年 8 月第 1 次印刷	
定　　　价	109.00 元（精装）	

接到北京大学出版社计划出版精装版的通知，我再次有机会修订了此书。我首先想表明的是，任何作品的出版都有它的时代性，也都反映了作者在一个特定时代或特定阶段的想法。一本著作所关注的问题如果被解决了或者过时了，那就表明那个时代或阶段已经过去了，而当我们发现，一部著作可以在其初版后的近二十年中还在重印时，也即表明，著作中提出的问题还没有被解决，至少是尚未被解决好，或者它更可能是在回答一个关于社会文化的基本问题，以至于人们还需要持续关注这部著作。

　　"人情、面子与权力的再生产"在中国人的社会生活中重不重要，是每一个读者都可以自己回答的，不用我来放大音量反复强调。但必须说明的是，《人情、面子与权力的再生产》一书的论述方式是学术性的，其中的问题意识是，我们如何来研究这三个基本概念，以及作者从中发现了怎样的社会运行规则与特点，或能提供怎样的分析视角与理论框架。这样一来，读者也就清楚了这是一本什么样的书：首先，这本书不是通俗读物，如教读者怎么做人，也不是古今故事大汇编，如告诉读者如何在职场打拼。本书属学理探究性质，其中每篇论文都曾发表在学术刊物上，这点决定了它的读者群是对学术研究有所偏爱的那些人。

　　其次，这本书的时代要求在于，作为学者，我们如何研究中国人与中国社会。关于这个话题的讨论，未必如若干读者理所当然地以为的那样：可以省略一些"论述"，直抒己见即可。这些论述部分之所以必要，是因为当时学界处于中国化、本土化的争论状态，尚没有出现今日更为明确的构建中国学术话语体系的倡导。如果由文（学）、史（学）、哲（学）来进行这一方面的思考，那我相信，相关的讨论和争议会大大减少，因为这些学科比较容易与中国传统学术衔接，尽管学者对于如何衔接也将会争论不休。但我们必须意识到，在社会科学领域，研究中国人与中国社会的作品鲜见，这也是费孝通先生的《乡土中国》如此重要的原因，而其本身可被视为当年社会学中国化的一个结晶。显而易见的是，随着社会科学自身的发展，尤其是在西方社会科学的视角、理论、概念与方法铺天盖地地进入中国的课堂，成为我们的研究"指南"时，如何研究中国人与中国社会已经成了一个问题。所以，20世纪80年代以降，中国化与本土化再次成为中国社会学及相关学者的关注焦点之一。那时说要"补课"，补的是西方的课。那时要讨论本土化，除了呐喊和呼吁外，更急迫的任务却转成了学术规范化，而极少有人愿意去想一想：如果真的不套用西方理论来言说，那么我们自己究竟能拿什么样的成果呈现给大家。我想，"幼稚"也好，"肤浅"也罢，万事总得有个开头吧。那时，我刚研究生毕业不久，先关注到了中国台湾地区关于本土化的讨论，又花了五年时间，写出了《中国人的脸面观》。以此两方面为基础，我在后面的几年中，一方面给出了我的本土化主张，另一方面在本土化的视角、概念和理论框架上提出了我的一系列思考和具体研究，最终成了这本集子。

当然，学术是发展的，在进步的。随着国内不断涌现出相关的讨论与研究，我一直在反省自己的局限和不足，自然也没有停下步伐，并时而推出新的研究成果。或许，我现在做的研究仍受到一些局限，其中还有一些不足之处，一样会遇到当年的情形，对其说好的、说不好的或持否定意见的人都有，但我能期待的，依然是未来时间的检验。

这次调整较多的篇幅集中于《心理学本土化之我见》与《人情、面子与权力的再生产》，其他各篇文章也都有所改动，但愿这版能够成为多次印刷后最好的一个版本。当然，一部旧著再怎么增删，也还是代表着过去，而我后续的研究则呈现为北京大学出版社去年出版的《人伦、耻感与关系向度》一书。而令我自己惊讶不已的是，这次重读书中的在北京大学的讲演一文（《社会系统、关系运作与权威结构》），竟然无意间发现，《人伦、耻感与关系向度》中的部分论文，早在十几年前的那次讲演中就开始酝酿了。这点足以证明，我是坚持不懈的。

翟学伟

2023 年 4 月 23 日（第二十八个世界读书日）

意外接到编辑告知重印此书的消息，竟然产生了一种想不到的恐慌和惊喜。恐慌的是，书中的一些论述因受当时阅读思考所限，尚有很大的改进余地；惊喜的是，一本书的生命力已近二十年，重印九次，多少实现了我在第一版序言中所期待的时间考验。由此看来，此书所讨论的问题并未时过境迁，它们依然是中国人与中国社会所关注的基本问题，也意味着社会学的本土化还有很长的路要走。借此次重印，我对全书再次进行了修订，并规范了注释体例，以便让这一版本更趋完善。特此说明。

2021 年元月

第二版自序

　　拙作《人情、面子与权力的再生产》初版于八年前。当时编写此书的动机，是北大出版社有计划出一套由华人学者自己写成的社会理论论丛。其中似乎隐含着这样一层意思，即从事社会理论或社会学理论方面的研究者并非全部来自西方，华人学术界还是有人在从事这项研究工作的。后来这个计划因故搁浅，其他相关著作大都并入了未名社科菁华丛书，而我的书则归入了社会学论丛。其实，此书的初版自序里多少记述了这一计划，只是不做交代读起来会让人疑惑不解。

　　此书出版后，共印了三次，发行量已逾万册。总体上讲，评价是积极的，问题自然也不少。现在回过头来反思我的这些成果，首先依然自我感动的，还是我的勇气。我们模仿、吸收、批判乃至摧毁一些西方的学说、理论、流派并不难，难的是我们能立起一些什么样的东西。我在研读西方社会学理论书籍时，常常自发感慨，以为西方社会学理论家有两个方面很了不起：一是他们有非凡的学术能力，尽可能不留余地地把他们在社会生活中感受到的或感受不到（由数据提供）的现象提炼成一些严谨而切合的理论模式，并不断推陈出新；二是他们有一种广阔的心胸来跨越地区差异，尽可能地把这些理论模式建立在更加普遍的意义之上。这最终导致其他非西方学者只能穷其一生来追随、研究、评价其中的一家一言，或者一个人物的思想生平。由此两点来比照非西方地区的学者，他们多少就显得渺小和可怜。他们自我定义身处学术边陲，对西方学术心悦诚服。为了让自己的学识强盛起来，他们恨不能把自己全部心思都用在掌握这些学科的概念、理论和方法上面，哪怕掌握其中的一小部分也心满意足。因为唯有这样，他们才能给自己壮胆，也才能对他人评头论足。

所以我想，一个中国学者要想在西方人几乎不留余地的缝隙中来挖掘自己的理论、概念和方法，不说是痴心妄想，起码也是自讨苦吃。且不说其中一样要关乎此人是否具有很强的学术能力，能把形形色色的社会生活转化为理论，只说他首先具备的，便是这勇气。当然，以中国学术界的现实情况来看，即使他有了这样的勇气，也下了力气，可能还是不行，还有取悦的问题。因为这样的成果一旦流布发表，它们还面临或被声讨，或被冷落的处境；最大的可能则是自生自灭，成为"绝学"。虽然我知道自己资质平平，并面临着这样的困局，但我还是想以我的独立思考，来认识中国人与中国社会，并尝试建立本土的社会学模型或理论。

我想，生活于中国的每一个人，包括外来工作或做短暂停留的人们都会意识到，中国社会运作的核心概念就是"关系"，以及由此延伸出来的"人情""面子"与"权力运作"等。"关系"作为一个概念，不单是中外社会学家看到的研究中国社会的重要工具，还是普通中国人自己再明白不过的生活常识；同样，"关系"也不是哪个社会学家的重大发现，而是每一个中国人都心知肚明的行事原则。在这片土地上，每个人都懂得："关系"是可以取代制度的；一切在其他社会本应作为制度性的功能，在中国都可以让位给"关系"来运作；而当中国人在一些事务运作中发现自己无论如何都没有"关系"时，那也不是因为有一套号称"社会资本"的理论在教他们如何建立社会网络，而是因为连那些压根儿就不懂社会学的人都能意识到：他的生活道路面临着严重的问题。所以，中国的关系现象，不同于西方社会学中的许多专业概念。那些概念不过是由学者创立并加以运用的解释性的概念或测量性的工具，是社会学家自己的事；而关系却是每个中国人必须懂的事，是他们每天必须应对的：迎来送往、请客送礼、应酬打点、八面玲珑、溜须拍马、拉帮结伙、处心积虑、阳奉阴违、钩心斗角、排斥异己，当然也有同舟共济、雪中送炭、侠肝义胆、感恩戴德、荣辱与共等。这些现象虽被国人心领神会，但如何被理论地建构与叙述，以便更有效地解释中国人与中国社会，则显得尤为重要和迫切。

在中国，关系研究得好不好，并不是由这一领域的几个社会学家来评说的，而是由每一个普通的中国人来评说的。几个专家讲好，普通人说不好，我们不能轻易地说，普通人不懂，专家懂；反之，普通人说好，几个专家说不好，普通人却可以自鸣得意。因为普通人或许真比专家看得清楚，此即所谓"世事洞明皆学问，人情练达即文章"。我以为，一个本土研究者的研究起点完全可以这样设问，即目前中国的一大批专家学者怎么了：明摆着的事情说不清楚，能说清楚的事情很少与中国现象沾边？其实在我们的社会里，民间智慧、默会知识、流行段子和歪门邪道是最发达的。前者我已部分地放入书中，后者可以在此试举几例。比如，从地沟油提炼成正品油到山寨品打败名牌，从"华南虎照"到"假文凭可以在官方网站上通过验证"，从各种行业的业余级选手打败专业队伍，再到古玩赝品"蒙蔽"专家的眼睛，乃至于最终打败科学仪器的检测等，比比皆是。更加需要警惕的是，专家与对手竟然还会里应外合，玩起了"双簧"，透露出这个社会之"戏份"的隐喻。当然还有一种可能，中国经济高速发展的奇迹也发生在其中，而不在经济学家的模型中。很多时候，专家被戏谑为"砖家"，成为"不可信"的代名词。他们除了以专家身份自居外，往往在"抓瞎"，在纸上谈兵。同理，社会学家也自认为，如果依照一套日趋成熟的调查方法去设计问卷，然后认真地确定抽样框进行抽样，实施调查，输入数据，统计运算，就可以得到科学的结论。可没想到的是，在很多情况下，他们经常被那些问卷填答人、被访者、信息提供者乃至雇用的员工开涮。关于中国人的理论，如果不注意这点，只按程序走，做出来的成果很多是自欺欺人的。我自己的研究心得是，我们要深入生活，向民间智慧、默会知识乃至段子学习，向许多爆料人、记者、制片人和作家致敬。只有他们才可以告诉我们，我们所处的真实世界和现实图景。于是，我在学习西方社会学理论的同时，更加喜欢并经常浏览他们的作品，也观照自己的生活样态。我希望把我观察到的、阅读到的和体会到的这些社会现实转化成学科中的理论、假设和研究架构，也自己尝试做些初步的经验研究。我就这样一路走来，走到了今天。我自己的感受是，我多多少少还是看到了西方社会学中没有言说过的部分；我终于发现，还有一些"学术余地"深藏于中国社会之中；我也领悟到，一个中国学者的使命应该是把这一宝藏做成同西方社会学理论一样好的东西，并让它们不只属于地方，也属于世界。可令我惊讶的是，八年下来，有关中国人的关系、人情、面子和权力等理论方面的探讨，依然是个冷门。学术与生活之间如此冰火两重天，是不可思议的。由此，我也不无遗憾地想，我本人也就这点能耐，凭我一人之力这样走下去，又能走多远呢……

借此书重印，我做了不少修订。首先，我将此书的所有文字都重新梳理、润色了一遍，尤其对《事实再现的文学路径》《在中国官僚作风及其技术的背后》及《人情、面子与权力的再生产》等几篇论文做了较多的修订；另外，我还去掉了原书（2005年版）的最后一篇，增加了20世纪90年代写的一篇旧作《"土政策"的功能分析》，以及2010年春季我在北大举办的"人文与社会"系列跨学科讲座上的一次讲演。之所以做这样的取舍，是因为"土政策"是中国社会的一种独特的权力与权宜方式，符合本书的主题；而选用一篇讲演记录，则因为它可以较通俗而完整地反映我这几年的研究取向和思考理路。读者借此讲演，大体可以看出我这些年来逐渐汇聚而成的中国人与中国社会的总体研究框架是什么样子的，也算初步实现了我初版序言中透露的一个夙愿：逻辑地展示我曾在不同侧面研究过的中国人与中国社会。

翟学伟

2012 年春节

自　序

接到北京大学社会理论研究中心打来的电话，让我收集整理我有关社会理论方面的论述，由北大出版社结集出版，多少让我感到有些意外和为难。其主要原因是，我并非一个从事社会理论或社会学理论研究的学者，因此也不能肯定自己发表的作品，哪些可以归为此类。或许，最终促使我还能将发表在不同专业杂志上的论文冠以社会理论之名凑在一起的，不过是我在从事关于本土社会的研究中，一旦遇到一些绕不过去的理论问题，尚能面对它们的勇气罢了。

其实，在经验研究中直面乃至解决遇到的理论问题，本是学术研究中的一个极为普通的现象，欧美学者的形形色色的理论大多也来源于此。然而，许多中国学者往往在这个时候却不能直面，而是自觉或不自觉地照搬或移植西方的相关理论去了。在他们看来，理论与方法的问题必须是西方的，经验研究可以是中国的。为此，我眼中的从事理论研究的人，大致分为三种：一种是那些本身就在研究取向上对理论问题感兴趣，专门从事理论思考与研究的学者。他们往往喜欢对社会现象和问题做概念上的、类型上的、演绎上的和批判性的研究。我以为，他们算真正的社会理论家。另一种学者是在其解决现实的、经验的或实证的问题时，遇到了解释上的、视角上的和方法上的难题，这时诸如概念、方法论、模式及理论上面的一系列问题都出现了。如果不直面和解决这些理论问题，就会导致有关经验研究进行不下去，或者变得无的放矢。当然，这不是说所有遇到这类问题的学者都会关注理论问题。对于那些只对经验研究感兴趣的学者，他们通常会将这些问题交给理论家去处理；假如他们愿意自己腾出手来思考和解决这些问题，他们在这一点上就会产生一些涉及理论性的成果。我的情况显然属于这一种。还有一种则是那些致力于介绍和评述西方理论的学者，他们在国内外文资料难得的情况下曾起过重要的作用。但我始终认为，评介理论和从事理论研究是两回事（有的时候很难分得清，是因为有的学者两者兼而有之）。虽然深入系统地领会和评介已有的经典理论（包括思想传统）对于建立任何新（本土）的理论都是必需的，似乎也没有哪种理论可以不借助前人的成果，就凭空地被建构出来，但介绍和评述在本质上应该是为前两种学者的理论开拓服务的。如果一个社会中所呈现出的研究状况是前两种学者太少而后者太多的话，那么该社会学术界的社会理论研究将非但不繁荣，反而贫乏。

十多年来，我一直在社会学和社会心理学领域从事本土的研究，也有机会和同道一起交流。在交流过程中，我发现，从事本土的经验研究不能简单地理解为仅仅是启用本土的概念来获得经验性的结论，或者说在经验研究中得出了同西方学者相反的结论，然后做一番中国文化的解释。所谓本土研究（或通常所讲的本土化研究），是理论上需要探讨和解决的问题。这些问题随着本土研究的深入，越来越多，越来越复杂。比如：本土研究是否就是对本土社会里成员的研究？本土研究是否就是通过寻求本土概念来从事实证研究？本土研究是否因为有了不同于西方研究的结论需要给出本土的解释？本土研究是否意味着自己也能寻求新的研究范式、视角或研究方向？本土研究是否可能在方法论上找到西学学术与中国传统学术的结合点？等等。我正是带着这些问题来从事我的具体研究的，也是通过具体研究最终从理论上来思考其中的答案的。随着我的这些思考逐步展开，我也就不再囿于社会学和社会心理学自身来回答这些问题了，而多多少少看到了东西方民族的思维方式、对世界的理解、学科类型划分及叙述方式的差异和对话等问题。对于这些触及哲学、历史、文化及学术传统的探索，我看也只有用社会理论来涵盖了。

收集在这里的论述是我自从事该研究以来前后整整十年发表的有关作品。我把它们放在一起后，我才知道自己这些年都做了什么，哪些是已经取得的成绩，哪些是存在的、尚没有解决的问题。比如，当我看到自己这些年讨论本土理论怎么做较为可行的时候，我为自己没有做一个口头上的巨人、行动上的矮子而感到欣慰和自豪。且不论我的理论尝试是多么的不自量力，也不论这些尝试是否成功，单是这些尝试本身已足以说明我的勇气了。另外，我也的确形成了不少初步的框架、概念、模式和方法。但罗列出这些论文后，我看出我现在的最大不足是，我的研究单独地看都尚能有一套自洽的逻辑，它们都是关于中国人与中国社会的现象和生存方式，可如何能让它们彼此之间构成一种逻辑体系，还有一系列的问题需要解决。应该说，我收在这里的最后一篇论文是我对以往研究做的一个统筹的逻辑安排，即将我在不同时期产生的不同研究成果整合到一个统一的逻辑分析框架中来了。当然我也知道，这个框架仍然是一次尝试。要将它完善起来，显然还有很长的路要走。

最后，我简单地说明一下我这次结集的依据及想法。这次结集的理论性论文大致可分为三个方面的探讨。首先是我本人对如何从事本土研究的阐述，其中有社会学方面的、心理学方面的、社会史方面的，也有面向本土社会科学的。我现在在这一方面最需要探讨的问题有二：一是在社会科学的意义上，本土社会与心理方面的研究的方法论究竟是什么？二是这方面的探讨如何能在操作化的层面得到实现？这两个问题从我进入本土研究开始就一直困扰着我。我为此不断地收集资料，有些想法已在这些论文中提出来，但对于这一方向的专题研究，凭我目前的学识和功力是写不好的，还需要花更多的时间。其次，收进来的一些论文的起点本是做经验研究的，但如前面所说，为了弄清概念的含义，或是为了让经验研究的结论同西方有关理论做比较，也需要回到理论上来回答一些问题，我也就把它们视为理论性的论文了。最后一方面的论文涉及我尝试建构的几个具体的本土理论模型。它们最终对中国社会与中国人的解释力如何，或许需要实证检验及至于时间上的考验。

翟学伟

2003 年 11 月 20 日

于南京寓所

目录

脸面与人情研究篇

社会运作理论篇

研究视角与方法篇

中国人与中国社会研究的反省、批判及出路

社会与行为科学本土化的运动自 20 世纪 80 年代以来在华人学术界逐渐开展。比较而言，它在中国各地的发展显得不太均衡，其中以台湾地区开展的时间最早，热情最高，讨论最热烈，成果也最多，香港地区其次，而大陆（内地）相对滞后。从直觉上判断，造成这一格局的原因主要同一个地区的学术带头人的学术旨趣、学者所处的社会背景及研究资金投入的方向和要求有很大的关系。如果说我的这一直觉判断没错的话，那么中国大陆（内地）目前在这几个方面都还有待改观。也就是说，由于大陆（内地）的社会与行为科学研究是随着改革开放而得到恢复和发展的，因此一方面，"改革"必然带来政府对学术应用性成果的需求，许多社会科学研究的价值是在政策导向、政策咨询及相关的基金投入中得到体现的，另一方面，"开放"又导引学者尽可能多地向外学习和借鉴，此时的学术评价标准往往是知晓、学习和引述国外东西的多少。

我身处中国内地（大陆），一直在从事有关中国人与中国社会的研究，却不在港台两地的本土化研究圈内。这就使我有可能站在一个"边缘人"的角度来独立地思考和检讨本土化运动与西方学术体系的关系，以及如何在此之间取得平衡才算合理等这样一些较为根本性的问题。现在，我将这些思考和自己的实践体会写出来。需要申明的是，我的

这篇文章并不是要对这场运动做出客观的评价，其主要目的只是将我认为值得探讨的问题提出来，以期更多的学人来思考和关心。当然面对这些问题，我也试图提出一些我自己的初步看法，而这些看法仅仅是方向性的，也就是说，我不可能对一些重要问题详加阐发和做缜密的论述。

一、本土化的理想与现实之检讨

回顾相关研究，我发现，本土化的发生与展开经历了这样一个过程：学者们首先是不知不觉地习惯于在西方学者规定的研究框架里做研究，接着逐渐转化到其结论的对立面上来做结论，现在已发展到多元化的局面了。比如，我们原先的许多研究只知道用西方的现成理论、概念、方法来描述和分析中国人与中国社会，从不考虑它们同研究对象及其社会文化的脉络之间是什么关系，以及不同社会成员对自己的社会有没有不同的预设等问题。随着本土化研究在华人学术界的逐步开展和深入，尽管上述问题已有了较大的改观，但比较文化上的二元对立倾向又随之暴露出来，即我们从原来的生搬硬套西方成果转向了在西方许多研究的对立面上来呈现自己的社会与文化特征。诸如：西方人的价值观是个人主义的，中国人的价值观是集体主义的；西方人的行为是普遍主义的，中国人的行为是特殊主义的；西方文化是罪感文化，中国文化是耻感文化；西方社会代表着现代性，中国社会代表着传统性，等等。看起来，这样的研究比照搬西方理论与方法或一味验证西方学者的研究结果，已有了很大的不同或进步，而且从结论上看也很贴近中国实情，但这类研究很轻易地就把中西文化摆在了比较的两极，好像它们之间始终泾渭分明一样。再者，现在的多元化格局尽管造成了更多的讨论空间，不同的学者在其中可以寻找自己的视角和方法[1]，但这未必就意味着本土化有了什么实质性的进展，因为走投无路或东张西望都可能导致多元化。比如，原先的套用和二元对立也还在继续发展着，它们本身也构成了本土多元化中的一个部分，或许还是主流。在这种情况下，我注意到杨国枢近来提出了一个从事本土化研究的标准，即"本土契合性"的问题。杨国枢的定义是：

> 研究者之研究活动及研究成果与被研究者之心理行为及其生态、经济、社会、文化、历史脉络密切或高度配合、符合及调和的状态，即为本土契合性（或本土性契合）。只有具有本土契合性的研究，才能有效反映、显露、展现或重构所探讨的心理行为及其脉络。[2]

杨国枢专文阐述这一提法[3]中显然隐含着这样一个前提，即目前（或至少在本土化研究未开展以前），我们的学术研究尚没有达到上述的本土契合性标准，学者甚至不知道有这样一个境界。现在有了这一提法，我们不仅可以用它来衡量我们过去所做的研究如何，也可以知道我们下面将怎样进行研究。

"本土契合性"作为一个具体的操作概念是同"本土化"这个大概念紧紧勾连在一起的。在我看来，在这个概念背后有一种要让整个学术研究"迫降"的动力。它意味着华人学者应该从西方研究范式中撤回来，西方学者也要从所谓的普遍性原则中收回去，大家都来做同自

---

[1]　参见杨国枢主编：《本土心理学方法论》，台北：桂冠图书公司1997年版，各篇论文；《本土心理学研究》1997年第8期。

[2]　杨国枢：《心理学研究的本土契合性及相关问题》，《本土心理学研究》1997年第8期，第87页。

[3]　第一次是杨国枢在《我们为什么要建立中国人的本土心理学?》一文中提出来的，详见《本土心理学研究》1993年创刊号。

己的社会文化相契合的研究。至于比较普遍性的研究工作则是大家下一步才要做的工作。但问题在于，"迫降"并不能导致本土化的研究自发性地生长，我们面临的问题是已经产生影响的西方学术，包括科学哲学、学科架构、研究方法和概念等，同我们要契合出来的研究成果是什么关系？具体而言，问题还是回到了杨国枢当年面对西方同行时的发问：如果没有西方心理学，中国心理学将是什么样子？由此牵连出来的问题还有：欧美学者并没有提出过如此复杂的本土化概念，为什么他们就没有遇到研究过程和结果不够本土的问题呢？或者说，什么妨碍了我们把产生在西方的社会科学理论、概念、方法和工具运用在我们的学术研究中？是因为不产生于本土文化中的研究成果就不能契合于我们的社会，还是他们的研究结论同我们对本土社会的认识不一样，或是使用它们的方法所得出的结论同我们对自己社会的感受（认识）不一样，抑或它们的方法用在中国是错误的？[1] 如果我们真的找到了这个妨碍我们的东西是什么，那么我们在本土研究中用什么来取代它们（或者说得谨慎一点，来弥补它们的不足）呢？这些问题是我这几年里一直挂念着而又无头绪的问题。

对于上述问题的解决，我认为首先需要承认的是，长期以来，一种被称为社会及行为科学的研究框架和角度是由西方人设定的。当然，他们的这种设定既不是一贯到底的，也不是一朝一夕的，而是经历了上千年的演变与锤炼，才得以逐步确立、传播、扩散，并在世界范围内获得其学术统治地位的。中国早期的学者在近百年的学术研究中一方面要面对自己社会的快速转型，另一方面还要面对如此强大的学术体系，经历从国学向西学的转化。尽管他们转化时的心态并不相同，立场也不一样，但不得不加以肯定的是，这种转化在相当程度上给中

---

[1]　参见杨中芳、赵志裕：《中国受测者所面临的矛盾困境：对过分依赖西方评定量表的反省》，《中华心理学刊》1987 年第 2 期。

国学术注入了新（科学性）的、现代性的特征。因为，在中国学术的自身成长中既没有社会学、心理学、社会心理学、文化人类学、经济学及政治学等学科，也没有哲学、伦理学、文学及宗教学上的分类，我们所有的仅仅是经、史、子、集之类。不仅如此，中国传统学术的一个主要特征就是它的说教性，也就是说，中国传统学术一向不注重给人们提供心理与社会构成和运作上的原理、分析和解释，而只注重提供人们在社会中该怎么做的认识和观点，所谓"修齐治平""三从四德""三纲五常"等即为典型。因此，如果说中国学者在东西方文化的碰撞中最终接受了西方学术，那他们接受的不仅是西方对这些学科的分类，同时还有西方人文、社会及行为科学中的视角，以及由这一视角确立的概念、理论和方法，或者说，整个西方学科的研究范式已成为近代以来中国学者的研究指南。这使得中国学者开始了由应然研究向实然研究的转化。然而，也就是在这一单方面的吸取过程中，我们的研究视角理所当然地被西方人规定下来，我们的研究理路和方法被他们训练成一种程序，而熟练地运用这些程序就意味着我们获得了从事这些学科研究的资格证书。但随之而来的问题是，虽然一方面，这样的程序化研究促使学者们在研究中国社会、文化、历史和人的心理与行为时具有了科学（客观性）或学科性的特征，其中许多学术成果是过去的传统学术所不可想象的和不可企及的，但另一方面，有关中国人与中国社会的结构、特征和行事理路等的研究却并不因这一转化就变得越来越清晰，越来越具说服力，在很多情况下反倒是越来越模糊，也越来越不符合事实。社会，在众多的研究报告中变成了一个没有自己历史和文化的社会；人，在许多调查和实验中变成了没有社会背景和情境的人。人文、社会及行为科学的本土化及随之而来的"本土契合性"概念正是在这种情况下被提出来的。

从这个角度来审视本土化和本土契合性，我发现这里面有一个重要而隐蔽的问题被忽略或省略掉了，即面对上述由这两方面产生的悖论（吊诡），我们到底要"化"什么？"本土契合性"的提出显然是把本来偏重口号性的"化"具体化，那么怎样来确定这种契合性呢？我这里的意思不是说我们要找多少条标准来衡量一项研究是否契合，而是说，我们在什么程度和层次上来进行契合。

一涉及程度和层次，就必然要面对西方和中国不同的学术传统。应该说有不少西方理论是高度抽象的，正因为它们本身高度抽象，因此也到处契合，当然我们也可以说到处契合就是不契合，结果我们还是要用"迫降"的方式重新回到本土研究和西方学术传统的关系上来。比如，一个西方理论在解释本土社会现象时再贴切，是不是也没有我们自己的研究贴切？再比如，如果我们写出一篇没有受过西方学术训练和影响的研究论文，是否就意味着它与本土非常契合？我认为，本土化也好，本土性契合也好，尽管杨国枢的意思都是要根据本土的历史、文化及遗传等来建构理论、概念与方法，但由于本土化运动本身没有解决关于两种学术传统的关系问题，因此在实施中它就只能是一个从西往东、从表到里的过程。这反映在操作层面上，就是更多的研究拿西方的研究方法和手段来寻找和处理本土的概念，然后发展出不使用这种本土概念就不易得出的本土结论。沿着这样的思路来认识本土化，任何一个从事社会与行为科学研究的人，总是先让他接受严格的西式训练，然后转变他的观念，让他去做同本土相契合的研究。

我这样讲，不是要反对本土化，而是说，本土化研究是关于中国人与中国社会之研究途径之一，而中国学者如此热衷于对西方学术的套用，也算是途径之一。只是就目前的研究情况和水平来看，前者的确比后者能更进一步地认识和解释中国人与中国社会罢了。我这里要讲的"中国人与中国社会研究的本土视角"是想提出这样一个问题：除了这两种途径之外，还有没有其他的途径让我们不"套"也不"化"，而能够研究中国人与中国社会呢？

二、本土研究与本土训练

不"套"也不"化"，不是要回到中国传统学术分类及论述方式中去认识社会，也不是要给常识性的知识或传统学术思想，留下它存在的合理性空间[1]（因为我在前面已经说明，中国传统学术的说教性特征并没有带给我们现代科学研究所需要的原理），而是要求在现有的学科框架（包括已经交叉的或可能交叉的学科框架）中来进行学科性的自生性研究。我们需要这样做的理由是，经由本土研究而建立起来的社会与行为科学知识形态，应该既不等同于西方的相关理论、概念和方法，也不等同于中国传统学术中的智识以及本土化过来的研究成果。所谓不离现代学科框架是说，我们的学科对象、领域、范畴及基本问题是确定的，比如社会学针对社会，心理学针对心理，人类学针对文化等，而且各自都有一套已形成并等待继续扩张的概念、命题、推论、方法、理论即验证方式等，只不过不同学者看到和理解的社会、心理或文化表现及其模式可以大相径庭罢了。这意味着，学科的自生性研究是指许多理论、概念和方法要由本土研究者自己开发。可见，我的观点是不撇开现有的学科框架类型来做本土的事业。但这个看起来再简单不过的问题中其实隐含着一个大问题：如果一个学科类型是西方人划分的，那么它是否就不可能用来做本土研究了？关于这一点我们要搞清楚的是，一个学科类型的确立是否意味着它的内涵和外延就非常确定。比如，西方的社会学、心理学和社会心理学是一个什么性质的学科？它们是否一定是这样的而不是那样的？如果是的话，我觉得本土化可施展的余地是不大的，要么只好退回到中国传统学术中去看中国，要么就只能采取现在本土化研究中的契合性做法，用西方的学术传统横向切入本土社会的特征。这里，我们且不谈台港学者关于本

---

[1]　葛鲁嘉：《本土传统心理学的两种存在水平》，《长白学刊》1995 年第 1 期。

土化的文章怎么说，只看看他们的做法，就会觉得他们的确是在不破坏这些大框子的情况下来从事本土化研究的。虽然这一点同我的观点没有多少差别，但接下来的重要差异是，他们进一步假定了这个框架中开发出来的款型是一定的。比如，在西方学术中，实证主义和现象学是西方学者看世界的一主一次的方法，本土化的研究成果中有什么突破呢？他们要争论的不是实证主义和现象学是不是用来框定这些学科的不二法门，而是在中国人与中国社会的研究中是采取实证主义的方法好，还是现象学方法好，或者两种都可以试试看。这样一种研究本土化的思路看起来是多元化的，实际却让人有山穷水尽之感。

其实，就西方学术发展史而言，如就社会学或心理学来看，虽说它们有一个路径或主义，但这个路径或主义的样子本身却不是很肯定。比如，A. 孔德（A. Comte）提出了社会学及其实证主义，不代表这个学科怎么做就得由孔德来定，正因为孔德说了不算，才会有后来的 H. 斯宾塞（H. Spencer）、E. 涂尔干（E. Durkheim）、M. 韦伯（M. Weber）、G. 米德（G. Mead）、A. 舒茨（A. Schutz）、G. 霍曼斯（G. Homans）、J. 哈贝马斯（J. Habermas）及 P. 布尔迪厄（P. Bourdieu）等人，提供了不同的研究思路，且建起了不同的视角、理论和方法。看起来，社会学的样子在他们手里发生了变形，但他们却都不断地发展和推进了社会学。再看心理学，精神分析和行为主义对心理学的理解完全不同甚至极端对立，人本主义也有自己的一套想法，但不影响它们都在探讨心理学，推进心理学。由此可以认为，由研究对象、范畴和基本问题而确立的研究领域和框架类型虽是需要的，但也是不断变化的。这里需要辩护的地方是，我这里所谓的学科路径或主义不只是一个学科名称，不只有研究内容的差别，而是说再确定的学科都可以有被否定修正或可扩张的范式和研究取向。其实，由学科的研究内容而形成的研究视角和路径未必总是靠研究对象本身来生成，主要还要由思维方式、研究范式、他者（客观性）、逻辑推论的方法、概念系统表达的方式、研究方法的探新和学科认同的规范体系（包括颁布注释体例）来确定。也正因如此，它才总是能给后来人留下进一步思考和扩展的空间。

但现在的本土化是怎么做的呢？我们能讨论的只是：你是心理实验，他是量表测量，而我是个案调查；你是非实证取向，我是实证取向；你是诠释学，我是现象学；等等。这些争论以及对研究方法取向之关怀本身就已经排除我们在本土研究中寻找其他（本土）取向的可能性了。而本土化研究能做的事，不过就是在西方的某种取向下做些具体研究来告诉大家，我们的研究结论同西方的不一样而已。

我这里想说的意思是，针对中国社会文化特征做本土性的研究不单是一个本土化的问题，即一个转化和重构西方学术理论与方法来研究本土社会的问题，也是一个参与改变一种学科框架或推动这个学科框架发生进一步扩张的问题。在近些年的学术交流中，我发现，凡从事本土化研究的学者多少都受过某一特定的西方学术传统的训练，比如有的接受的是实证主义的训练，有的接受的是现象学的训练，有的接受的是批判理论的训练，有的接受的是诠释学的训练。他们走到一起后，各人都有自己的看家本领，结果做本土化研究的方法不一样，对本土化研究的认识也不一样。从表面上看，本土化研究呈现出了百花齐放、百家争鸣的局面。但我想到的是，为什么没有人接受的是"本土的"而非本土化的训练？在西方学术没有进入中国前，许多国学大师曾经不自觉地接受过这种训练，因为他们别无选择。但我要说的是，在西方的学科类型里从事研究，为什么不可以有本土的训练呢？由于这种训练事实上已经是在绕不开的西方学科框架下进行的，因此我想它的内容和作用也就不同于过去。过去的国学训练使得不少国学家底很好的学者打不通本土学术与西方学术之关系，结果他们面临的只能是放弃与选择，而现在的本土训练偏偏需要对西方学术传统做全面的认识和批判。本土化的研究者往往是只接受西方学术传统的一种路数而不顾其他，结果他只是想把他接受的那个学术传统嫁接在本土化的研究上，以便得出不嫁接前得不出的研究成果。本土训练不是这样。研究者不是接受西方的哪一种学术传统，然后化成中国的东西，而是对西方的各家路数做平行的了解，又因为自己是一个研究本土社会的学人，所以可以在它们之间发生的碰撞中进行思考，最后来确定自己所研究的问题的最佳位置在哪里。

也许有人认为，这种训练方式里面似乎隐含着某种神秘色彩而让入门者无所适从。其实，关于上述问题，西方人类学中已有过争论，而且已有重大进展。在人类学的传统中，西方人类学家本来一直是用自己的话语来描述和解释非西方民族和部族的，后来他们发现这种描述和解释同当地人的描述和解释不一样。时至 20 世纪 60 年代后期，K. L. 派克（K. L. Pike）提出了人类学的研究中存在着客位（etic）研究和主位（emic）研究的差别。客位研究是西方人类学家所从事的客观性研究，主位研究是当地人的见解。[1] 但需要争论的问题是，哪种研究能够真实地反映当地的社会事实呢？当这个问题在人类学中还没有结论时，另一个相关的问题又产生了，也就是在西方人类学史上，即使两个都采取客位研究的人类学家在研究同一个部族时，竟然也会得出完全不同的甚至相反的结论。可见，客位研究也不一定就具有客观性。[2] 由此一来，我们既不能说客位研究没有主观性，也不能说主位研究没有客观性。正是在这种背景下产生了 C. 吉尔兹（C. Geertz）的"深描说"（thick description）。[3] 吉尔兹的方法并不意味着这里面已经没有争论的空间了，也不意味着这里面存在的问题已经解决了。但可惜的

---

[1]　K. L. Pike, *Language in Relation to a Unified Theory of Structure of Human Behavior* (The Hague: Mouton Press, 1967).

[2]　王海龙：《导读一：对阐释人类学的阐释》，载吉尔兹：《地方性知识——阐释人类学论文集》，王海龙、张家瑄译，北京：中央编译出版社 2000 年版，第 17 页。

[3]　详见克利福德·吉尔兹：《文化的解释》，纳日碧力戈等译，上海：上海人民出版社 1999 年版。

是，在这个对本土化研究者而言最需要研究和争议的地方，却只有杨国枢明确地倡导本土化的研究是主位性的研究。[1] 而在我看来，这里的主位实际上就是我前文谈到的那种嫁接式的研究。

因此，我认为，本土化的训练因为内含一种不能扬弃的西方方法取向和门派训练，使得本来有望在方法论上有所突破的研究被忽视了。我提倡的本土训练则是一种对东西方学术传统做比较性且系统性研究的训练，其目的是参与学科范式和理论的更新。从学科发展史来看，研究范式的更新会迫使接受和采纳这个范式的后来学人进一步地修正、实施、深化这种研究取向，从而形成一个看人和看社会的新视角和新方法。当然，即使一个学者不搞本土化，或不赞成本土研究，他也完全可能实现这一目标。但本土研究者同他们的区别就在于，我们正是要求一个研究者通过其本土研究来实现这一目标。遗憾的是，本土化的研究者没有看到这一点；而在忽略这一点的前提下产生的本土化理论，一定是比较小气的。

那么，这样一种由内向外走的（由两种文化学术碰撞的）研究实例是否有过呢？我这里先列举一个比较早期的非社会与行为科学学者的观点，来看一看如果一个符合前文提到的本土训练条件的学者谈他对中国人与中国社会的认识，会给我们一种什么样的视角和理论。此人就是自称"两脚跨东西文化，一心平宇宙文章"的林语堂。林语堂关于中国人与中国社会的精辟见解主要集中于他的《吾国与吾民》（今译《中国人》）一书（尽管这部著作中有的地方有错误，有的地方写得比较粗糙）。在这本书中，我注意到他对中国人社会生活的概括是所谓的"阳

---

[1]　虽然杨国枢在近年讨论"本土契合性"的文章中涉及了这一点，但他没有就此提出看法，而是想用本土契合性来取代这一讨论，详见杨国枢：《心理学研究的本土契合性及其相关问题》，《本土心理学研究》1997 年第 8 期。

性三位一体"（the male triad）和"阴性三位一体"（the female triad）。[1]用今天的学科分类来看，阳性三位一体是一个社会学的本土模式，其不同于西方社会学的地方在于，它是完全站在本土的立场上来认识中国社会的。所谓阳性三位一体是说，中国的社会等级是由"官、绅、富"来综合体现的。这里面最有意思的地方是，这个模型多少同韦伯提出来的"权力、荣誉、财富"有几分相似，但我可以肯定当时的林语堂没有机会知道韦伯的观点。即使他知道这一观点，转而用韦伯的划分标准来看中国的社会运作，我个人觉得还是阳性三位一体的提法好，因为对于作为本土概念的"官"和"绅"，我们在其中所挖掘出来的内容可能比研究"权力"和"荣誉"要丰富，而后者太容易把我们引到西方的概念里面去了。[2]林语堂的阴性三位一体在今天来看，是一个社会心理学的本土框架，他认为中国人的行动受到"面、命、恩"的支配。这个框架在西方的社会心理学中连可参照的框架都没有（如果有的话，就是林语堂幽默地将其比喻为"中国的女神"，让人联想到西方的"平等""自由""博爱"等概念），但我认为它实在是把握住了中国人心理与行为的精髓。还有一个值得我们思考的问题是，林语堂为

---

[1]　Lin Yutang, *My Country and My People* (New York: The John Day Company, 1935), pp. 192-202.

[2]　我们可以试举钱穆的一个研究心得。钱穆说："中国自秦迄清，大体说来，政府均设有宰相。最低限度说，在明以前显然是有宰相的。明代废宰相，但仍有'内廷'与'外朝'之分别。其间细节虽多变，但大体制则沿袭不改。宰相以下，政府百官，在中国历史上称为'职官'，或称'官职'。西方论政重'权'，中国论政重'职'。一官即有一职，职官即是政府组织中之职位分配。我们此刻称君权、相权云云，实由西方观念来。实际中国政府仅有职位之分，无权力之争。中国人称'权'，乃是权度、权量、权衡之意，此乃各官职在自己心上斟酌，非属外力之争。故中国传统观念，只说君职、相职。凡职皆当各有权衡。设官所以分职，职有分，则权自别。非在职位之外别有权。中国史有'职官制'，君亦一职，仅在百官之上，非在百官之外。又乌得有西方人之所谓'君权专制'？在中国，权在职之内，非有权始有职。此层分辨极重要，惜乎我在此刻不能畅为发挥。"参见钱穆：《中国历史研究法》，载《钱宾四先生全集》第 31 卷，台北：联经出版公司 1994 年版，第 27 页。

什么不是直接提出三个本土概念就算了，而是要用"三位一体"这个说法呢？我觉得这里面可能想说的意思是，它们彼此之间已构成了复杂的关联，或建议我们不要拆开来认识它们，这一点可以引申出我下面要谈到的对中国传统概念的思考。较之于我自己对中国人的关系的研究，在没有参考林语堂这一观点的情况下，我曾提出中国人的关系的模式是"人缘、人情、人伦"构成的三位一体。[1]现在看来，它们正好同林语堂的阴性三位一体之间有一一的对应性，其中"命"对"缘"，"面"对"情"，"恩"对"伦"。这种对应关系让我意识到，本土研究不同于本土化的地方在于，前者的起点是由内向外发展出去的，而后者的起点是由外向内转化的。

三、本土立场与学科既有框架的关系

如果本土研究是由内向外发展的，那么这里面是否还有一个本土契合性的问题呢？我认为就没有了，因为我们做出来的研究都是本土的研究。这时的研究所面临的问题已不是食洋不化的问题，也不是能不能"化成"的问题，而是究竟是直接使用西方的理论、概念、方法好，还是建立本土的理论、概念、方法好的问题。如果我们说一种本土的理论、概念、方法是好的，不意味着西方的不好，因为每一个社会都有自己的关怀面向和运作模式；当我们说一种西方理论不好的时候，也不是指它本身如何，而是说当用它来解释我们的关怀面向和运作模式时，它看不到或解释不了我们所要的那些知识和原理。其实，西方学者在理论方面也希望从其他文化哲学中吸收养分，虽然他们的目的

---

[1]　参见翟学伟：《中国人际关系的特质——本土的概念及其模式》，《社会学研究》1993年第4期。

在于修改和增强自己理论的解释力。同理，虽然本土理论是从本土中产生的，但建立者的目的也不能是限制在本土社会里做解释，而是可以把它放到同类社会（如儒家文化圈国家），也可以在吸纳其他本土理论或西方理论时修正出一个具有普遍意义的理论。我的这一阐述并非空穴来风，因为社会学理论中已有先例。比如，最早的面子研究就是针对中国人的，但被美国社会学家 E. 戈夫曼（E. Goffman）拿过去后变成了社会互动的普遍原则[1]，之后又对他的戏剧理论（dramaturgical theory）产生了重要影响。[2] 从这个例子中，我还想到了另外一个疑问：本土化的提倡者认为，不同地方的本土化理论遍地开花之后，最终可以形成一门真正的人类社会与行为科学。我很怀疑这样的一种学术上的大同理想。从以往理论产生的事实上看，普遍性的理论往往是一个理论大家个人（或持相同观点的群体）提出来并被他人反复求证的过程，而不是几个观点不同的学者汇合出来的结果。因此，如果世界的不同地方真的出现了几种本土理论，我能想到的不是如何整合的问题（因为做到这点并不难，是编教材人的拿手好戏），而是谁来整合的问题（因为他很可能会在综论批判后依然只形成自己的理论）。

关于本土研究，我不赞成由一个不了解西方学科或相关领域发展的学者来做，我尤其不赞成由那些不了解科学研究方式或科学哲学的人来做。这就是我在前文中提到的，任何研究都要有一个学科意识，要有概念、方法和理论等。走出了这个框架，我们就不知道对方在说什么，也不知道自己要干什么。中国古人的研究因为不在这样的框子里面，故其研究成果在今天至多只能作为本土研究的对象、参考文献和要挖掘整理的资料，而不能被当作一种已有的本土研究成果或理论

---

[1]　E. Goffman, "On Face-Work: An Analysis of Ritual Elements in Social Interaction," *Psychiatry: Journal for the Study of Interpersonal Processes*, 18, 1955, pp.213-231.

[2]　E. Goffman, *The Presentation of the Self in Everyday Life* (Garden City, N．Y.: Doubleday Press, 1969)．

来对待。也就是说，中国古代思想者和学者对社会、人生、宇宙和身心等方面的看法同今天的社会与行为科学家的研究成果及其理论，是完全不同的两种知识体系。一个在框子外，一个在框子内。[1] 我们知道，儒家、道家或佛家如何认识人与社会和我们在社会科学里研究儒家、道家或佛家如何认识人与社会，是两种完全不同的视角，或者说在有了社会科学后，研究儒家的未必是儒者，研究佛学的未必是和尚。本土研究应该是指受过科学思维训练的那些人对本土社会与人进行的研究。

但这里面随之又会出现一个似乎有点矛盾的问题：我在前文认为这个学科是有扩张性的，可以变化的，现在又认为这个学科是要确定的，是有框内研究和框外研究之分的，那如何来确定一种研究成果既没有出框子，但又具有扩张性和可变性呢？我认为这个问题还需要有进一步的专文来探讨，特别是在后现代理论出现后，情况更为复杂。但目前我能想到的做法是，今天的本土研究者最好能够出入于东西方学术之间，我们对这个复杂问题的处理方法是在自由出入东西方学术的过程中确立的。具体地讲，西方学术研究一般对实证与思辨、演绎与归纳、因果分析与相关分析、定性研究与定量研究等的区别和运用都很明确，而本土化在深层次上则表现为用这种思维方式在理解和解释中国人上不甚成功。我认为，当一个学者采用这种思维方式来研究中国人与中国社会时，就已经隐含他是在用西方的方法来切割、看待和处理中国的问题了。采用这种研究方法或者可能会把中国社会中的许多关键问题忽略或屏蔽掉，或者可能以为东方社会具有神秘的或巫术的特征（试想一下站在西医的角度看中医的感受）；但反过来说，

---

[1]　比如，三国魏文帝时期的学者刘劭写的《人物志》对人的研究就不是学科框架内的研究，他的观点只能作为我们研究本土心理学的对象，而非视角。有关刘劭的心理学思想，参见杨国枢：《刘劭的人格理论及其诠释》，载黄应贵主编：《人观、意义与社会》，台北："中研院"民族学研究所1993年版。

如果为了研究本土现象，我们用中国（如中医）的思维和概念来言说，我们自己是明明白白的，但它们在科学里表示什么就不清楚了。这样的正反事例在本土化研究中都已经出现，从西方学术立场连接本土研究的有杨国枢的《中国人的性格与行为的形成与蜕变》（1988），黄光国的《儒家思想的内在结构：庶人伦理与士之伦理》（1995），余安邦、杨国枢的《社会取向成就动机》（1991）等[1]，而反过来用中国的思维来统合西方思维的尝试是李美枝、王镇华的《发现、诠释与感通——心理学知识旨趣与实践旨趣的融合》（1997）等。但这两种做法对本土研究而言都是危险的。用西方研究思维来嫁接本土研究，或用中国传统研究思维来融合西方科学的研究方法，都会游离于学科框架的边缘。这就是我反复强调还是要进行两种学术传统碰撞的原因。为什么说在碰撞中才有本土性，而上述两种方式却不具本土性呢？因为，采用西方思维方式的学者在研究本土化问题时，往往不知不觉地会让西方的研究思维长驱直入，他这时无法发现他面临的问题在哪里（这里不是指他要研究的问题，而是研究方法上的问题）；反之，坚持本土思维的学者也会令本来在西方学术里很清晰的思路，被中国思维方式（如易经）搞得含含糊糊。因此，只有兼具两种学术传统的学者才能很好地平衡这里面可能出现的倾斜。这里我不妨再举一个平衡得很好的例子。我最近发现，中国人对概念的理解和分类同西方人不同。[2] 比如，中国人好"礼"。可这个"礼"是什么意思呢？翻阅儒家的经典，我们不但不能获得关于它的明确定义，反而发现做人中的是是非非、大大小小、方方面面都同"礼"有直接的关系；就连一个人还算不算是个人，也同"礼"直接有关。如果从一个人的一举手一投足到他是人还

---

[1]　这里的说法参见李美枝、王镇华：《发现、诠释与感通——心理学知识旨趣与实践旨趣的融合》，《本土心理学研究》1997 年第 8 期。

[2]　参见翟学伟：《儒家的社会建构：中国社会研究视角与方法论的探讨》，《社会理论学报》1999 年第 1 期。

是畜生都要用"礼"来衡量，那这个"礼"指什么？假如我们像《礼记》那样将礼的方方面面说一通，或者像董仲舒和朱熹那样将礼阐述一番，那无论如何，这些解释都是在学科研究框架之外的；假如我们力图用一个现代的学科概念建立对"礼"的研究，那就是学科内的。结果我们知道，在现代社会科学的概念中，关于"礼"的最恰当概念莫过于说它是一套人与人交往的原则和规范，但这样就不知不觉地落入了西方社会学的窠臼。任何一个生活在中国社会的人都会感觉到，原则和规范并不能表达出中国人在"礼"上的讲究，因为"礼"所要求的灵活性和随机应变能力是原则和规范所不及的，甚至是原则和规范所不许的。这时，我们再来看一下一项符合我讲的出入于中西方学术之间的汉学研究，是如何既用现代概念，又突破西方思维的。美国学者郝大维（David L. Hall）和安乐哲（Roger T. Ames）在关于中国人自我的研究中指出：

> 礼并非只是固定于一个文化传统内部的适切性的标准（standards of appropriateness），这些标准有助于塑造和管理这一传统的参与者，它们还具有重要的创造意义。因为礼与作为秩序的来源的规则与原则的区别就在于，礼不仅告诉参与者什么是适当的，而且这些由他们加以实行。它们是这样一种形式的构造，为了具有效验，它们必定个性化以适应每个参与者的独特性和品性。[1]

我所谓的本土训练应这样出入于东西方学术之间。就"礼"的研究而言，就是希望本土的研究不要轻易地用原则和规范来取代中国人

---

[1] 郝大维、安乐哲：《汉哲学思维的文化探源》，施忠连译，南京：江苏人民出版社1999年版，第36页。

的礼，因为这种研究会把中国文化中最精华的部分漏掉；也不要站在儒家学说立场上说礼是这个意思或是那个意思；而是能在一个现代学科框架里面叙述中国的礼的含义与特征，且比较它与西方人所讲的规则有什么差异，然后再来看这些含义与特征如何影响了中国人的心理与行为，以及如何形成了他们自己对人性与社会的理解。结果，我们最终就可能发现中国人与中国社会自身的一套运作方式的特征与原理是什么。关于这套运作方式的知识建立就是我所谓的本土研究，其建立本身就拓展了我们认识世界的单一途径。

回想我在给"脸"和"面子"下定义时的艰辛和困惑，也是如此。[1]我当时以为这只是因为"脸面"这个概念比较特殊，比较不好把握，现在我才能体会到在中国社会，无论是先哲们的知识诉求，还是老百姓的现实生活，中国人主要是靠体察和感悟来把握知识及其运作规律的，而非先获得一套带有原理的"知识"，然后来实践它的。但这样一种文化不是不可描述和阐明的，更不能认为是不可研究的，关键是我们如何来将这个社会与文化的特征放入某种学科框架，用逻辑而准确的语言表达出来。这里的描述、阐明和准确表达是说，一个学科框子在任何时候都是必需的。而我们在力图表达它们的同时，就很可能正在构造该学科框子内的另一种视角和理论。还是以郝大维、安乐哲的关于中国人的自我研究为例。他们认为，西方关于自我的研究是在心灵论、身体论、目的论和意志论等框架中进行的，而中国人的自我是无我的、无心的、无躯体的、无目的的和非意志的自我，这样就需要给自我的研究再加入一个框架，他们称之为"焦点－区域式自我"，即大多数中国学者关于自我的认识既不凭借"一般本体论"(ontologia generalis)，也不求助于"普遍原理的科学"(scientia universalis)，而是

---

[1]　参见翟学伟：《中国人的脸面观——形式主义的心理动因与社会表征》，北京：北京大学出版社 2011 年版。

用"语境化方法"（ars contextualis），把特殊的家庭关系或社会政治秩序所规定的各种各样特定的环境构成一种区域，区域聚焦于个人，个人反过来又是由他的影响所及的区域塑造的。[1] 由这一研究来看，我们就可以比较清楚地知道各个理论在说明中国人的自我问题上的解释力，我们就会认为最后一种自我理论比较合适。但我们也清楚地意识到，如果郝、安两位先生不通西学，也是提不出这个合适的自我研究框架的；同样我们也意识到，这个关于自我研究的新框架是对自我研究的一个贡献。

四、本土概念的研究方式

从上面的讨论中可以看到，本土研究成功与否的最关键问题是我们如何对待本土的概念。目前，在本土化运动的推动下，我们的做法是先找出本土的概念，如"缘""面子""送礼""孝"等，然后进行一番界定，最后用实证主义的方法来研究它们在中国人中的表现方式或态度，以发现一些不同于西方人的地方等。这当然是一种方法，只是这样的方式显然是我前文讲的那种本土化，也就是从外向内的，由西向东的，从上往下的。这里的"外""西""上"指的就是西方看世界的理念和方法，它在为我们提供看现象的角度和工具，差别只是它们原本框定的概念和现象发生了非西方性的变化，也让我们看到一些西方学科看不到的东西。目前还有一种本土的概念研究是对概念进行深层次的探讨和文化上的解释，有雄心的学者会以此建立起自己的理论模式。然而这些研究都有一个共同

---

[1]　David L. Hall, and Koger T. Ames, *Thinking from the HanSelf, Truth and Transcendence in Chinese and Western Culture* (New York: State University of New York Press, 1998).

的倾向，就是对本土概念界定及分类上的西式追求。可问题也就出在，很多本土的意蕴都是在这种追求中丧失的。比如我们想研究"报恩"和"人情"这两个本土概念，但界定后发现它们就是西方社会学中所讲的"社会交换"（social exchange），再比如我们界定"面子"，结果发现它就是西方社会心理学中讲的"印象整饰"（impression management）。而事实上，任何一个熟悉中国人与中国社会的人都会发现，中国人所讲究的这些概念并不是这些意思，它们在不同的社会里会有不同的理解和不同的心理感受及不同的行为表现。可一旦形成一个界定清楚的概念，这种不同就消失了。尽管我们承认这种概念处理方式对建立一种普遍性理论是合理的，学科训练也决定了他们要这么做，可就研究中国人与中国社会而言，就不合理了。再有一个问题就是，我们会因此而只能建立起一种较为单一的理论模式。而郝大维和安乐哲通过自己的比较文化研究则清楚地意识到：

　　与西方哲学传统主流相比，中国传统是历史主义的，它呈现为系统。就此而言，它抵制以理论的和概念的语言来表达，这种语言预先假定了诸如客观性、严格的同一性等这样一些它不熟悉的观念。概念化需要原理、单一的意义、命题与事态的符合，以及参照意识，这些与由价值论聚合在一起的中国的伦理学、美学和宗教的传统毫不相干。汉人的故事是一个连续不断的文化叙述，而不是各种可孤立理解的学说和意识形态，对它的研究，向我们展示了一个具有其内在逻辑、奔腾向前、持续不断，又总是随机而变、不可预料的传统。[1]

---

[1]　郝大维、安乐哲：《汉哲学思维的文化探源》，施忠连译，南京：江苏人民出版社 1999 年版，中文版自序。

结合我自己的研究，我发现，许多中国本土的概念不一定要靠一个完整而准确的定义来说明，它们在很大程度上是靠我们结合文化性的叙述和典型的故事来完成它们的意义的。我在《中国人的脸面观》（1995、2011）一书中提出的"描述－情境－诠释法"，在《中国社会中的日常权威》（2004）一书及论文《在中国官僚主义作风及其技术的背后》（2006）中就有这种叙述故事的倾向。如果这样做了，是否意味着我们要放弃研究中所坚持的学科框架或对概念界定的追求，而必须在中国传统的学术思维框架中来做出我们独特的研究成果呢？当然不是。其实这样做只是为了对我们要研究的本土概念做这样的处理：一般而言，大凡那些比较难定义的概念都是由中国传统文化自身孕化出来，并被中国人在日常生活中及在儒家（或其他家）思想中反复使用的，比如"孝""己""人情""关系""面子""缘""恩""义""礼"等。对于这些概念，定义它们不但是困难的，而且定义了以后会带来很多问题，比如是否进入西方的概念，或挤干了本土文化的内涵，或用西式的思维来看中式的现象等，与其这样，那最好就不要定义它们。但这是不是说，由于不定义它们，因此就不可以在现在的学科框子里对其进行探讨了呢？其实，在现代学科研究中，是否一定要定义概念本身就有争论。这里，我们可以从 H. 布鲁默（H. Blumer）提出来的一种对概念的构想中获得启示。布鲁默在建构他的符号互动论时，也遇到了一个比较相似的问题，这就是：

　　社会学家们都希望通过运用更多的定义性概念来讨论各种被精确定义的事件，但是经验世界的性质使这一愿望无法实现。这是因为经验世界是由在不同情境中的行动者之间不断变化的符号互动过程所组成的，因此，那些只能在某些情境中剖析某些事件的概念不可能把握现实社会的整体关联性。更为重要的是，社会现实最终是由个体之间的符号互动过程建造起来的，这一事实更有力地说明，由概念所指示的实际情况将会转化与变动，因此不能通过严格的操作定义作出简单的分类。[1]

布鲁默认为虽然经验世界的本质阻碍了定义性概念的发展，但我们可以用"敏感化概念"（sensitizing concept，又译"触发性概念"）来把握这变动不定的经验世界和社会事件的过程及其评价。与此同时，在这个概念的基础上，建立起一种社会学的理论也是完全可能的。[2]我这里不去评论布鲁默的这个概念建构得如何，也不是说布鲁默的这一概念构想就一定可以用于研究中国传统概念。我想表明的是，建立理论体系或扩张的方法不是非此即彼，或者非得如此，西方学者之间也有分歧。而我们不能简单到要么就用西方定义好，要么就回到中国的故纸堆中去。我们为什么不能发展出一个现代的、学科的而又是本土的方法进入本土的研究呢？

我们还应该看到，本土的研究也不是一定要在本土社会中寻找、挖掘、收集、整理那些被中国典籍或日常社会反复使用的概念。有些研究在对上述的本土概念或本土现象进行了描述、阐述或总结后，也有可能产生一些现代性的学术概念，比如费孝通的"差序格局"[3]、许烺光的"情境中心"[4]、梁漱溟的"伦理本位"[5]、杨国枢的"社会取向"[6]及前述的"焦点－区域式自我"等。由于这些概念不是源

---

[1] 乔纳森·H. 特纳：《社会学理论的结构》，吴曲辉等译，杭州：浙江人民出版社 1987 年版，第 418 页。

[2] 参见 H. Blumer, "What Is Wrong with Social Theory?" in H. Blumer, *Symbolic Interactionism — Perspective and Method* (New Jersey: Prentice Hall, Inc. Press, 1967).

[3] 参见费孝通：《乡土中国》，北京：生活·读书·新知三联书店 1985 年版。

[4] Francis L. K. Hsu, *Americans and Chinese* (New York: Doubleday Press, 1970).

[5] 参见梁漱溟：《中国文化要义》，载《梁漱溟全集》第 3 卷，济南：山东人民出版社 1989 年版。

[6] 参见杨国枢：《中国人的社会取向：社会互动的观点》，载杨国枢、余安邦编著：《中国人的心理与行为：理念及方法篇（一九九二）》，台北：桂冠图书公司 1993 年版。

自中国传统典籍或日常话语，而是来自一个学者对于本土文化的某一重要或核心问题的概括，因此它们就可以被精确地定义了。而我自己近来发表的一篇题为《个人地位：一个概念及其分析框架》[1]的论文就是想表明，从"面子""人情""报""关系"等一些很难定义的本土概念到建立一个明晰的学术概念是可以做到的。

吉尔兹在讨论客位研究和主位研究时也曾经提到过两个概念，即"贴近感知经验的概念"和"遥距感知经验的概念"。显然吉尔兹的意思是，这两个概念并没有谁高谁低的说法，但有各自的问题，前者太通俗琐碎，后者太抽象术语化，因此他提出：

> 在这儿，真正的问题，亦即马林诺夫斯基通过用"文化持有者内部的眼光"这个个案的展示所提出的问题是，你不必真正去成为特定的"文化持有者本身"而理解他们，亦即文化人类学的分析方法所昭示的两种概念所揭示的角色处理问题。或者，更确切地说，在不同的个案中，人类学家应该怎样使用原材料来创设一种与其文化持有者文化状况相吻合的确切的诠释。它既不应完全沉湎于文化持有者的心境和理解，把他的文化描写志中的巫术部分写得像是一个真正的巫师写得那样；又不像请一个对于音色没有任何真切概念的聋人去鉴别声音似的，把一部文化描写志中的巫术部分写得像是一个几何学家写得那样。[2]

吉尔兹显然是既站在西方学者的角度又希望能克服西方的学术思维才说这番话的，其实我们前文所说的"人情""面子""关系"等概念同"贴近感知经验的概念"有几分相似。当然区别也是有的，这就

---

[1]　参见翟学伟：《个人地位：一个概念及其分析框架》，《中国社会科学》1999 年第 4 期。

[2]　吉尔兹：《地方性知识——阐释人类学论文集》，王海龙、张家瑄译，北京：中央编译出版社 2000 年版，第 73—74 页。

是它们在中国社会也可以很抽象——一种没有确切定义的抽象，而我所说的可准确定义的现代科学性概念也接近"遥距感知经验的概念"，但对本土研究来说又是很贴近的。因此本土概念的处理方法，即使用吉尔兹的分类概念来看，为什么不可以是从贴近感知经验的概念到遥距感知经验的概念都由本土学者自己来完成呢？其结果可能就是比西方人类学家做得更好。

五、结　论

可见，我所谓的本土研究，无论是其视角、理论、概念、方法，还是具体的社会现象等，都与本土化研究有所不同。我的基本看法是，首先，本土研究应该在现代的、发展的、有学科框架的基础上来进行，但这种研究既不需要去"化"西方社会与行为科学中的什么东西，也不需要一只手拉住西方某一理论流派和方法，另一只手操弄本土的概念和变量，而是尽量回到中国社会现实中去看、问、闻，去观察、发现、体会，然后去寻求用什么来表达它们是什么。这种寻求既不是在西方的理论、概念和方法的指引下来确立我们的研究对象和内容，也不是找到研究对象和内容后套用西方的视角和方法来看，更不是回到中国传统的学术思维中去寻求解决问题的途径，而是在中西方学术之间做本土的定位。其次，这样一种研究思路不存在本土化过程中出现的二元对立性和本土契合性问题。一种由中国社会自身孕育出来的研究，既不会关心如何防止照搬西方的理论，也不会关心如何让自己的研究同西方的结论相反。它只关心我们在这个社会中能有什么样的学术成就来准确地反映和合理地解释这个社会。当然，这里面可能涉及这样一个问题，即一个研究者应该接受什么样的学术训练才可能做到这一点呢？因为一种能被称为社会学、心理学、文化人类学的学科，首先是由西方人确立的。但我认为，接受西方这些学科分类和框架，并非就是接受某种范式、理论、方法等传统，也不是一定要去证明某种理论的正误，而完全可能在于获得一种学术眼光、学术敏感、处理数据的方法及获得阐述、分析与解释上的逻辑和话语能力而已。站在这样的立场上来看，阅读西方的学术经典，并不意味着我们在进行学术"洗脑"，而是让我们感受到某一种关于社会和人的现象被有洞察力地叙述之张力有多大。最后，建立于这一立场上所可能采用的研究方式，在认识上也不同于本土化中的种种争论，在结论上又是由自己社会的问题意识所引导的。它们不是源于西方某个理论，也不必然同西方社会相对立，并且所获得的研究结论不等同于当地的民众生活经验和当地的传统思想经典，如民俗研究或儒家思想等，甚至还能建立起促动学科进一步扩张的视角、理论或方法。

总之，我的观点是，所谓本土研究就是不去套用西方现成的东西，也不投机取巧地做二元式的对比，更不应回到国学中去，最好还不要去试图"化"西方的什么东西，而是一方面全面了解西方有关学术思想，另一方面直接面对我们自己的社会、文化、心理与行为，重新进行思考和研究。或者说，本土研究就是让我们在确立学科框架的同时换一个角度，即我们不是通过西方学科中的概念、理论和方法来发现现象和问题，而是从本土的现象和问题出发，来寻求相应的解决问题的途径、方法和对应的研究工具，建立本土的学术概念、理论和分析框架。因为在这种立场和途径中，我们既能看到我们的历史演变和文化理念如何造就了我们的社会，我们的社会背景和特定情境如何模塑了我们的心理和行为，以及我们现在的社会与文化面对现代化究竟能有什么样的改变，又能看到我们所做的一切在视角与方法论、理论与概念、研究方法与研究工具等方面能为我们所投身的学科做出什么样的贡献。

目前世界人文社会科学发展中有两种现象应该引起本土研究者的注意。一是自20世纪70年代以降，西方的社会学、社会心理学、文化人类学等相继进入了各自的危机阶段，许多西方学者对其进行了深刻的检讨和反省；二是后现代思潮的涌现，其中一个重要方面就是打破工业化给我们社会带来的单一化和标准化，以此提升人的自主性和选择性。虽然中国社会与行为科学本土化的发起并不一定同上述学术背景有多少关联，但在这种背景中从事本土研究毕竟是一个绝佳的机会，即为社会与行为科学做出贡献的机会。试想，如果西方社会与行为科学处于强势状态，要想注入本土研究的成果就会相当困难，如果西方人自己就在进行自我批判，那么一种本土研究就有极大的可能来推动世界学术向前发展。如果我们的本土化研究只是局限于由从外向内的研究方式转换成关起门来自己玩的研究方式，那我们也就等于失去了这个机会。

儒家的社会建构

——中国社会研究的视角与方法论的探讨

所谓社会构成是指人们在社会中的组合方式及其特征。客观地讲，一个社会以什么样的方式组合起来，同该社会所处的地域、人口与环境的互动及自身的历史发展脉络有很大的关系。不能否认，这种发展并非一个简单的人类自然演化过程，而通常是被一种意识形态、观念及其冲突所引导。当该社会中的成员，特别是一些专职人员（如知识分子或统治者）反观和用其理论观点来思考自己的社会构成时，这种反观和思考本身将影响、限定、规范或重塑这一社会，这就是所谓的社会建构。可见从社会构成到社会建构包含了社会成员通过某些思想，有目的地对一种原有而自发的社会构成所进行的改造。即使在 F. A. 哈耶克（F. A. Hayek）看来，社会理论探讨的主要对象是社会中那些自生自发的秩序 [1]，但我认为，一种社会理论的建立一旦被社会成员接受，就会导致社会的再建构。一个最明显的例子莫过于 K. 马克思（K. Marx）的阶级斗争（社会冲突）理论。它作为一种社会理论被一些社会成员接受后，不但引起了人们重新对社会中的人口特征及其阶级进行划分和解释，而且导致了根据这个划分所产生的革命行动，并催生

---

[1]　参见邓正来：《哈耶克社会理论》，上海：复旦大学出版社 2009 年版；哈耶克：《自由秩序原理》，邓正来译，北京：生活·读书·新知三联书店 1997 年版，第 1—65 页。

了新的社会制度。从这一观点来看，我们可以说，任何一种看似客观的社会构成在历史长河中都已经被多次地建构过了，而我们今天所处的文明社会都是被某种理论或观点再建构的结果。当然在这种再建构的过程中又会有一些自生自发的秩序出现，这就是为什么社会理论也不停地变更。

本文不打算在较广泛的社会科学范围内来探讨社会理论和社会构成的关系问题，而有关思想、理论与社会的关系的探讨早在大半个世纪前就有张东荪的论述，竟然也有本土意味。[1] 我这里想提出的是一个社会建构的理论预设问题，即任何知识者在构想或对社会进行建构时都会有他们对社会的预设和理解，而这个预设和理解在不同的社会中并不相同。具体而言，本文关心的一系列问题是：西方社会学中业已建立起来的社会学理论是在什么样的社会预设中提出来的？它们的研究理路同中国知识者建构社会的理路是否相符，或者说我们能否用它们的预设来解释或建构中国社会？而接下来的问题是，如果原先的中国社会构成已经一再受到本土的早先知识者的理论指引的话，那么这个社会理论是什么？它是如何从社会构成中产生并反过来对社会进行再建构的？如果将前一个问题和后一个问题连起来问的话，那就是，我们现在要建构的本土社会学理论应该在哪里呢？

一、个人与社会：西方社会研究的两种理路

一般来说，西方社会中的知识分子大都把自己的社会解释为一种个人主义的社会，并从中发展出认识论个人主义和方法论个人主义。但"个人主义"作为一个概念，无论是在起源还是在含义上都是十分

---

[1] 张东荪：《思想与社会》，长沙：岳麓书社 2010 年版，第 98—127 页。

复杂的。即使在西方，个人主义在不同的地区和不同的学科中，意义也不尽相同。英国学者史蒂文·卢克斯（Steven Lukes）在《个人主义：分析与批判》一书中，曾小心翼翼地辨认了个人主义在法国、德国、英国、美国的历史和区别，也分析了它在哲学、宗教、伦理学、政治学、经济学、法学等学科领域中的不同含义。不过可以肯定地说，这些差异并没有造成他们对西方是一个个人主义社会这一基本命题的怀疑，至多只是有新旧个人主义之分。直至20世纪80年代以降，在美国才出现了一股强烈的反对西方个人主义的社群主义，但看其势头，要想撼动个人主义似乎是不可能的。[1] 尽管卢克斯在书中是以一种困惑的或批评的态度引用埃利·阿莱维（Elie Halevy）的一段话来开场的，但我认为这段话还是能大体反映出个人主义在西方社会和思想中的大致情形。阿莱维说：

> 在整个现代欧洲，事实上，个人都具有了对他们的自主性的意识。每个人都要求得到所有其他人的尊重，认为其他的人都只是自己的同伴或地位相等的人；社会似乎，也许越来越像是从构成社会的自觉意志中产生出来的了。个人主义学说的出现和成果本身就足以表明，在西方社会中，个人主义是一种真正的哲学。个人主义是罗马法和基督教伦理的共同特征。正是个人主义，形成了卢梭、康德和边沁的哲学之间的相似性，当然在其他方面它们又是迥然而异的。甚至今天仍然可以认为，不管是作为一种解释社会事实的方法，还是作为一种实践的学说，个人主义都能够决定改革者活动的方向。[2]

---

[1] 详见公共论丛中的文章，尤其是刘军宁等编：《自由与社群》，北京：生活·读书·新知三联书店1998年版。

[2] 史蒂文·卢克斯：《个人主义：分析与批判》，朱红文、孔德龙译，北京：中国广播电视出版社1993年版，第1页。

这段叙说的不足之处在于它的跳跃性和笼统性，但它所包含的内容已足以说明，个人主义是从西方传统社会和思想中脱胎出来的一种认识个人与形塑社会的思维方式，它在西方的影响力是全方位的。

从西方社会学的预设角度来认识个人主义的影响力，有两个问题需要讨论：一是西方社会学发生的思想背景，即为什么会有人要用一种叫作社会学的学科来研究社会构成和社会现象？二是西方社会学家由此而建立的方法论和理论框架有哪些？

关于第一个问题，我们发现，最早提出建立社会物理学的圣西门主义者也就是最先系统地反对个人主义的那些人。他们反对启蒙主义对个人的赞美，并对社会的原子化和无政府状态感到恐惧，因而希望建立起一种有机、和谐的社会秩序。显然，从初衷上看，社会学的提出和建立，为这种希望提供了保证。但作为一门研究社会的专门学科，其诞生有一个社会学的根本问题是必须回答的，这就是社会究竟是什么，到哪里去寻找它的真实性？由于当时个人主义思想已在西方大行其道，因此通常的回答就是"个人"，也就是说社会不过是各个个人的组合，因而社会的实质是个人的意志或精神的集合体和抽象物。但这个回答显然不能令 C. H. 圣西门（C. H. Sain-Simon）和 A. 孔德（A. Comte）等人满意，由于他们对社会学研究的期待是对社会现象的规律性探讨而不是对个体活动或心理现象的研究，又由于当时用物理学和生物学知识解释自然现象中的外在环境性和整体性特征已经成为可能，因此社会被假定为一个有机的实体的思想便产生了。正如孔德本人所说：

> 实证精神认为，单纯的个人是不存在的，而存在的只可能是人类，因为无论从何种关系来看，我们整个发展都归功于社会。社会的观念之所以在我们的认识中似乎还是个抽象之物，这主要是由于旧哲学体系左右之故；因为实在说来，那种性质乃属个体

观念，起码在我们群体来说是如此。[1]

也就是说实证永远是社会性的。我们不必通过社会中的个别要素或原子成分来理解社会，而是通过社会的结构和变迁来认识社会。由此可以认为，西方社会学在理论预设上是在个人主义的对立面的基础上建立起来的，尽管当时孔德并不否认心理也对社会现象起着重要作用。

孔德的这一社会学思想在英国社会学家 H. 斯宾塞（H. Spencer）那里构成了一种紧张。在斯宾塞看来，社会是一个超有机体，它同有机体的相似性在于社会具有同生物一样的进化过程及其机体内各系统之间的协调关系。但在生物体内，各部分是为整体而存在着的，而在社会中的个体却不为社会存在而活动，相反，社会是因为个体的活动而存在的。由此观点，斯宾塞推导出社会为个体服务，个体是第一性的，社会是第二性的。但社会学的性质使斯宾塞不能完全回到个人主义的立场上去。这就造成斯宾塞的社会学理论具有一种个人与社会之间的逻辑混乱，他一方面把社会当作一个有机的实体来研究，另一方面却又承认社会是由个体相加组成的原子，所以社会要为个体而存在。

这种紧张一直影响到后来社会学家对社会建构的理解和解释上的激烈争论。例如，法国社会学家 E. 涂尔干（E. Durkheim，又译迪尔凯姆）在他的《社会学方法的准则》中表现出了对孔德和斯宾塞在社会学方法论上的不满。他认为社会学不能在个人意识和社会现象之间徘徊，为此他明确地提出了他的"社会事实"（social fact）概念。他说：

> 这类事实由存在于个人之身外，但又具有使个人不能不服从的强制力的行为方式、思维方式和感觉方式构成。因此，不能把它们与有机体现象混为一谈，因为有机体现象由表象和动作构

---

[1]　奥古斯特·孔德:《论实证精神》，黄建华译，北京：商务印书馆1996年版，第52—53页。

成；也不能把它们与仅仅存在于个人意识之中并依靠个人意识而存在的心理现象混为一谈。这样，它们就构成为一个新种。只能用"社会的"一词来修饰它，即可名之为社会事实。这样称呼它最合适，因为十分清楚，它既然没有个人作为基础，那就只能以社会为基础：要么以整体的社会政治为基础，要么以社会内部的个别团体，诸如教派、政治派别、文学流派或同业公会等为基础。另外，也只有这样称呼才合适，因为"社会的"一词只是在专指那些不列入任何已经形成的和已经具有名称的事实范畴的现象时才具有明确的意义。[1]

但他的这一观点随即遭到了学界的种种非议，以至于他在该书的第二版序言中用较大的篇幅再做申辩。

而另一位持久影响社会学理论发展方向的社会学家马克斯·韦伯（Max Weber）却引导了另一种思路。他说：

所谓"有机"社会学的方法，试图从整体出发来解释社会的共同行为，然后在共同行动里，对单个的人和他的举止作出阐释，类似于生理学对待身体器官在整个机体的家庭里的位置。在其他学科里，对一个整体的各个部分，从功能上观察的这种方式在多大程度上（迫不得已地）必须是明确的，在这里先不讨论：众所周知，生物化学和生物机械的观察，原则上是不会以此为满足的。对于阐释性的社会学来说，这样一种表达方式：1. 可能用于实际直观和临时取向的目的；2. 只有它能帮助我们在某些情况下找出那个社会行为，对这种社会行为作阐释性理解，对于解释一种互相关联是至关重要的。然而在这一点上，社会学的工作才刚刚开

---

[1]　E. 迪尔凯姆：《社会学方法的准则》，狄玉明译，北京：商务印书馆1995年版，第25页。

始。是的，在社会机构方面（与有机体相反），我们能够除了纯粹确定功能的相互关联和规则（规律）以外，还能做些所有自然科学永远无法企及的东西，就是对参与个人举止的理解。[1]

韦伯的这段话对前述的社会学研究具有全面的批判性。在他看来，社会学的研究毫无疑问地可以进入个人的动机。正如他在临终前的一封短信中写的那样："如果我要是个社会学家的话……那么驱除仍然游荡在我们中间的这种集体概念的幽灵，乃是我的主要使命。换句话说，社会学理论本身的产生只能根据一个或更多的独立个人的行动，因此必须严格采用个人主义的方法。"[2] 有学者认为，其实韦伯在自己的社会学研究中也没有看到多少个人主义方法论的运用。而由涂尔干提出的用一个社会事实来解释另一个社会事实的方法却被人们普遍地采纳，尤其是在定量研究中。但从社会学建立至今，许多较杰出的社会学家和社会理论家仍然坚持个人主义的认识论和方法论，诸如 G. 塔尔德(G. Tarde)、V. 帕累托（V. Pareto）、W. 麦独孤（W. McDougall）、W. G. 萨姆纳（W. G. Sumner）、G. 霍曼斯（G. Homans）、F. 哈耶克（F. Hayek）、K. 波普尔（K. Popper）、J. W. 沃特金斯（J. W. Wotkins）等。

正是西方社会学在对待个人主义预设上的种种差异，造成个人与社会之间的两极状态，进而导致了它们的社会学研究理路上的两种取向：一种是在个人的立场上研究社会，即微观的社会学取向，由于这种取向将社会的建构还原到个体身上，因此它们不排斥心理学，进而带有社会心理学的特征；另一种是在社会的立场上研究社会，即宏观的社会学取向，其特征是将社会学和心理学完全区分开来，不再把社

[1] 马克斯·韦伯：《经济与社会（上卷）》，林荣远译，北京：商务印书馆1997年版，第48页。

[2] 转引自史蒂文·卢克斯：《个人主义：分析与批判》，朱红文、孔德龙译，北京：中国广播电视出版社1993年版，第119页。

会现象还原到个人的心理与行为上来解释。随着社会学理论的发展，这两种取向之间的鸿沟越来越明显，对社会建构解释的偏差也越来越大。行动主体（agency）与社会结构（social structure）之间的关系成为社会学家争论不休的一个话题。如就具体社会学理论而言，立足于个人层次的社会学家建立了理解社会学、符号互动论、社会角色理论、戏剧理论、常人方法学、社会交换理论等，它们以"自我""符号""角色""表演""互动"和"交换"等概念为基本，提出了社会建构的互动性和过程性。而立足于有机或整体层次的社会学家则建立了结构 – 功能主义、中层理论、冲突理论、现代化理论和其他关于结构性的理论等，它们以"地位""不平等""阶级""分层""制度""变迁"等概念为基础，建立了解释社会建构的一般性模式。P. 布劳（P. Blau）曾经声称，他的社会交换理论力图打通微观和宏观的界限，建立起一个从微观偏重过程到宏观偏重结构之间的过渡理论，但他在晚年写的一篇论文中承认，他的这项努力还有很长的路要走。[1] 他的这种沮丧可能来自西方社会学理论本身一直是在一种二元对立的思维中来构造和解释社会的。

二、制度与话语：中国社会建构分析的基点

西方社会产生的这种通过二元对立的思维来构造和解释社会的传统，可以在古希腊的城邦制、罗马法 [2]、基督教和文艺复兴 [3] 等历史

---

[1] Peter M. Blau, "Microprocess and Macrostructure," in S. C. Karen, ed., *Social Exchange Theory* (Newbury Park: Sage Publication, 1978), p. 99.

[2] 参见梁治平：《寻求自然秩序中的和谐——中国传统法律文化研究》，北京：中国政法大学出版社 1997 年版，第 17 页、第 23 页。

[3] 参见史蒂文·卢克斯：《个人主义：分析与批判》，朱红文、孔德龙译，北京：中国广播电视出版社 1993 年版。

活动中来寻求它的起源。如果将人类构造和解释社会的方式加以概括的话，我们大致可以看出，人们对社会的这种作用大体上同两个因素有关：制度与话语。由此我们在分析中国社会建构的特征时也从这两个方面入手。

制度在一般意义上是人们在社会互动中产生的一系列原则和规范。这些原则和规范一方面对行动的个体具有约束作用，以保证个人对他人的行为预期和关系协调，另一方面为公共社会的正常运行提供保证。从西方社会制度建立的特征上看，上述两个方面在运作中具有分化的倾向：对个人行为的约束涉及的是私人领域；社会秩序的正常化属于公共领域。因此，早在古罗马法律中就有私法和公法之分。现在我们的问题是，中国社会的建构是否有将个人领域与公共领域分离开来的倾向？如果我们通过中国社会制度的研究无法确立这种划分的话，那么中国社会制度本身就不可能提供从两个不同的层面看社会的基础。但是，如果中国社会在制度上不是这样的设立，那么这个制度是什么呢？它是用什么方式连接个人与社会的呢？

制度分析给我们提供的是一种现实的社会建构方式。同制度建立相关的一个问题则是有关建构、确保、改造、认识和解释制度的种种话语是什么，因为社会上的许多制度正是在一种特定的话语中确立的。我这里所使用的"话语"的含义基本上就是 M. 福柯（M. Foucault）的话语理论，因为福柯话语分析的重点正是探讨社会性制度与话语实践在历史中所形成的关系。根据福柯的理论，话语实践不是人们的日常语言，而是权威性主体以某种被人接受的方式所说的话，即所谓的"陈述"。由于它的严肃性，一个陈述一旦产生，就会明确地要求社会成员承认其真理性。通常，权威性主体在言语上的权威性，来自它们是社会上那些专家以专家身份说出的话这一事实。值得注意的是，福柯分析话语的重点不是要人们去探讨一个话语本身是否为真，而是它在实践中如何被当作真，这就是所谓的知识考古。[1] 为了研究上的方便，我这里将关于中国人的话语分成两层含义来分析：（1）当人们在运用其话语来表达其思想时，这些话语的自身特征（如构词）是否包含了使用话语的人不自觉地把社会建构设想或理解成这样，而不是那样？例如，C. 汉森（C. Hansen）就曾经发现汉语本身多强调部分－整体模式，名词一般没有可数与不可数之分，这个特点导致中国人在描述事物时也不必将世界描述为由个体组成的，而家族的行为既可以由家庭来解释，也可以由个人来解释。[2]（2）社会权威人士的知识实践，即福柯所讲的严肃话语的传播和被接受过程。我们这里的问题是，中国社会的专职知识分子有效地向统治者和大众指导、传播、强化、推动了自己有关社会建构的思想了吗？他们有自己建构社会的方法论吗？中国社会被他们解释成什么样子了呢？因篇幅所限，对以上问题，本文只做源头性的探讨，不做全面的展开。

三、宗法社会：社会构成的复制与收放

首先，我们来看一下中国社会为自己设立的制度问题。在中国历史上，有一套制度一直在影响着中国社会的建构，这就是宗法制。所谓宗法制，指的是关于确立、行使和维护宗子权力的各种规定。一方面，宗法规定的出现同当时中国社会业已建立起来的社会结构有关，即当中国社会从原始氏族社会进入具有国家形态的社会时，同其他国家相比，有一个重要的特点几乎被所有的历史学家注意到了，这就是它非但没有打破血缘关系，反而将国家形态建立在原先的血缘关系基

---

[1] 参见徐贲：《走向后现代与后殖民》，北京：中国社会科学出版社 1996 年版，第 128—129 页。

[2] 转引自史蒂文·卢克斯：《个人主义与集体主义》，载王宾、阿让·热·比松主编：《狮在华夏——文化双向认识的策略问题》，广州：中山大学出版社 1993 年版，第 272 页。

础上。因此从实质上讲，中国原始的氏族组织和国家形态合而为一了。另一方面，中国社会在氏族与国家结合的过程中出现了如何确立和世袭王位的问题。历史上的王位争夺，使周人欲图通过建立宗法制来解决这一问题。

宗法即宗子之法。它大体出现在殷商时代，而完备于周朝。其社会建构方式是，"一曰立子立嫡之制，由是而生宗法及丧服之制，并由是而有封建子弟之制、君天子臣诸侯之制；二曰庙数之制；三曰同姓不婚之制。此数者，皆周之所以纲纪天下，其旨则在纳上下于道德，而合天子、诸侯、卿、大夫、士、庶民以成一道德之团体。周公制作之本意，实在于此"[1]。也就是说，自周朝以来，中国社会被建构成了一种以父系血缘关系为原则，将同姓、同氏的人联结成一个受宗子绝对辖制的共同体社会。在这个社会中，对后来的中国社会建构最具影响力的，是宗法制中的分封原则，即嫡长子为大宗继承父位，余子为小宗分封出去，大宗以祭祖与小宗区别开来。在周朝，大宗分出来的小宗就是诸侯，诸侯的嫡长子继承诸侯爵位，余子被封为卿，卿再按这一原则封出大夫，大夫又依此封出士，士以下为庶民，故士的余子不可再封，但这并不影响庶民也可以按此方式来构成自己族内的宗法制。在这一原则中，我们看到中国社会建构上的复制性与收放性特征：一种国家的、阶层内部的建构原则在不同的社会等级中是贯通的或被效仿的，结果国家机构和社会群体不相分离，同时"家"与"国"之间构成了一种同一性或贯通性的关系。王国维从社会功能角度精辟地阐述了这一建构的精妙之处。他说：

> 是故有立子之制，而君位定；有封建子弟之制，而异姓之势

---

[1] 王国维：《殷周制度论》，载傅杰编校：《王国维论学集》，北京：中国社会科学出版社1997年版，第2页。

弱，天子之位尊；有嫡庶之制，于是有宗法，有服术，而自国以至天下合为一家；有卿、大夫不世之制，而贤才得以进；有同姓不婚之制，而男女之别严。且异姓之国，非宗法之所能统者，以婚媾甥舅之谊通之。于是天下之国，大都王之兄弟甥舅；而诸国之间，亦皆有兄弟甥舅之亲，周人一统之策实存于是。此种制度亦由时势之所趋，然手定此者实唯周公。[1]

虽然这一阐述有将周人的宗法制理想化之嫌，因为在宗法制的影响下，世卿、士大夫制是普遍存在的，但我们依然可以看到周人建立宗法社会的出发点。

上述分析向我们揭示了中国社会学意义上的两个传统：（1）中国的政治、社会、家庭及个人之间的关系不同于其他社会，它们具有连续性和同一性的特点。（2）在中国社会被建构的过程中，没有宏观与微观的明显划分，只有复制和收放的关系。尽管在这一过程中，各社会现象之间在贯通时仍会出现许多差异[2]，但一种看社会的思路就是这样被确定下来的。

在我们考察中国宗法制度史之际，最后还有一个问题应引起我们的注意，即宗法制作为一种国家制度自春秋时代后就趋于解体，但作为一种思想行为模式和日常社会构成方式，在儒家思想和话语的实践中一直延续下来。尽管中国社会有过多次改朝换代，但宗法制自身也在适应中不断调整。[3]概括起来看，这种调整的方向是从大宗向小宗

---

[1] 王国维：《殷周制度论》，载傅杰编校：《王国维论学集》，北京：中国社会科学出版社 1997 年版，第 14 页。

[2] 如杜维明就认为父子关系和君臣关系完全不同，各有自己的逻辑结构。参见杜维明：《现代精神与儒家传统——一套特色伦理学词汇》，北京：生活·读书·新知三联书店 1997 年版，第 143 页。

[3] 详见冯尔康等：《中国宗族社会》，杭州：浙江人民出版社 1994 年版。

推广、从贵族世袭制向平民家谱制普及、从其政治功能向其社会功能转化等。简言之，中国的宗法制在其不同历史阶段中本身经历了一个由神圣化向世俗化的发展过程，而正是这一普及过程，几乎使所有的中国人都学会了用复制和收放的方式来认识、建立和解释他们的生活空间。这也是我们理解费孝通"差序格局"概念的社会基础。

四、国家与个人：中国人的话语分析

在中国社会的话语实践中，有关宗法制对个人与社会、微观与宏观的话题受宗法制的影响，一个最显著的话语实践就是"国"与"家"二字结合，组成"国家"。虽然中国历史上的国家形态经历过许多次改变，乃至今天意义上的"国家"已完全不同于历史上任何宗法、专制等形态，但我们并没有因此在语言上使用其他词语来替换"国家"二字，以表示一种可能完全不同于由"国家"二字结合而成的政治制度。目前学术界借用的一个西方表达是"民族－国家"，但中国人对这个概念不甚了了，大多数人，包括媒体话语都沿用"天下"一说。可见，如果拿话语变迁和制度变迁相比，话语明显地具有其相对的稳定性和滞后性，借用 W. 奥格本（W. Ogburn）的术语，这两者之间多少也存在"文化脱节"（cultural lag）的问题，或者说人们往往是用现成的话语来理解以前没有的或引进的新东西，特别是在思想和制度层面。这便导致当我们在言说现代性的含义时，传统的含义也可以渗透进来。

在中国古代社会的话语实践中，"国"字本身的含义异常丰富，它可以表示城、地域、氏族、政治机构等，而按照中国社会的宗法制度，其含义还表现在以下几个方面。（1）君主。"国"本身是一个抽象的或宏观的概念，但它在中国可以用来指一国的君主。如，《汉书·陈汤传》："国家与公卿议，大策非凡所见，事必不从。"《晋书·陶侃传》：

"国家年小，不出胸怀。"《资治通鉴·汉纪·孝灵帝中平六年》中有"至使国家播荡"，胡三省注："东都群臣谓天子为国家。"因此在中国人的思想观念中，效忠国家，也就是效忠君王，这点并没有随着国家含义的改变而改变。（2）社会。"社会"是一个外来语，故中国的传统话语实践并没有直接表达国家的含义有别于社会，但从社会所反映的内涵与外延来看，社会所包含的内容也是国家所包含的内容，如群、家、区域等。在西方政治、社会、法律等学术传统中，国家与社会之间构成的是一种对立的关系。前者是指一种政府的、统治性的、等级的、管理性的政治实体，而后者作为同前者的对立，是指人们的聚居和自发交互作用的构成及其生活、劳动、娱乐群体。这种西方式的二元对立模式曾一再被中国学者用来分析中国历史上的"公共领域"或"市民社会"及其相关问题。而从中国社会的话语实践上来看，中国人的"国"和"社会"并没有对立关系，两者之间可以互换：社会可以指国家，国家也可以指社会。梁漱溟对此很有见地："中国人头脑何为而如是？若一概以为是先哲思想领导之结果，那便不对。此自反映着一大事实：国家消融在社会里面，社会与国家相浑融。国家是有对抗性的，而社会没有，天下观念就于此产生。"[1]　（3）天下。传统中国话语中的国家是一种多重性的国家形态，如皇帝、诸侯王、列侯等，因此从格局上看，中国传统社会是大国中间套着小国。由于中国疆域辽阔，因此人们在观念上把中国当作世界，而这个世界又由一个皇室来统治。于是中国人在表达国家时，也可以表达成"天下"。虽然顾炎武在《日知录》中曾经指出"国家"与"天下"在概念上有差异，即亡国不等于亡天下，但从顾炎武的解释上看，亡国与亡天下更多的是内容上的和程度上的不同，而没有"国"与"天下"的概念上的不同[2]。正因

---

[1]　梁漱溟：《中国文化要义》，载《梁漱溟全集》第3卷，济南：山东人民出版社1989年版，第163页。

[2]　顾炎武著，黄汝成集释：《日知录集释》，石家庄：花山文艺出版社1990年版，第590页。

为如此，"天下兴亡，匹夫有责"也可以说成"国家兴亡，匹夫有责"。而其他话语，诸如"家天下""打天下""平天下""共天下"等中，"天下"都和"国"的含义差不多。

中国词语"家"的含义也同样丰富，既包容"社会"，也包容"国家"。它可以表示：（1）家庭、家族、宗族等具有血缘或准血缘关系的群体。（2）国、封地。如，《左传·桓公·桓公二年》："天子建国，诸侯立家。"《孟子·梁惠王上》："千乘之家。"《周礼·夏官·序官》："家司马各使其臣。"中国传统上将"家"与"国"混用和合用，说明中国社会的建构方式具有很鲜明的自身特点：结构上的复制和放大、内涵上的宏观与微观不分、思维上的非二元对立倾向、社会规范上的可推论性（详见下节）等。所有这些都可以通过我们对于"家"与"国"并用的话语分析看出。传统中国人的话语实践导致，即使国家在形态上发生了改变，仍然可以保持话语的历史惯性和思维特点，如在今天，中国人的话语中仍有"×家王朝""保家卫国""亲如一家""国兴家旺""国破家亡"等说法，许多流行歌曲继续咏唱着"我们的大中国，好大的一个家""我们是相亲相爱的一家人"，或者在"小家""大家""国家"之间反复联系。

以上讨论是就中国社会的传统话语实践来分析中国人是如何理解社会建构的。下面我们还可以通过考察前述西方个人主义话语在中国社会的实践，来分析社会与个人之间的关系在中国被误读的过程。

个人和社会之间的对立思想最早是由一些中国留洋的学者介绍到中国来的。有趣的是，在西方社会学的发展历史中，在这两者关系上最自相矛盾、最缺乏逻辑性的斯宾塞，却是给中国学者以最大影响的社会学家。或许斯宾塞的矛盾，在中国人看来并不矛盾，而且中国知识分子需要借用他的矛盾理论来解决中国自身的问题，即社会学建立之初的整体性要求与从个人主义角度来建构社会的理想和要求，在斯宾塞的著作当中产生的紧张，竟然被他用生物有机论的比喻，也就是细胞和有机体之间的关系做类比，轻易地化解了。而尤为重要的是，这种在西方社会学方法论上极有问题的思路正合中国人理解社会的胃口。结果，斯宾塞的学说在中国占有优先地位。当年严复一方面对斯宾塞的思想大加赞赏，另一方面通过翻译斯宾塞的《社会学研究》（旧译《群学肄言》）告诫整个中国知识界，这是西方所谓最重要的社会学思想，进而使这一思想在中国学者中得以广泛而深入地传播，并产生了巨大的影响。B. 史华兹（B. Schwartz）精辟地看到：

> 对于正在摸索把中国作为一个社会－国家，而不是一种文化来理解的严复来说，几乎完全类似于生物有机体的"社会有机体"这一概念，为他提供了对于国家的尽可能生动的想象，这就是：一个有机体与其他有机体共处在达尔文主义的环境中，为生存、为发展、为优胜而斗争。"一群之成，其体用功能，无异生物之一体。大小虽异，官治相准，知吾身之所以生，则知群之所以立矣；知寿命之所以弥永，则知国脉之所以灵长矣。一身之内，形神相资，一群之中，力德相备。身贵自由，国贵自主。"斯宾塞的另一个与社会有机体的生理学概念紧密联系的概念是，社会"群体"的质量有赖于"各个单位"或各个细胞的质量。"社会有机体"的概念和强调各个个体的质量两者间的逻辑关系，像通常已指出的那样，尽管表面看起来似乎有理，实际上却是经不起推敲的。然而，因为两个概念都与严复最最关注的事直接有关，他就无意深究两者的关系了。[1]

严复的这种思维不是他个人的思维，而是当时中国学者的思维。在史华兹引用的严复自己的一段对国富民强的高论中，我们看到的正

---

[1] 本杰明·史华兹：《寻求富强：严复与西方》，叶凤美译，南京：江苏人民出版社1996年版，第50页。

是他不但把斯宾塞的"社会比作身体"换成了"身体比作社会",而且具有明显的通过微观推宏观和不再将这两者对立的倾向。严复的这一思想使当时的许多著名学者,如梁启超、康有为、孙中山等人开始寻求,如何在个体与群体之间、小我与大我之间、家族与国族之间、私德与公德之间等建立起有机的联系。

在这一时期,章太炎的个人主义观点似乎显得比较独特。他试图通过建立"个体"的自主性概念来表明个体与任何外部世界无关,由此放弃个人或者同社会/国家的对立,或者同社会/国家的关联。在他看来,个体自主是一种对国家、社会、宗教、家庭等毫无责任和义务,且同社会的发展、历史的目的无关的个人自主。[1] 看起来,章太炎似乎走向了极端的个人主义。但只要分析一下他的思想脉络就可以发现,他的个体自主性既同他分不清西方式的国家与社会,进而导致个人与社会也不对立有关,也同他中国式的思维有关,即先预设个体同家庭、村落、社会、国家、天下有关,然后对这种思维方式做反向性的思考。

五四运动前后,随着西方思想在中国的传播与盛行,"个人主义"的话语在中国显得更加暧昧,它在不同的话语情境中可以被当成完全相反的概念来加以使用。有的学者用它来批判中国传统,也有学者把它当作中国的传统。刘禾在研究中清醒地发现了这一点。她说,在中国,"个人主义话语与通常的看法相反,它与民国早期出现的民族国家的大叙事之间有某种若即若离的关系。像当时流行的其他话语一样,它以自身的方式参与了现代意识形态和权利重组的重要进程。这种参与方式不能冠之以任何简单的结论(如真/伪个人主义的结论)。个人主义并不总是构成民族主义的对立话语,启蒙运动也并不是民族救亡

---

[1]　汪晖:《个人观念的起源与中国现代的认同》,《中国社会科学季刊》1994 年春季卷,第 51—84 页。

的反面。这两种话语之间的张力产生于各自历史性内涵的不稳定性，同时也源于它们之间的互相渗透，互相盘结"[1]。显然，一个在西方出现的同"国家主义""社会主义"和"民族主义"相对立的概念，在中国被转化成了一系列相互补充的概念。因为在根本上，中国人无法理解"国家"或"社会"对立面上的个人会是什么样子，它们之间只能是依存的关系，而这一切是以"家"夹在中间为依托的。

结果，尽管"个人主义"概念在中国发生了很大的转变，但有一个问题也开始突显出来，即人们在争论中越是隐去一种已被复制和放大了数千年的从家推广到国的社会建构方式，就越容易发现个人与社会之间的对立关系。可见，直至今天人们仍然在讨论的民主问题、市民社会问题和私人领域与公共领域问题，都是建立在这种省略基础上的。可关键的问题是，省略之后这些讨论就只能是概念上的，而不是社会实在的建构（social construction of reality）上的。即使一种话语的移植及其实践如同我前文所讲的那样，肯定也会参与到中国社会的建构中去，但我们不能忘记的是，由于原有建构模式的作用，曲解和走样也同样在参与这种实践。

五、儒家：知识精英的话语实践

在我看来，儒家的社会建构在一定程度上就是中国社会的建构。我提出这一观点是出于两方面的理由。一是儒家并不是从孔子开始建立的，而是从周公开始建立的，用荀子的话讲，周公是第一位儒学大师。孔子只是一位儒学的集大成者，他继承、发扬、更新了尧、舜、

---

[1] 刘禾：《跨语际的实践：往来中西之间的个人主义话语》，载汪晖等主编：《学人（第7辑）》，南京：江苏文艺出版社1995年版，第100页。

汤、文、武，特别是周公的衣钵，将儒家思想体系化，然后在以后的历史文化中，最终使它在各思想流派中占据了上风，未因时代的变换、朝代的更替而衰亡。周公的儒学在相当程度上就是一套关于社会建构的思想和制度体系，虽然到了孔子那里，儒学的内容更加丰富了，具有了更多的哲学含义，但社会建构的原则仍然是孔子思想的最重要组成部分。当然，这并不是说中国社会中的其他思想派别就没有影响甚至指导中国人的社会生活，但从总的传统思想对中国人的影响上来看，其他学说的影响更多是在人生的其他方面，如生命、宇宙、养生、谋略等，而非社会建构方面。二是儒学并非只是一种探讨社会建构的学说，而是在中国历史上真正地参与指导了中国社会建构的思想。这一学说同中国的宗法社会紧紧相扣，因此中国社会从官方到民间，都以儒家的社会建构学说来认识、理解、解释或治理社会。换句话说，儒学已被那些生活于可大可小之家中的人所接受了，它成为真正影响中国人社会心理与行为的主导力量。

早期儒家社会建构的最重要概念就是"礼"，但"礼"的含义是无所不包的。《礼记》开篇就讲：

夫礼者，所以定亲疏，决嫌疑，别同异，明是非也。

道德仁义，非礼不成；教训正俗，非礼不备；分争辨讼，非礼不决；君臣、上下、父子、兄弟，非礼不定；宦学事师，非礼不亲；班朝治军，莅官行法，非礼威严不行；祷祠祭祀，供给鬼神，非礼不诚不庄。是以君子恭敬、撙节、退让以明礼。鹦鹉能言，不离飞鸟；猩猩能言，不离禽兽。今人而无礼，虽能言，不亦禽兽之心乎！夫唯禽兽无礼，故父子聚麀。是以圣人作，为礼以教人，使人以有礼，知自别于禽兽。

这段话里有两层意思：一想表明"礼"是面面俱到的，人之不同类型、不同层次、不同领域的行为中都存在礼的规定问题。二想将"礼"抽象到人之所以为人的高度，认为"礼"是区分人类和禽兽的标准。这种概念很符合儒家对社会建构的解释。也就是说，在儒家的概念体系里面，概念本身不具有分别用来阐述微观和宏观、具体和抽象的特征。一个概念的确切意思只有在不同的语境下才能做不同的理解，换句话说，儒家的概念本身并不能辨认出含义、层次或大小上的区分。这点在孔子的社会建构的思路里表现得也很明显。

比如儒学发展到孔子，核心概念已变成了"仁"。"仁"看起来是一个概念，但在不同情况下，其含义差别很大。如："孝弟也者，其为仁之本与！"（《论语·学而》）讲的是家庭中的子女对父母的行为。"巧言令色，鲜矣仁"（《论语·学而》）、"恭宽信敏惠"（《论语·阳货》）讲的是个人的人格特征。"夫仁者，己欲立而立人，己欲达而达人。能近取譬，可谓仁之方也已。"（《论语·雍也》）讲的是做人的方法。"克己复礼为仁，一日克己复礼，天下归仁焉。"（《论语·颜渊》）讲的是个人对规范的遵从。"仁者，爱人"（《论语·颜渊》）则是就人性的意义来谈的。因此，"仁"的概念既是具体的，也是抽象的。它在微观上既可以小到一个人的表情和动作，如"巧言令色"，在宏观上又可以表示一个国家的统治原则，如"仁政"。这种概念运用上的特征还反映在儒家思想中的另一个重要概念——"孝"上。《孝经》中说：

子曰："先王有至德要道，以顺天下，民用和睦，上下无怨。汝知之乎？"曾子避席曰："参不敏，何足以知之？"子曰："夫孝，德之本也，教之所由生也。复坐，吾语汝。身体发肤，受之父母，不敢毁伤，孝之始也。立身行道，扬名于后世，以显父母，孝之终也。夫孝，始于事亲，中于事君，终于立身……"

在这一段话中，"孝"的含义明显经历了一种从小到大、从个别到一般的过程。可以说，将对概念的操作和对概念的抽象混合使用是儒家的一个特点。

儒家概念上的这些特点也反映在建构社会的各个命题上，如孟子所说的："亲亲，仁也；敬长，义也；无他，达之天下也。"（《孟子·尽心上》）"父子有亲，君臣有义，夫妇有别，长幼有序，朋友有信。"（《孟子·滕文公上》）按照西方社会学的思路，父子与君臣、夫妻与子女、家庭关系与社交关系、血缘关系与政治关系等完全不在一个层面上，需要清楚地加以区分。可是，儒家在陈述中将其放入一个混合框架：具体与抽象、微观与宏观被结合在了一起。无论是孟子提出的"五伦"之间，还是后来董仲舒提出的"三纲五常"之间，都存在一个明显的连接具体与抽象、微观与宏观的社会建构的思路，即在作为不同领域或不同范畴的类的概念之间，在含义的关系上都具有很强的相容性和包容性。这完全不符合形式逻辑中的概念外延上的相斥原则（不理解中国社会建构思维方式中的这一特点，就无法理解今天中国人提出的"五讲""四美""三热爱"）。而形式逻辑在个别和一般、具体和抽象之间建立起来的归纳和演绎思维也不同于儒家思维的特点。也就是说，儒家强调的一般和抽象不是从归纳中来的，而是从个别经验中来的，如《论语》中的"孝弟也者，其为仁之本与"，《孟子》中的"老吾老以及人之老，幼吾幼以及人之幼"，《孝经》中的"资于事父以事母，而爱同；资于事父以事君，而敬同。……故以孝事君则忠，以敬事长则顺"等都表明个人的体会和经验是具有推广性的。这正是中国许多思想家认为人可以"尽心""尽性""穷理"的缘由。

用西方的形式逻辑分析，我们看到的可能是儒学概念运用上的混乱；用西方社会学理论与方法论标准分析，我们看到的是社会的不同层面纠缠在一起。但这种具体与抽象、微观与宏观、含义间的包容性特征正反映了儒家在从事社会建构时方法论上的一个重大特点，即儒家认为，各个概念之间具有非对立关系以及人事和社会现象之间具有可推延性，而这一切已在宗法制中得到了实践的证明。

从这个视角来看中国社会我们会发现，中国社会建构中的很多概念，如"天"与"人"、"情"与"理"、"德"与"法"、"孝"与"忠"、"家"与"国"、"私"与"公"、"内圣"与"外王"、"亲亲"与"尊尊"、"世袭"与"纳贤"、"等级"与"平等"、"君主"与"百姓"、"个人"与"社会"等都没有形成对立关系。有了这种对应概念之间的非对立关系，便有了概念自身的或对应概念之间的包含和推延的可能性。这就是儒家能将家庭中的孝顺利地推延到忠君，或能从修身推到齐家，从齐家再推到治国，从治国又推到平天下的思维依据。西方人没有这种思维，于是费正清（J. K. Fairbank）只好把这种思维说成是连锁推论法（method of chain reasoning）[1]，并以为这是没有道理的。《孝经》完全是一本通过概念的包容性关系来建立一种推延性关系而达致社会和谐有序的书："君子之事亲孝，故忠可移于君；事兄悌，故顺可移于长；居家理，故治可移于官。是以行成于内，而名立于后世矣。"（《孝经·广扬名》）而孔子在《论语》中提出的"己欲立而立人，己欲达而达人。能近取譬""己所不欲，勿施于人""忠恕"等，则成为后人理解和实践孔子社会思想的关键。

六、结语：中国社会研究的理路

可以说，儒家建构的社会理论属于一种一度理论，由于它长期参与中国社会的建构，因此在我们现今提出建构中国社会的二度理论之

---

[1] J. K. Fairbank, *The United States and China,* fourth edition （Harvard University Press, 1983）, p. 77.

际，就不得不考虑儒家建构的特点、影响及其流变。通过我前文对儒家社会建构的分析，我认为儒家的社会建构大致有以下几个特点。

第一，儒家的社会建构思想是同中国的宗法社会相吻合的，它一方面来自宗法制，另一方面又进一步地指导、参与了中国宗法社会的建构。

第二，儒家的社会建构本身具有非常强大的社会基础，原因在于它以每个人和每个家庭的生活为起点，无形中使所有人都可以来实践这一建构过程，而不把对社会的建构和解释权限制在统治者和知识分子之中。

第三，儒家社会建构的概念和命题具有微观与宏观、具体与抽象、实践与理论、个别与一般相贯通或相统一的特点。这一特点决定了儒家不是通过一系列社会现象的对立面来建构社会，而是在社会现象的融合面上来建构社会的。由此，为这些社会现象而生的概念与概念之间相互交错，彼此包含。理解和解释出来的社会结构多以有"对应"的一面为重，以有"对立"的一面为轻。

第四，儒家在社会建构中预设了人心相同和相通的方法论，它力图使人相信，个人的经验、体会和发生在身边的事件、与他人的关系、家庭的规范制度等都可以推广到更大的人事上去。这一点，在西方社会学中充其量是"社会学的想象力"，而在中国社会，则是一种建构的方式方法。

如果以这个思路为标准来衡量中国现有的社会理论，我们就会发现，大凡具有这样的特点的二度理论，尽管其本身或许是初步的，有的只是一个概念上的构想，但都对中国社会有很好的解释力。我在此试举四例：第一个是梁漱溟的"伦理本位"理论，他力图排除东西方学者对中国社会的误读和误解，看到了中国社会的家本位、伦理性和家国、社会与个人等非对立的特点。[1] 第二个是费孝通的"差序格

---

[1]　参见《梁漱溟全集》第 3 卷，济南：山东人民出版社 1989 年版。

局"，这个概念将自己紧紧地扣在中国家族的"五服图"和"修身、齐家、治国、平天下"的框架里，提出了中国社会格局上的以己为中心向外逐渐推延的结构。[1]第三个是许烺光的"情境中心"，该理论通过对中国宗法社会之核心构成的研究，提出了中国人在社会行为上的对他人、亲属、国家的依赖关系，并建立了一个由家庭中的两人组合（dyad，轴）推延至社会的方法。[2]第四个理论尚不为从事社会科学研究的学者所注意，但我认为该理论对中国社会建构的把握是非常简明而深刻的，这就是林语堂在《中国人》一书中提出的"阴性三位一体"（the female triad），即主宰中国人心灵的三位"女神"是"面子、命运、恩典"。[3]这三个概念不但准确概括了中国人的社会行为特点，更重要的是林语堂还看到了它们的一体性关系，尽管他本人对此阐述得非常不够。另外，在现代学者当中，一些有识之士对西方社会的研究范式也保持着高度的警惕。[4]

我本人做过的一些研究也能印证儒家社会建构的这些特征。例如，在我研究过的中国人的脸面观问题中[5]，我发现：（1）"脸面"作为一个概念，我们就很难断定它是指性格上的概念还是关系上的概念。（2）它同中国宗法社会强调的敬祖观念有直接的因果关系，每一个人都是家族链中的一环，因此个人的行为表现总是同其他家族成员相关，这倒不是说他的个性总是被压抑了（许多学者基于西方个人主义标准

[1]　参见费孝通：《乡土中国》，北京：生活·读书·新知三联书店 1985 年版。

[2]　参见 F. L. K. Hsu, *Americans and Chinese: Reflections on Two Cultures and Their People* (New York: Natural History Press, 1972)；许烺光：《文化人类学新论》，张瑞德译，台北：联经出版公司 1979 年版。

[3]　Lin Yutang, *My Country and My People*(New York: The John Day Company 1935), pp. 159-202.

[4]　刘东：《寻求中国研究的范式更新》，载汪晖等主编：《学人（第 7 辑）》，南京：江苏文艺出版社 1995 年版，第 419—468 页；梁治平：《清代习惯法：社会与国家》，北京：中国政法大学出版社 1996 年版，第 8—21 页。

[5]　参见翟学伟：《中国人的脸面观》，台北：桂冠图书公司 1995 年版。

会这样认为），而是说他在表现自己能力或水平的时候不但要考虑自己，还要考虑其他成员，如能否为家人争光或是否因自己而让相关的人丢丑。（3）由于每个人都生活在家庭中，都有祖先和父母，因此在中国，不是某一类人或某一阶层的人讲脸面，而是人人都要讲脸面。尽管每个人的能力、水平、性格等可能都不一样，但这并不要紧，人人都可以在自己力所能及的范围里去做。（4）这就造成"脸面"的内涵不好确定，它可以是惊天动地的大事，也可以是鸡毛蒜皮的小事。"脸面"内涵的包容性导致它同其他概念之间既没有对立关系（如"讲原则"与"不讲原则"、"光荣"与"虚荣"、"理智"与"情感"、"表"与"里"、"名"与"实"等），又可以从微观向宏观上推延。这种推延既表现为个人或家庭要面子，一个国家或地方也要面子，也可以表现为个人的面子不但代表自己、家人，也代表地区、民族或国家。正如 F. 詹姆森（F. Jameson）在研究中国文学时所认识到的，"讲述关于一个人和个人经验的故事最终包含了对整个集体本身的经验的艰难叙述"[1]。分析到这里，我们不能说"面子"是社会学研究中的微观概念，当然也不能说它是宏观概念，因为儒家在建构社会时并没有这样的划分。用同样的思路，我们也可以发现，西方社会学研究中的微观概念——"角色"，在中国社会研究中完全可以延展到宏观社会中去讨论，因为君君、臣臣、父父、子子不只是一个人际关系上的角色命题，也是社会秩序和社会制度上的等级命题。再如中国社会非常讲究的"礼"字，它是特殊主义的，还是普遍主义的呢？如果"礼"的概念能被清楚地定义，或找到它的对立概念，那就很容易判断出来。可它的含义是如此的丰富，而且又不同"法"相对立，这个问题就不好回答。余英时曾说："表面上看，'礼'好像倾向'特殊主义'，但'礼'本身仍

---

[1]　弗雷德里克·詹姆森：《处于跨国资本主义时代中的第三世界文学》，张京媛译，载张京媛主编：《新历史主义与文学批评》，北京：北京大学出版社 1993 年版，第 251 页。

是一个具有普遍性的原则。"[1] 但他接着又说："'礼'虽然有重秩序的一面，但其基础却在个人，而且特别考虑到个人的特殊情况。"[2] 可见，中国学者在处理本土概念同时又面对西方概念时，有力不从心之感。又如，我在研究中国人的社会行为取向时，提出了中国群体运作中的四个因素，即家长权威、道德规范、平均分配和血缘关系的配置是决定中国人社会行为取向的关键，以打破个人主义和集体主义的二元对立范式。显然，这四个因素之间也具有包容性关系。由于中国其他群体乃至整个社会都具有血缘群体的复制性和收放性，因此这四个从家族结构中演绎出来的因素，同样可以拿到家族群体之外来讨论，尽管现实社会中的运作会比家族运作更复杂。

现在我要回答的问题是，如果儒家社会建构中的个人与社会、微观与宏观不是对立的，方法论上也没有相应的个人主义与整体主义之争，那么儒家建构出来的社会是一个什么样的面目呢？我认为，无论是在建构的方式上还是在认识论上以及方法论上，儒家都给我们造就了一个连续统的社会（a society of continuum），当然它造成我们困惑的点也在这里。中国学人在西方分类学的影响下可以在这里面切出自己想要的东西，但一旦切出来，这个东西就不再是原先的样子了。即使我们对这个东西研究得再精细，也不能说明它原来的意义和作用。比如，把"人情"说成是西方的"情感"或"社会交换"之类，把中国人所讲的"关系"翻译成"interpersonal relationship"等，把"脸面"翻译成"face"等，就已经是在犯这样的错误了。同样，如果我们把中国的经济运行就当作经济学书本中所讲的概念、模型和原理来研究，也显得天真了一点。从西方分类学的角度看这个连续统的社会，你要什么类型的东西，它都有。你可以说中国人自私，也可以说他为公；

---

[1]　余英时：《从价值系统看中国文化的现代意义》，载余英时：《中国思想传统的现代诠释》，南京：江苏人民出版社 1989 年版，第 30 页。

[2]　同上。

你可以说中国人朴实，也可以说中国人狡猾；你可以认为中国社会像一盘散沙，也可以说该社会极具凝聚力；你可以说它等级观念很强，也可以说它均平到了极端；你可以看到它的顽固的保守倾向，也可以看到它的无限的涵化力。文明与愚昧、勤劳与懒惰、公正与舞弊、有信与无信、知足与贪婪、亲热与冷漠等无不在这个连续统中非对立地共存着。总之，你要什么，它有什么。为什么呢？因为你对一个不可分的连续统做了西方式的对立性的分类。

儒家社会建构上的非对立关系和可推延性，并不是说中国社会在现实中没有对立的现象，或在现实的行为和建构推延中没有障碍，如忠孝不能两全、修身不能齐家或治国等。但正因为儒家的建构上的这一特点，中国人才不得不使用他们的计谋或策略来化解这种对立。[1] 这便是中国社会形式主义较为常见的根源。这也是我在本书关于"个人地位"的研究中预设中国社会结构和行动主体之间达成了一种权宜关系的依据，又是我建立中国社会学分析框架的起点。

本文无意反对那些想用西方社会学者建立的各种宏观或微观理论来解释中国社会的学者，但本文对这些学者的提醒作用是，如果一个学者提出的理论见解或实证研究想参与中国社会的再建构的话，那么他要意识到他面临的问题之复杂性，即当一个社会接受和使用一种来自不同的社会土壤和背景的外来理论时，该理论如何能具有社会时空上的对应性和解释上的契合性呢？即使一个致力于用西方思想体系重构中国社会的学者，希望能用一些西方的社会建构方式来冲击儒家的这种建构方式，如果在冲击之前没有认识到儒家社会建构的特点，没

---

[1]　中国化解这一矛盾的一个个案是，明朝万历年间，皇帝的元辅张居正的父亲去世，按儒家规定的孝道，张居正应当离职回家守孝三年，但当时的他一刻不能离开职位。面对忠孝不能两全，最后的化解办法是张居正以布袍代替锦袍、以牛角腰带代替玉带在文渊阁中照常办事，后来又只回家待了三个月。详见黄仁宇：《万历十五年（增订本）》，北京：中华书局 2007 年版，第 18—21 页。

有建立一个解释儒家社会建构的理论，那么这种冲击不是无力的、隔靴搔痒的，就是自说自话的，或是在实践中被中国人改头换面的。如果坚持强行推进，付出的代价会更大，人民公社制就是一个很好的例子。

虽然我这里的许多想法目前还是较粗糙，而且更多的是从传统出发的，但它至少在对应性和契合性上要比直接引进西方社会学理论更能理解中国社会，进而也更可能产生本土的社会理论，乃至更能影响对中国社会的再建构。需要声明的一点是，西方社会、西方社会理论作为我们研究中国社会的一个参照系，永远是需要的。或许有人会说，本土理论本身就同西方理论之间构成了一种对立关系。我不这样认为。首先，至少本文本身想论述的是，儒家自身在建构中国社会时并没有将中国社会中的对应要素对立起来的倾向，更不是论证说儒家的社会建构是否同西方的社会建构对立。其次，就本土理论和西方理论而言，它们也不必然存在对立的关系。任何一个想建构本土理论的人，如果想在西方社会和理论的对立面上来建构自己的理论，一来其本身就没有摆脱二元对立的纠缠，二来西方现有的理论已经给我们提供了很充足的、让我们省心的范式，诸如西方与东方、个人主义与集体主义、罪感与耻感、普遍主义与特殊主义等。有如此这般的做法，我们也无须这样辛苦了。

心理学本土化之我见

——从本土概念向本土研究方法的转化

本文充其量是一份研究提纲。这样说的原因是，一来我有很多地方考虑得还不成熟；二来我在构思这篇文章时，越发感到下面要讨论的问题非常复杂，显然在一篇一万多字的文章里说不清楚。由此，我在此文的写法上只要求自己能把思路理出来，把要讲的问题讲清楚，以供关心本土心理学研究的学人来思考。这里需要交代一下的是，我写这篇论文的目的主要是提出问题，而非解决问题，因为文中涉及的问题靠一己之力是解决不了的。

在这里，我想讨论的主要问题是：西方心理学的基本特征是什么？如果我们要从事本土心理学研究的话，只关注当地研究对象的特征是否可行？如果我们将这一研究方式转向本土方法论，我们会面临一种什么样的困境？以及，在我们的本土社会文化中有什么样的资源可以帮助我们寻求摆脱这一困境的出路？

一、心理学科的性质

现代心理学是在德国莱比锡大学的心理实验室中诞生的。这一特定诞生地点和特定诞生方式，标志着心理学科自其哲学的母体中摆脱出来之后，就再也不愿意同其母体之间有什么瓜葛了，而是更希望自己同自然科学取得实质性的联系。

考察心理学产生的历史，我们发现，心理学走向摆脱哲学之路，在一定程度上还要归因为哲学本身。19世纪到20世纪初始，在欧洲的自然哲学中出现了一种自然一元论的思想，其基本观点是把物理学和化学当作我们认识物质世界的学科基础，生物学和生理学是在此基础上产生的分支，用来研究较为复杂的有机物，而心理学则可以表达为建立在这两门分支学科上的更复杂的科学。[1] 无论心理学家愿不愿意接受这些学科之间所构成的层层累加起来的关系，它们在事实上已具有了一种还原论的特征，即心理学的基础是生物学和生理学，而生物学和生理学的基础是物理学和化学。在欧洲，比此观点形成更早一点的世界观是机械论，该观点把世界假想为一部"巨大的机器"，假定世界的一切事物都可以因此而获得精确的、有规律的及可预测的认识。[2] 再加上这一时期正逢科学与技术飞速发展，也为把人的心灵放在"这部机器"中来加以认识提供了可能，比如直至今天，一些心理学家仍然想通过研究计算机原理来认识或模拟人的思维及认知过程。另外，17世纪，经验主义开始在英国出现；19世纪，实证主义开始在法国出现。尽管它们彼此之间存在一定的差异，但它们与自然一元论、机械主义的共同之处就是，判定人心是可以通过自然科学中的观察、实验和测量来认识和预测的。当然，上述思想为当时从事心理研究的学者提供的还只是理论上的准备，而直接给心理学家提供思路和方法的主要是物理学和化学中的实操。虽然物理学研究的是物质世界，但其所建立的探索方式给心理学家带来了持续仿效及其实际的成果，特别是在认知

---

[1] J. P. 查普林、T. S. 克拉威克：《心理学的体系和理论（上册）》，林方译，北京：商务印书馆1983年版，第23页。

[2] 杜·舒尔茨：《现代心理学史》，沈德灿等译，北京：人民教育出版社1981年版，第16—17页。

研究方面；而化学则让心理学家模拟出用元素及其彼此化合的分析方式来建立心理模式。以上这些以揭示物质世界为己任的学科在 19 世纪通过生理学的过渡，终于形成了科学的心理学或曰现代心理科学。从上文的简要回顾中，我们可以看到，促成心理学形成的思想和学科尽管很多，而且这些学科在研究方法上也存在差异，但心理学力图对其研究现象做出客观的、规律的、普遍性的以及精确的描述、解释及预测，则一直是其追求的基本目标。美国心理学家 J. P. 查普林（J. P. Chaplin）和 T. S. 克拉威克（T. S. Krawiec）是这样评价心理学的这一产生过程的：

> 心理学作为一门自然科学赞同四大科学原理：一元论、机械论、操作主义和决定论。这些原理的作用是为心理学提供资用的假说，在研究工作的实施中和对研究成果的解释中给予指导。每一原理，如我们所看到的，在它自己的参照系内都是有用的……[1]

由于心理学需要将自己建设成像自然科学那样的学科，并以生物学和生理学为基础，因此作为研究对象的人在心理学家（特别是行为主义心理学家）眼中就同动物没有太大的区别。也就是说，心理学家相信，当他们在研究动物活动原理的时候，他们实际上是可以发现人类的许多特征的。看起来心理学家的这种做法不太合理，把人的社会性降低到生物性的水平或将两者合而为一了（如在心理学内部，有社会生物学、社会动物学等提法）。但正因为这样，心理学家才有可能声称，自己所从事的工作是科学性的工作，而有别于哲学中的人性思辨、宗教中的神学教义和巫术中的算卜活动等。

---

[1]　J. P. 查普林、T. S. 克拉威克：《心理学的体系和理论（上册）》，林方译，北京：商务印书馆 1983 年版，第 28 页。

然而，心理学作为研究人的学科毕竟要涉及人性的（非动物性的）那一面，因此人的社会性至少在人格心理学和社会心理学那里是必须被承认的。只是由于受自然科学的影响，可以作为社会科学的心理学在西方心理学家那里即使可以被容忍不涉及生物学和生理学，却也仍被要求用类似自然科学的方法来从事研究。比如，美国社会心理学家卡尔·拉特纳（Carl Ratner）在小结美国社会心理学发展的历史时，谈到为此学科做出贡献的人物主要有 H. 芒斯特伯格（H. Munsterberg）、N. 特里普立特（N. Triplett）、F. 奥尔波特（F. Allport）、T. 纽科姆（T. Newcomb）、M. 谢里夫（M. Sherif）、K. 勒温（K. Lewin）及 S. 阿希（S. Asch）等。虽说这些人物所研究的领域并不相同，理论也不一样，但其相同之处就是他们都采用了实验的方法来研究人的认知、性格与社会交往活动等，而 W. 麦独孤（W. McDougall）、E. A. 罗斯（E. A. Ross）和 G. H. 米德（G. H. Mead）等一批社会心理学家则被当作具有哲学化倾向的社会心理学家来看待。[1] 结果，无论从哪个方面来看，心理学最重要的特征都在于其研究方法的自然科学化。尽管这一点不是绝对的，在心理学内部也有许多争论，甚至产生了像精神分析、人本主义心理学等一些不怎么符合科学标准的学派，而且在社会心理学内部也有前文提到的乔治·米德的符号互动论那样的非实证主义理论流派，但由于坚持科学主义立场是心理学研究的主流，因此那些不太被心理学接受的流派只能去影响哲学、伦理、历史、文学艺术和社会学或政治学等的理论流派，乃至影响了人类的生活，却不易影响心理学主体自身。退一步讲，即使心理学内部多少受到了这些流派的影响，也被来自行为主义方面的影响所抵消。这一点在今日心理学方面不是有所减弱，而是日趋强大，以至于号称"第三思潮"的 A. H. 马斯洛（A. H.

---

[1]　卡尔·拉特纳：《美国社会心理学的历史与现状》，《中国社会科学》1984 年第 2 期，第 213—223 页。

Maslow）之人本主义心理学，一方面在左右开弓中诞生，另一方面其影响力也更集中于心理治疗方面。可我的观点是，由于他的"科学心理学"极具反思的意味，在很大程度上批判了传统的科学心理学，因此对本土心理学的讨论不无启发。亚瑟·G. 沃斯（Arthur G. Wirth）在评价马斯洛的《科学心理学》一书时有这样一段话：

> 马斯洛……向当前仍然占优势的世界观提出了挑战，这种世界观一直支配着人格研究和人类行为研究的方法论和课题。例如，他告诫说，心理学研究中的方法论主要是模仿物理学的机械论传统，它遮住了我们的视线，使我们不能充分认识人格，而对人格的认识却是我们的迫切需要的。由于机械论传统非常适合对动物行为的研究和对人类行为某些方面的研究，采用这种方法的人已经在论证说，这些方法是获取人格科学知识的唯一途径。马斯洛认为这种观点的信从者是有罪的，因为他们企图仅仅从他们熟悉的操作法出发来说明人类生活的全貌。他要求行为科学家正视一个问题：在一味坚持传统方法论的权威中，是否有个人安全需要的考虑在作怪。[1]

在马斯洛看来，人应该被当作一个整体来研究。由于自然科学的方法往往把人分割成许多零件和元素来进行分析，结果这些单元式的分析是否反映了人的特征是不得而知的，甚至是值得质疑的。这类心理学家之所以要坚持这样的方法，并不是因为他们要坚持科学，而是在保护自己的自尊和成果。由此，马斯洛在人的研究问题上反对机械主义，其实就是在反对传统的科学心理学。而他一旦加入了整体论方

---

[1] 亚瑟·沃斯："前言"，载马斯洛：《科学心理学》，林方译，昆明：云南人民出版社1988年版，第1页。

法，实际上就是在向哲学、社会和文化研究靠拢。虽然人本主义心理学在这条路上走得不是太远，只希望能够扩张科学的概念，以便能把非机械主义的、非实证的、非因果决定论的方法论放进来，但这些毕竟让我们知道通往研究心理学的道路并非只有一种。

无论怎样，心理学一旦想把人当成人而不再是物来研究，那么整体论的问题、人性的问题、情感的问题、情境的问题、文化的问题、习性的问题、历史的问题等就会像潮水般涌现出来。其实，W. 冯特（W. Wundt）在考虑建立"民族心理学"时已对这一点有所察觉，故不主张用自然科学的方法来研究该学科，只不过后来的社会心理学在奥尔波特的影响下坚持将冯特的这种"不主张"强行推向了"可能"，因为这些实验主义的、机械论的方法论同美国学术界奉行的实用主义哲学是吻合的。

由此，如果要我来给以往的科学心理学的性质做一判断，那么我认为心理学实在想成为一门不怎么涉及社会与文化而想以此靠拢"自然科学"的学科。

二、本土心理学研究的本质

要让这样一种"硬科学"来关注某一地方的人之心理与行为似乎是不可能的，因为这种意义上的心理学认为人的心理和行为是普遍的。任何一种对当地人心理与行为的研究都属对心理学的反动。如果说本土心理学要把其研究对象转向本地人，那么这种说法的理据在哪里呢？换句话说，在心理学研究的大框架内，当地人有哪些地方需要心理学家给予特别的关注呢？事实上，西方心理学中也出现了同样的质疑，比如有学者认为，西方心理学论文中的那些结论也是从西方的（W）、受过教育的（E）、工业化的（I）、有钱的（R）及民主的（D）

人群中得出的，所以是一种"怪诞的"（WEIRD）心理学。[1] 但对于这个问题的思考是从非西方心理学家的研究经验中开始的，也就是说，一些非西方心理学家在以当地人为研究对象时越发感受到，目前西方所谓科学的心理学提供给我们的理论和知识同我们本地人的心理与行为之间有较大的距离。这种距离使一些有所觉悟的中国心理学家意识到，当他们回归生活时，他们是中国人，而当他们研究心理时，他们变成了西方人。[2] 这一生活和研究之间的角色置换使得他们痛感，这样的研究同其生活之间缺少联系，简单地说，也就是从书本到实验室里得到的心理学研究成果同自己的生活没有关系，自然也解释不了本地人的心理与行为。于是，这样的反思就顺理成章地使得本土的心理学家想通过研究本地人来获得一种关于本地人心理与行为的新知识体系。[3]

本土心理学的提法一旦出现，就会产生两个比较重要的涉及方法论的基本问题：一是如果心理学科从其传统出发，坚持在人的生物和生理水平上来看本地人，那么本地人的什么地方同其他民族的人不一样呢？直观上我们都发现，他们的不同之处主要是人的身高、肤色、毛发及脸型（包括五官的形状）等的不一样，可这些构成体质人类学或所谓命相学的问题是本土心理学家研究本土性的依据吗？显然不是。因为我们不能判断（哪怕是通过实验证明）如果人种或地方人的外表特征不一样，他们的感知能力或行为方式是否不一样，或者说不同肤色的儿童在同一社会里接受社会化，是否会因肤色产生感知和行为上的差异。因此，虽然研究生物和生理特点的心理学家可以拿本

---

[1] 参见 Michael Muthukrishna,et al., "Beyond Western, Educated, Industrial, Rich, and Democratic (WEIRD) Psychology: Measuring and Mapping Scales of Cultural and Psychological Distance," *Psychological Science*, 31(6), 2020。

[2] 参见杨国枢：《心理学研究的中国化：层次与方向》，载杨国枢、文崇一主编：《社会及行为科学研究的中国化》，台北："中研院"民族学研究所 1982 年版。

[3] 杨中芳：《如何研究中国人》，台北：桂冠图书出版公司 1996 年版，第 10 页。

地人来做实验，但他们不会关心本土化的问题，其出发点更多的是想通过对周围人的心理研究来获得心理学上的普遍知识，就如同让·皮亚杰（Jean Piaget）通过对自己孩子的研究想证明一般儿童的心理阶段性特征一样。我记得杨国枢在《我们为什么要建立中国人的本土心理学》一文中曾经提出，本土心理学也要关注人格发展中的进化和遗传作用。[1] 不过，人格包含个体的进化和遗传是可以肯定的，但地方性性格是否可以通过进化和遗传来实现是值得怀疑的。一个可以证伪的现象是，在国外出生的连中国话都不会讲的华裔是否有中国人或者中国某地方人的心理特征呢？这时，本土心理学中的文化问题势必会呼之欲出。

二是当地学者对当地人的心理与行为的解释同西方心理学或其他学科的解释不一样，这并非没有被关注文化差异的西方学者自己注意到，尤其是文化人类学家或心理人类学家。坚持科学性的西方学者认为，所谓解释上的差异，主要是由是否使用了科学的方法造成的。在西方学者看来，地方性的解释一般不具有科学性，因为这种解释同当地人的知识与信仰体系联系在一起 [2]，比如就中国人对人的（生理）心理学解释而言，最本土的解释应该是气和阴阳五行的解释 [3]。但这种解释，不要说西方心理学家不接受，就是今日希望本土化的心理学家也未必接受。可见，坚持西方人发明的科学方法也是本土心理学家不想或无法放弃的研究法则。

以上两个问题虽然实现了将本土心理学家的研究对象转向本地人，但如何处理西方心理学家设计好的研究方法和程序，是一个悬而未决

---

[1]　杨国枢：《我们为什么要建立中国人的本土心理学?》，《本土心理学研究》1993年创刊号，第22—23页。

[2]　王海龙：《导读一：对阐释人类学的阐释》，载吉尔兹：《地方性知识——阐释人类学论文集》，王海龙、张家瑄译，北京：中央编译出版社2000年版，第17页。

[3]　参见杨国枢：《刘劭的人格理论及其诠释》，载黄应贵主编：《人观、意义与社会》，台北："中研院"民族学研究所1993年版，第89—128页。

的问题。正是在上述这种矛盾冲突中，本土心理学才会有今天的研究局面，即他们仰赖对本土社会文化的熟知和心领神会，能够寻求到一些西方心理学家发现不了的，或不知其所以然的，或不知其重要性的心理与行为。这点主要表现为，本土心理学家对本土概念的把握比西方心理学家占有更大的优势，可是在研究方法上他们只能沿用西方心理学中的实验、测量、统计等方法。我在这里要指出的是，这种看似比起西方心理学已经本地化了的研究，实际上并未摆脱西方心理学的认知框架。其实，西方心理学家完全可以承认他们对其所研究的对象没有当地学者了解，也不清楚一些本土性的概念及其意义，但只要当地学者采用了他们传授的方法，就是在做他们想做的"etic 研究"，而关心此问题或现象的其他心理学家（无论他们属于哪种倾向的心理学家），只要有兴趣便可以做同样的工作，或者说，本土心理学家企图通过寻找本土概念来进行西方式的心理学研究，并不能说明这项工作是本土心理学家才能从事的工作。如果我们给某个西方心理学家一个本土概念，或有机会让他（或她）体会到其中的意思，他（或她）会怎么做呢？不也是用调查、实验、测量等方法来进行研究的吗？这时，我们能想象出我们比西方人高明吗？如果说依然高明，那也只能是因为我们对本土概念及其研究结果所做出的文化解释比西方学者更深入细致一些，对研究中变量的考虑要比西方人周全。然而，这种强项只是初步的。比如，一个不了解中国的西方心理学家可能会把中国社会中的"人情"（renqing）理解为英文中的"情感"（emotion, feeling, passion, affection），然后按照他们对情感的认识来设计其研究。如果这时一个研究本土的心理学家告诉该学者，人情不是西方心理学中的情感，并告知了他有关人情的意思，或让其有机会体会中国的人情，那么本土心理学家关于人情的研究是不是还比西方学者高明，就很难说了。我认为，通过寻求本土化的概念来进行西化的心理学研究，是我们把中国人当作地方性的研究对象而产生的一种研究思路。我不是说这个思路不好，而是说这个思路不够本土化，或者是让西方学者不难做到。如果说西方心理学家目前还没有做到，也主要是由于他们还在坚持他们的心理学方法论，或在普遍主义的幻想中来建构他们的理论罢了。

基于以上分析，我以为就心理学学科的发展而言，大力倡导本土心理学的贡献，在本质上首先是在提倡人的心理学，也就是倡导人的社会性，而非人的生物性。当然关于这一点，一些西方的心理学体系也不例外，诸如人格心理学、社会心理学、（跨）文化心理学以及人本主义心理学派等。其次，本土心理学的独特贡献是，它还希望心理学家在人的问题上先解决地方性的心理与行为问题，然后再来解决人类的或一般性的心理与行为问题。可问题在于，地方性概念一旦出现，本土心理学就必须在心理学的框架内加入地方性的内容。我在前面基本上已排除了有关人种、生物及生理进入"地方性"之可能性。那么随之而来的问题就是，这种地方性的内容更多的只能是杨中芳提出的历史、文化与社会。[1] 历史、文化与社会等维度的加入，使得本土心理学的研究方式不但难以沿用现在的心理学研究方法，反而更具人文取向。我们在前面回顾西方心理学发展史的过程中已经看出，这一取向的出现是一个受过西方心理学正规训练，却想从事本土心理学研究的学者有点无可奈何的，却又不得不正视的走向。

三、从本土概念的研究中发现方法论问题

显然，如何能切实有效地研究本地人的心理与行为，是本土心理学面临的重大方法难题。由于本土心理学首先将人限制在当地人身上，

---

[1]　参见杨中芳：《试论如何深化本土心理学研究：兼评现阶段之研究成果》，《本土心理学研究》1993 年创刊号。

它一方面要涉及本土社会与文化，另一方面又要用实证主义的方法来揭示其中的内容，结果只能是采取一种被试的本土诠释性加上实证主义的研究。如果这些本土性特征可以由一个或一些本土的概念来说明的话，那么对本土概念的文献搜寻以及对此概念做定量的描述和分析，就会成为目前本土心理学研究的一种比较一贯的套路。对于这一套路的使用，比较早期的有陈之昭的中国人面子研究[1]，后来是叶光辉的孝道研究[2]，现在有郑思雅、李秀丽及赵志裕的辩证思维研究[3]，而将这一套路发挥到集大成者地步的，则是黄丽莉的中国人人际和谐与冲突的研究[4]。最后这项研究成果意味着，本土心理学者在寻求本土人的文化特征，并由此产生本土的概念及其模式，再用西方的定性和定量方法进行分析已呈现出一种较为完备的可能。也可以说，这一方面的成绩是本土心理学关于把中国人作为研究对象而获得的最高成就。

但这类研究中潜伏的问题是，一个从本土文献中梳理出来的本土概念及其模式用西方心理学的方法分析后，所得的结论还是不是一个本土的结论？至少我在读这样的论文和著作时有前后脱节的或叫"两张皮"的感觉。具体而言，我感到有些本土概念不做定量研究、不操作化反而容易懂，定量或操作化以后却容易产生不少疑惑。为什么会这样呢？我以为其中最重要的原因，就是西方心理学在研究层面上将概念进行分类，再以分类为据，做进一步的变量上的操作化来获得结果。这种研究方式最关键的地方是先将抽象的概念变得可操作，然后

---

[1]　参见陈之昭：《面子心理的理论分析与实际研究》，载杨国枢主编：《中国人的心理》，台北：桂冠图书公司 1988 年版。

[2]　参见叶光辉：《孝道认知的类型、发展及其相关因素》，台湾大学心理学研究所博士学位论文，1992 年。

[3]　郑思雅、李秀丽、赵志裕：《辩证思维与现代生活》，《香港社会科学学报》1999 年第 15 期，第 1—25 页。

[4]　参见黄丽莉：《人际和谐与冲突：本土化的理论与研究》，台北：桂冠图书公司 1999 年版。

依此设计出许多小问题或指标，从中来获得对所研究概念的了解。然而我却发现，许多中国人常用的本土概念是很难分类的，也是很难进行概念操作化的。如果我们对这些概念做强行的分类和操作化，结论就会同中国人的实际生活有距离，用杨国枢的话讲，就是失去了"本土的契合性"[1]。这样的概念既包括"仁""义""礼""面子""人情""关系"，也包括"缘""孝""和谐"等。比如就概念的不可分类而言，我以黄光国的"人情与面子之理论模式"来加以说明。在黄光国就该模式而做成的"资源分配者的心理历程"图式中，他将工具性关系、混合性关系、情感性关系一方面看作"关系判断"，另一方面看作"仁"；将公平法则、人情法则、需求法则一方面看作"交换法则"，另一方面看作"义"；将客观决策、人情困境、亲情冲突一方面看作"心理冲突"，另一方面看作"礼"等。[2] 这里面的"一方面"指的是西方式的分类，也就是说，关系判断、交换法则、心理冲突是我们对资源分配者的心理历程所做的阶段划分，它们各有不同的意思，即在逻辑上有不兼容的分类特点，而"另一方面"指的是中国式的概念，即关系判断、交换法则、心理冲突被分别说成是本土概念中的仁、义、礼。这就有问题了，因为关系判断、交换法则和心理冲突可以交叉成为仁、义、礼中的任何一个，而非其中固定的一个。也就是当我们随便指认交换法则也是仁或心理冲突也是仁，抑或它们都是礼的时候，它们在本土概念里都是说得通的。因此，这便造成了黄光国怎么把西方分类与中国概念对应都是合理的，但我们想怎么调整也没错。再者，上文的西式表达中有心理历程的意思，但用中国的仁、义、礼来顺着心理历程走，也不符合这三个概念的意思，因为它们之间具有兼容性的逻辑特

---

[1]　参见杨国枢：《心理学研究的本土契合性及其相关问题》，《本土心理学研究》1997 年第 8 期。

[2]　黄光国：《多元典范的研究取向：论社会心理学的本土化》，《社会理论学报》1999 年第 1 期，第 16 页。

点，并没有一个前后的心理阶段性，比如儒家强调的仁、义、礼、智、信等"五常"只是讲做人的各个侧重点，而不是表示它们之间有一个心理历程。中国人和谐与冲突的研究也一样，"和谐"是一个本土的概念，"冲突"看起来是和谐的反面，其实它不是一个中国化的概念。在西方社会学中有冲突理论，但没有和谐理论，比较相反的理论是均衡理论，属于帕森斯的结构－功能主义。为什么要这样看待和谐与冲突呢？因为这样表述是我所谓的切割式的表述。谈和谐似乎是在研究中国人，可是不和谐就是冲突吗？如果认为是，那么我们研究中国人的领域就是上述成果中所反映的这个样子。然而，中国人的和谐的反面可以是不合作、不团结、内耗、玩阴招、搞小动作、钩心斗角等，这些都不是冲突的意思，而是为了避免冲突的意思。比如中国谚语"三个和尚没水吃"，不是说他们互相打起来了，而是说他们处于彼此内耗的和谐之中（不打、不闹、不争、不吵，但谁也不抬水，却也不离去，死也死在一起），这才是我们要研究的中国人心理。

显然，本土心理学从研究对象身上体现的本土现象和特征做起，迟早要触及方法论与研究方法的问题。应该看到，一些本土心理学家多少对这些方法论问题做过探讨，《本土心理学研究》杂志也出过专辑。就目前这方面的本土研究而言，似乎有两种观点。一种观点以黄光国为代表，他的基本做法是通过重新组装或搭配西方心理学及其他学科的方法论来获得一种本土心理与行为的理论架构。用他自己的话讲，就是："倘若我们要让社会科学在华人社会中生根，倘若我们要在东方社会中推展'心理学本土化'运动，我们一定要对西方科学哲学的发展先有基本的了解，从其中选择适合的方法论和认识论，来分析我们的文化传统。"[1] 由于这种组装方式是为本土而设的，因此说它本土

---

[1] 黄光国：《多元典范的研究取向：论社会心理学的本土化》，《社会理论学报》1999年第1期，第2页。

也未尝不可，但其中的深层次问题还没有解决，这是他自己不得不认同 "一种心智，多种心态"的原因。另一种取向以李美枝为代表，她希望通过对中国传统流传下来的涉及方法的经书的研究来重新整理西方心理学的方法，以获得一种关于我们对本土心理学方法论的认识。[1]可问题是，西方的研究方法自有其自身的传统，用中国的传统来重组西方的科学思想，也会出现或者不可包容，或者不可简单融合的问题。显然，前一种方法隐含了要用西方的方法论来统领本土心理学，后一种方法隐含了用中国传统思想来统领本土研究中产生的方法论，因此我认为有必要讨论本土方法论的根基及本土资源在哪里。

四、从研究概念向研究方法的转移

以上讨论让我们看到，西方的科学心理学基本上是排除文化的（至多也仅以科学方法来对待文化，如文化心理学），但本土心理学是必须接受文化的。放弃对文化的认识与探讨，就等于放弃本土心理学。那么，为什么文化心理学在本土心理学家看来还是不能解释本土心理与行为呢？问题在于，这种文化心理学中的所谓文化仍然是西方人在科学的框架中确立的文化含义。这倒不是说西方人建立的概念内容就一定不能用，而是说西方人在建立文化心理学时仍然是用他们文化传统里面的科学或实证思维来认识文化问题的。比如就概念本身而言，英语里的 "文化"的词根是 "耕种"，也就是说把原有的自然物改变成人为的器物或产品以及由此产生的观念，就叫文化；而中国的 "文化"是让人脱离自然特征，变得有修养、有知识的过程，这个过程需要教

---

[1]　参见李美枝、王镇华：《发现、诠释与感通——心理学知识旨趣与实践旨趣的融合》，《本土心理学研究》1997 年第 8 期。

育，所以中国的文盲或粗鄙之人常说自己没有文化。中国人的文化与西方的文化相比照，其意思是让人"受教育"或有"艺术性"或"文艺性"，且在生活方式上非常讲究，即所谓"文化人"。在西方文化问题上，也存在"两种文化"的说法，一种叫"科学文化"，另一种叫"文学文化"。[1] 显然如果文化心理学不走偏实证的道路，它就很难被心理学科所接受。由此造成两种文化虽有差异，但在科学文化视角中看到的文化心理与行为依然是他们对人的心理与行为的理解。这本身就是一种文化现象。而本土心理学在西方的文化心理学科已有的前提下还需要发展，一定是认为文化心理学对文化心理的理解和解释还是不能说清楚当地人，或者也有认识论和方法论的错误，因此即使这种心理学加进了文化视角和文化比较等本土心理学也强调的内容，仍然不能对当地人的心理与行为进行研究，或为当地人服务。可见，心理学不涉及文化也好，涉及文化也好，都不符合本土心理学的希冀，结果本土心理学家认为这项工作只能由自己来完成。

但我在前文中已经提到，用西方心理学家提供给我们的思维和研究方法与工具来研究中国人，我们即使做得再好，也就是比他们更了解自己文化的细致与微妙之处而已，也就是比他们看到的更多，或者是同他们的结论不同，或者是相同的结论不同的解释，乃至不同的结论不同的解释等。可问题出在我们这些结论和解释都是在西方方法论的指引下获得的，概念、分类、命题、假设、因果关系和相关关系是我们片刻不能离开的研究法宝。可我在其他地方提出，当我们试图给本土的概念下定义的时候，我们就很可能已经走到西方学术传统里面去了，因为中国人的许多本土的重要概念是没法定义的。[2] 任何一种

---

[1]　C. P. 斯诺：《两种文化》，纪树立译，北京：生活·读书·新知三联书店1994年版，第8—9页。

[2]　参见翟学伟：《本土社会研究的本土视角》，《社会理论学报》2000年第2期，或本书中第一篇论文。

可能的限定都会使本土概念的原意丧失，变成一个研究者为了研究方便而使用和操弄的变量罢了。比如"面子"，何友晖曾在 20 世纪 70 年代撰写论文，逐条说明它不是什么，诸如面子不是人格、不是道德、不是自尊、不是规则、不是地位等 [1]，但他为什么要花那么多精力和口舌来说它不是什么呢？因为它多多少少也是什么。这就是本土概念给我们本土研究者带来的麻烦。如果我们不管三七二十一，就硬要给"面子"下一个定义，然后按西方的实证主义研究程序开始做操作性的研究，我们能获得中国人关于面子方面的结论及其知识吗？或者说这个结论一定比西方研究面子的学者的高明吗？

由此看来，我认为本土心理学应该从 20 世纪末的近二十年对研究对象及其特征的关注上，转移到本土心理学的研究方法上来。这时，我希望我们找到的本土方法论和研究方法不是以西统中，或以中统西，而是要在中国文化传统和现实社会中找到研究中国人的方法论来。这里的方法论不应该是指中国传统文化中的一些观人术，如"麻衣"之类，也不包括中医当中对人的一套理解，如"阴阳五行"等，而是指中国人身上一直具有的比较稳定的思维倾向与文化特征。比如，我们已经发现在中国人的思维倾向中一直透射出来一种整体论的思想。尽管在西方社会学视角和人本主义心理学中也有整体论的思想，但整体论思想并非一种，中国传统思维中的辩证的整体论思想可能对我们建立本土心理学的方法论会有重要的意义。例如，成中英在研究儒家思想与传播学理论的关系时认为，儒家思想中的整体论是一种全体和局部进行式的相互决定论。他说：

> ……一个人必须知道最终和全部的现实，以便正确地理解一个人应如何在不同的场合行事。了解个体事物的正确性依赖于知

---

[1]　D. Y. F. Ho, "On the Concept of Face," *American Journal of Sociology,* 81, 1976, pp. 867-884.

道总体标准和规范，因而孟子明确地提出，整体正了局部就不会歪了……

在中国哲学中，虽然强调理解全局以便理解局部，但是也同时存在着强调理解局部以便理解全局，或者为了做更大的事要从做小事开始。……很清楚，从整体到局部的运动过程，和从局部到整体的运动过程都被认为是获得知识、洞察现实的，同等重要和必需的有效条件，同时也为发展个人人性和他人人性的基础之基础。[1]

可见，中国传统思维中的整体论具有辩证的思想，这种思想使中国人理解世界和现象有自己的方法论特点，这点我在下面再谈。仅从这种思维方式中我们就可以看出，中国本土方法论具有人文化倾向。注意，我这里所指的人文化是就一般情况下人们所说的社会科学和人文科学的区别而言的。皮亚杰指出：

在人们通常所称的"社会科学"与"人文科学"之间不可能作出任何本质上的区别，因为显而易见，社会现象取决于人的一切特征，其中包括心理生理过程。反过来说，人文科学在这方面或那方面也是社会性的。只有当人们能够在人的身上分辨出哪些是属于他生活的特定社会的东西，哪些是构成普遍人性的东西时，这种区分才有意义（这一假设正是这种区分的根源）。[2]

按照皮亚杰的这种区分，我们在上文认为本土心理学要研究当地的历史与文化，其本身就表明了本土心理学不同于自然科学。而它在具有了社会科学性质的同时，也就是说在具有了研究人的社会性的同

---

[1]　成中英：《中国哲学和当代传播学理论》，载史蒂夫·莫滕森编选：《跨文化传播学：东方的视角》，关世杰、胡兴译，北京：中国社会科学出版社1999年版，第60—61页。

[2]　皮亚杰：《人文科学认识论》，郑文彬译，北京：中央编译出版社1999年版，第1页。

时，还有可能要进一步向人文科学靠拢。原因在于，我们研究的重点正是人身上的那些属于其生活在特定社会里的部分，而非那些构成人的普遍性的部分。但坚持本土心理学社会科学化的学者会认为，本土心理学中要探寻的普遍性部分，也是那些在当地人身上普遍存在的部分。就当地人而言，这些部分仍然需要用接近自然科学的方法来研究。但从本土的角度出发，我在前面已经提到了这种方法在认识本土现象和问题上是不适切的。那么究竟有什么方法是来自本土心理学自身的呢？我只能说是中国传统文化中的人文主义倾向所导致的方法论特征。钱穆曾指出：

> 中国人言心，则与西方大异，西方心理学属于自然科学，而中国心理学则属人文科学。何以必称之为科学？以其亦据人生种种实际现象而言，有实际材料可证可验，故常称之为科学。唯一重自然，一重人文，斯不同耳。实则人文亦是一种自然，西方则从自然推言及人文，中国则从人文推言及自然，先后轻重缓急又不同。
>
> 西方人言心仅属人身之一部分，其身与外面接触，则有种种欲，亦有种种不欲。所欲则迎之，所不欲则拒之。其实西方自然科学之种种发明，皆与此有关。中国人则认心为一身之主，故身之所欲所不欲，转属次要地位。而心之所欲所不欲，则更属主要地位。中国之人文科学，乃由此而建立。[1]

我在前面已经提到，整体论与人文主义之间具有很强的亲合性，因此认真地研究中国本土资源中的辩证整体主义和人文主义内涵，或许会对我们探讨本土心理学方法论和研究方法有启发意义。

---

[1] 钱穆：《现代中国学术论衡》，长沙：岳麓书社 1986 年版，第 71 页。

五、心理学的本土资源

我想，尽管讨论辩证整体主义和人文主义内涵具有哲学研究的意味，但由于中国人的心理与行为深受它们的影响，因此我们需要认识这种哲学给中国人认识和解释世界以及人事等带来了哪些特征。我目前根据一些汉学（哲学）研究和自己的研究所能总结出来的特征来看，大约有四个方面。

第一，整体与部分的相互影响或转化。西方人的科学研究思维一直受古希腊罗马思维传统的影响，即一种直线性的思维。这种思维很容易导向形式逻辑中的演绎法和归纳法，并由此确定事物之间的因果关系。但中国人的思维具有图式性的特点，一个事物是被放入一个整体中来理解的，或者说是被放在关系中来理解的 [1]，而且该事物也会因关系上的变化而产生变化，或反过来影响整个整体，因此中国人在理解现象时不重视直线式的因果关系。或者说西方人在研究中为了确定因果关系，要尽可能地控制住可干扰变量，以确定自变量和因变量的因果关系。但中国人认为一种结果的发生是由多种因素造成的（无须考察哪个单独的原因真正决定了事物的结果）。理查德·尼斯贝特（Richard Nisbett）指出：中国人把世界看成是由连续不断的相互作用的物质构成的，因此中国人看问题关注整个"领域"的复杂性，也就是说，把背景、环境作为整体来看待。事件总是在各种力量的综合作用下发生。[2] 因此，中国人在行动上具有综合性特征，比如一个学生成绩不好，我们不是去找影响成绩的因果变量关系是什么，而是认为

---

[1]　史蒂夫·莫滕森：《跨文化传播学：东方的视角》，载史蒂夫·莫滕森编选：《跨文化传播学：东方的视角》，关世杰、胡兴译，北京：中国社会科学出版社1999年版，"编者序"第4—5页。

[2]　理查得·尼斯贝特：《思维的版图》，李秀霞译，北京：中信出版社2005年版，第14页。

这种结果同许多方面有关，并认为通过请家教、多做练习题、延长学习时间、给予物质奖惩等，就可以把成绩提上去。按西方人的理解，他们很想知道在这一事件中究竟是哪个因素在决定该学生成绩的好坏？而按中国人的理解，每一个因素都在影响学生成绩的好坏，不能说哪一个因素最为关键。因此在中国，"综合治理""双管齐下""拳打脚踢"等词的使用频率很高。

第二，概念操作上的人文主义倾向。如果说人文主义倾向是非实证主义的话，那么中国人建立的人文主义传统实际上是强调实证的。当然，倘若我们把实证主义界定为一种科学研究方法，那么中国本土学术当然是没有这种方法的。但假如实证主义的含义大体可确定为我们做研究时要通过经验和操作来获得对事物的认识，那么儒家的人文主义倾向中处处显示对人的这种要求。就拿儒家强调的概念"知"来说，以往中国心理学家套用西方心理学的"认知"概念，以为儒家及其后来的思想家所讲的"知"是指心理学里的"感知"。而郝大维和安乐哲（David L. Hall & Roger T. Ames）认为，这里的"知"应在"使之真实"的意义上（in the sense of 'making real'）被译为"实现"（to realize）。它的基本意思包含在中国人的认识活动中知识与行动之间没有鸿沟，同时也表示人对一系列相互联系的事态结果做出预言和预测的能力。[1]这仅是就翻译而言的，其实在中国社会中，包括"知"在内的许多概念的含义都非常丰富，用科学研究当中的操作定义来对其进行操作，不但不能把握其人文含义，而且会因此分割掉它的整体性意义，并遗漏很多很复杂的内涵。从前一篇论文中我们知道，儒家不对自己的概念做界定，或许正是为了让人在实操中来获得对于这个概念的"知"，通过"知"又可以来操作下一次的活动，由此使人在循环

---

[1]　郝大维、安乐哲：《通过孔子而思》，何金俐译，北京：北京大学出版社2005年版，第50—55页。英文版见 David L. Hall, and Roger T. Ames, *Thinking through Confucius* (New York: State University of New York Press, 1987), p. 50。

往复中体会出一个概念的真实意义。我想，这种儒家人文主义下的实证论的侧重点是让人自己去行动，然后在若干次的行动中逐渐体悟到一种界定不清楚的含义究竟包含哪些意思。这种研究方式对我们现在从事心理学研究未必没有启发，比如 H. 布鲁默（H. Blumer）不就认为可以在研究中通过"触发性概念"（sensitizing concept）来研究经验世界吗？[1]

第三，类别的相互包容与依赖性解释。中国辩证整体思维的影响造成概念的不确定性，这又势必会影响我们在概念内涵的基础上对其做外延上的分类。也就是说，我们对本土概念进行分类性研究，很容易发现有些意思已经被其他概念包含了。比如，我们就很难确定"仁""义""礼"之间的界限在哪里，也很难肯定"人情""面子""关系"等是表达同一种意思，还是不同的意思。我认为，中国传统社会中的概念基本上是导引性的，一个概念只给人一个大概的方向，如何理解要看各人自己的实践活动。但概念之间的过渡性和模糊性并不意味着我们不从事实际活动就无法理解。同样受整体观的影响，我们对一个概念的理解需要依赖另一个概念的存在，也就是说，虽然我们不能给一个概念下一个明确的定义，但我们能从两个概念的互相参照中获得其中一个概念的指向。比如：我们要理解"阳"，那我们就把"阳"放在"阴"的背景中来考虑；当我们想不出中国人说的"脸"是什么意思时，就把它放在"不要脸"的意思下来考虑。需要注意的是，中国本土概念中的这种"两极性"（conceptual polarity）不表示中国社会与心理的构成中存在二元对立的关系。郝大维和安乐哲精辟地指出：

在中国古代形而上学的滥觞和发展中，"两极性"一直是一种

---

[1]　参 见 H. Blumer, "What Is Wrong with Social Theory?" in H. Blumer, *Symbolic Interactionism—Perspective and Method* (New Jersey: Prentice Hall, Inc. Press, 1967)。

主要的解释原则。所谓"两极性"，是指两个事件之间的一种关系，每一个事件都把另一个事件作为自身存在的必要条件，每一个存在都是"本身如此"的，而不是从任何超越的力量中获得它的意义和秩序……

　　二元论对关系的解释导致了本质主义。世界的要素被视为分离和独立的。相反，对关系的两极性解释则是情境主义的，即认为世界上的一切事物都是互相依赖的。[1]

　　因此在西方的方法论中，两个变量之间形成决定与被决定关系是因为两个独立的要素之间出现了自变和因变的关系。但在中国，概念是彼此依赖的，不是独立和分离的。用西方结构主义的观点看中国的概念，我们会误以为"阴""阳"之间是最具代表性的对立关系，而实际上，中国人认为它们之间是互补的，互相转化的。因此，我们在从事中国社会与心理研究时，"个人"与"社会"、"公心"与"私心"、"自我"与"他人"、"集体主义"与"个体主义"，还包括前面讨论的"和谐"与"冲突"等概念之间，并没有我们想象的那种对立关系。不明白这一点，我们的本土视角就调整不过来。

　　第四，以类比或隐喻的方式推理，而非逻辑的方式推理。中国人的推理方式不是在形式上从概念到命题、从命题到假设、从假设到证明、从证明到理论的过程。中国传统哲人想出的推理方式主要是通过假定一个故事场景或一种日常现象来一步步说明其中的道理。比如，"矛盾"这个概念在西方是很哲学化的概念，但中文里的这个词来自中国古代常用的兵器中的矛和盾，然后通过一个以己之矛攻己之盾的寓言转喻为抽象的矛盾概念；再如，"规矩"和"准绳"这两个概念是中

---

[1]　郝大维、安乐哲：《孔子哲学思微》，蒋戈为、李志林译，南京：江苏人民出版社1996年版，第10页。

国古代木工技术中的角尺、圆规和水平仪、墨线斗，后来我们用它们来表示思想、道德、行为等的原则。正如孟子所云"规矩，方圆之至也；圣人，人伦之至也"，这时的"人伦之至"就是通过比拟了"方圆之至"推导出来的。关于这种隐喻式的推理方式，我们在朱子的一段话中看得更加清楚。朱子说：

> 自上推而下来，只是此一个理，万物分之以为体，万物之中又各具一理。所谓"乾道变化，各正性命"，然总又只是一个理。此理处处皆浑沦，如一粒粟生为苗，苗便生花，花便结实，又成粟，还复本形。一穗有百粒，每粒个个完全，又将这百粒去种，又各成百粒。生生只管不已，初间只是这一粒分去。物物各有理，总只是一个理。（《朱子语类》卷九四）

用类比或隐喻的方式进行推理在中国人看来是有很强的说服力的。这一点涉及我们对"关联思维"与"逻辑思维"的比较研究。我这里借安乐哲（Roger T. Ames）的研究予以说明：

> 关联性模式的重要性不应被低估。我们的讨论赖以进行的假设是，存在着两种主要的思维模式即美学的与逻辑的以及关联的与因果的模式，在一个特定的语境中强调一种模式，在那个模式中便必然淡化另一种模式。比如，关联模式在中国的压倒性优势与进行过第二论题模式实验的墨家与法家极其微弱的影响恰成对照。
>
> 中国思想家对关于真理的语义理论的相对冷漠尤其提供了关联思维无处不在的直接证明。因为语义学真理论牵涉在分析的、辩证的以及（严格）类推的论证模式之中。对古代中国严格意义上的真理或谬误思辨的低估是这么一种关联思维的结果，它并不

欢迎理性的客观性。[1]

这里引出的另一个重要预设是，中国人认为人通天地，人与人之间也是将心比心的。既然人心相通，那么实证方向上的具体方法主要就是以体验、体会、体察、体悟等人文方法为主[2]，而非实验、测量和理性的预测。

六、结　语

值得注意的是，心理学中的本土资源不是本土心理学方法本身，本土心理学的方法应该是在比较充分地了解中国人的思维方式、世界观、文化特征、语言结构，并系统地比较了西方科学方法之后而建立的一套现代的研究中国人的方法。那么，以上我们所讨论的本土资源有助于本土心理学方法之建立吗？对于这个问题，西方心理学中的人本主义心理学、西方社会学中的符号互动论等已经给予了明确的回答。当然，要从一种人文取向的辩证整体论思想中发展出契合中国人心理与行为的方法与技术，显然不是一件简单的事。它需要从事本土心理学研究的专家和关心中国人心理与行为的其他学者共同来探讨。我个人以为，如果我们在这方面有突破，就会将本土心理学研究推向一个新的阶段，并使其发生一次质的飞跃。

---

[1]　安乐哲：《自我的圆成：中西互镜下的古典儒学与道家》，彭国翔译，石家庄：河北人民出版社 2006 年版，第 183 页。

[2]　参见翟学伟：《中国人际关系的特质——本土的概念及其模式》，《社会学研究》1993 年第 4 期。

事实再现的文学路径

——建构社会与行为科学中的人文方法

社会与行为科学在研究方法上不同于人文学科之处，在于前者倾向选择实证主义之路径，即力图通过模仿和采纳自然科学的方法来认识和理解乃至预测人类的社会与行为。具体而言，社会学中的调查与统计和心理学中的实验与测量等技术均已成为最能反映这一方向的代表性方法。然而，作为研究的手段和工具，无论何种方法，其目的都是揭示、发现或解释人类的社会和心理之事实及其规则。那么，习惯于从人文角度来认识人与社会的中国传统思维能否成为现代社会与行为科学的一种研究方法呢？或者说，中国传统中的人文研究取向是否能与现代的社会与行为科学研究结合，被当今的研究者所使用呢？本文在此试图解决这一问题，具体而言，即通过论证文学再现社会真实之可能，来建构一种研究人与社会的人文方法。

一、从社会与行为科学角度看故事怎么讲

众所周知，中国传统学术历来重视历史故事的陈述与对其所含道理的体悟。或许传统中国的科学研究及其工具不发达；或许在中国人看来，历史故事、寓言、成语典故及一个简单的比喻等本身就能讲述

人生的道理；或许中国人太喜欢直觉和感悟，不善于分析和逻辑推理；或许中国人不喜欢讲大道理，而喜欢让故事本身来警示他人；或许中国人更乐于把人生答案藏在故事里，让听者自己去回味；抑或中国人认为故事中的道理是不证自明的，而证明反而是多余的；等等。总之，传统中国人更乐于让闻者自己在故事中明白宇宙、社会与人生的事理，体悟生命的真谛。[1]

我们大体可以认为，中国人的思维和阅读本身就是叙事性的。中国社会历来都没有出现过系统探讨文化思想和社会生活的鸿篇巨制，许多观点都是一种"在叙述中的理解"[2]。看一看中国人的日常生活便可以知道，人们喜闻乐见的典故成语、地方戏曲、民俗节日、雕花图案、案头摆件、自然景观等大都是由一个个的历史故事编织、浓缩或诠释而成的。而《二十四孝》和《龙文鞭影》之类的儿童读本则可以使中国孩童无须更多地系统学习和钻研深造，就已经在故事中领略了中国文化的精神实质和理想追求，从而影响他或她一生对人与社会

---

[1]　我这里试以曾国藩的《挺经》为例。李鸿章说："我老师的秘传心法，有十八条'挺经'，这真是精通造化、守身用世的宝诀。我讲一条与你听：一家子，有老翁请了贵客，要留他在家午餐。早间就吩咐儿子，前往市上备办肴蔬果品，日已过巳，尚未还客。老翁心慌意急，亲至村口看望，见离家不远，儿子挑着菜担，在水塍上与一个京货担子对着，彼此皆不肯让，就钉住不得让。老翁赶上前婉语曰：'老哥，我家中有客，待此具餐。请你往水里稍避一步，待他过来，你老哥也好过去，岂不是两便么？'其人曰：'你叫我下水，怎么他下不得呢？'老翁曰：'他身子矮小，水田里恐怕担子浸着湿，坏了食物；你老哥身子高长些，可以不至于沾水。因为这个理所以请你避让的。'其人曰：'你这担内，不过是菜蔬果品，就是浸湿，也还可以将就用的；我担中都是京广贵货，万一着水，便一文不值。这担子身份不同，安能叫我让避？'老翁见抵说不过，乃挺身就近曰：'来来，然则如此办理：待我老头儿下了水田，你老将货担付于我，我顶在头上，请你空身从我儿旁边岔过，再将担子奉还。何如？'当即俯身解袜脱履。其人见老翁如此，作意不过，曰：'既老丈如此费事，我就下了水田，让尔担过去。'当即下田避让。他只挺了一挺，一场争竞就此消解。这便是'挺经'中开宗明义的第一条。"转引自刘克敌：《陈寅恪与中国文化》，上海：上海人民出版社1999年版，第16页。

[2]　郝大维、安乐哲：《汉哲学思维的文化探源》，施忠连译，南京：江苏人民出版社1999年版，中文版序。

的认识和理解。看起来，由西方发展而来的社会与行为科学似乎在中国已取得了学术主导地位，中国传统学术早已式微，但翻开那些标榜为研究中国官场韬略、权术、为人处世之类的学术著作看一看，许多学者仍没有做任何的分析和探讨的意思，不过是把一段段中国历史上有所记载的故事用白话文归类整理出来，起个名头（连概念都没有产生），来一段提示，最多也就是夹叙夹议一番。因为这些作者习惯认为，会收集、会讲述且会议论这些故事就是在"做研究"了。

以今天的学术标准来衡量，这样编辑和叙述故事当然不是社会与行为科学的研究，但中国人如此习惯于从故事中来了解人与社会，不断地刺激我思考这样一个问题，即从故事中获得理解社会运作原理的方法能不能成为当今社会与行为科学研究的路径之一？看起来，这种研究路径更多的是遵循着中国人的这种思维习惯来的，其实也不尽然。且不说后现代史学观对有关问题的争辩[1]，单就不同文化中的人们倾向从文学和艺术中看人与社会及各种宗教经典大都通过故事来启迪众生而言，足以表明人们认识社会的过程中存在这种倾向。但既然要把这样的倾向作为社会与行为科学研究的一种方法，我们显然就不能像上述的作者那样，把许多相似的故事堆在一起，或按时间顺序排列一下，然后语重心长一番，而应该研究故事如何讲才能成为一种认识社会的科学方法。

众所周知，讲故事本身本来同社会与行为科学无任何关系。如果故事要作为一种方法来讲，那么在讲之前先需要建立一个为何要讲的研究框架。这里为什么一定要有一个研究框架呢？因为一方面，研究者需要让该故事同该研究的目的和性质相契合，而为了实现这一契合，研究者在确定讲述的方式之前应有理论知识上的准备，或者有操作上

---

[1]　王晴佳、古伟瀛：《后现代与历史学——中西比较》，济南：山东大学出版社2003年版，第134—156页。

和策略上的考虑，比如研究的概念和命题、知识背景、选择这种方法的理由、该故事的代表性及其意义以及它们能否反映作者要研究的现象、问题等；另一方面，因为事先有了一种研究框架，研究者便可以用这一框架分析和解释这些故事之所以这样发生而不那样发生的理由。这样一来，我们就建立起了下面要讲的故事，同我们所要得到的某种社会运作原理及其机制间的有机联系，同时也克服了中国传统思维中的那种含蓄和自己体会的问题。我目前已尝试将这种方法应用在两个方面：一是对中国以往社会的研究，也叫社会或心态史的研究 [1]；二是对中国当前社会与行为的研究 [2]。

需要说明的是，以上我提出来的方法不同于社会与行为科学研究中的文献法和个案研究（包括人类学的田野工作及其他的质性研究方法）。其根本区别除了叙述方式不同之外，关键还是它们对真实的理解不同。在实证主义方法论的影响下，文献作为第二手资料并不符合实证主义的要求，研究者即使使用了文献法也会被鼓励再去收集第一手资料。因此在社会与行为科学研究中，文献法往往是一种对他人研究的回顾、铺垫和补充证明，其意义将落实到自己的实证研究同这些文献资料之间构成什么关系，换句话说，社会与行为科学强调实证主义，正是想表明它对研究者仅利用文献法的排斥和对研究者亲自从事经验研究的肯定。而个案研究和其他的质性研究方法也就成了研究者从事经验研究并验证文献真伪的方法。不过，即使社会与行为科学研究者认为自己获得的个案比文献更可靠、更真切，另外一个研究上的不足也会随之出现，即这种研究通常没有代表性，因而其结论不易回到一般性上来。由此观点，我们便可以看出讲故事作为一种研究方法，由于兼具实证主义研究路径所排斥的那些特点，所以不易被社会与行为

---

[1]　参见翟学伟：《中国社会中的日常权威——关系与权力的历史社会学研究》，北京：社会科学文献出版社 2004 年版。

[2]　参见本书中《在中国官僚作风及其技术的背后——偏正结构与脸面运作》一文。

科学研究者所接受。因此，讲故事可以作为方法与否，关键问题是我们能否论证作为文献的故事不但真实可信且具有代表性。尤为重要的是，这种论证的过程应该由故事本身具有的品质来体现，而不需要到故事之外去验证，否则我们还得回归实证主义的方法。

二、从历史变文学能否到文学变历史？

为了讨论清楚本文所关心的问题，我首先要界定我这里所谓的故事即是指过去发生的事，也就是历史记述。史学的传统即为故事的叙述，它包括所有对已发生事件、现象的记录和数据描述。19 世纪末，德国历史学家卡尔·兰普雷希特（Karl Lamprecht）给历史下了一个类似的定义：历史"基本上是一门社会心理科学"。[1]根据这个观点，历史学所阐述的历史，是某一时代的精神和人们的心态。70 年之后，另一位很有影响的美国社会心理学家肯尼思·J. 格根（Kenneth J. Gergen）在《作为历史的社会心理学》（1973）一文中表达了一个相反却"相似"的观点：社会心理学所研究的实际上也是历史。[2]这些观点用历史学家唐德刚的话讲就是，人类的社会行为（social behavior）在过去所发生的现象都是历史。[3]

我们知道，就一种研究方法而言，故事最需要确保的就是它们真实地反映了过去或现在发生的社会与心理之事实。如前所述，由于这样的思考在实证主义观点的影响下，基本上受到排斥，因此有关故事

---

[1]　彼得·柏克：《法国史学革命：年鉴学派（1929—1989）》，江政宽译，台北：麦田出版社 1997 年版，第 13 页。

[2]　Kenneth J. Gergen, "Social Psychology as History," *Journal of Personality and Social Psychology*, 26, 1973, pp. 309-320.

[3]　唐德刚：《史学与文学》，上海：华东师范大学出版社 1999 年版，第 16 页。

的真实性的争论主要集中于史学、哲学、文学批评等人文科学。同样受实证主义的影响，不少传统治史学者也假设，只要人们正确地掌握和运用史料就可以揭示社会事件的真相。这种假设无论是在中国的传统史学，还是西方19世纪中叶的利奥波德·冯·兰克（Leopold von Ranke）所建立的史学实证主义中都得到了肯定和发展。因此，传统史学的基本任务在很大程度上就是通过挖掘和查证资料去"讲述"一些让人信以为真的故事（如实直书）。而这些挖掘和查证的常见资料包括文献记录、档案、文件、报道、日记、书信、正史、地方志、历史数据和回忆录、文物考古等，但不包括文学作品。

可是，无论是在史学界还是在哲学、文学批评界，对文字记载的历史能否反映历史的真相一直存在争议。这一争议开始比较宏观地表现为对历史学究竟是科学还是艺术之争，也就是过去是否能被科学地研究。或许是受到后现代思潮的影响，这一问题现在比较具体地转化为对话语形式的争论。在这一研究领域最有代表性和最有影响的人物，是美国著名批评理论学家和历史学家海登·怀特（Hayden White）。细读怀特的著作，便可以看出，怀特的工作是在力图颠覆历史的真实性，也就是想证明历史即使拥有大量的史料作保证，也不能反映过去发生的真实事件。其基本观点是，虽然过去的事件本身是客观的，但当它成为历史学家的一种特定叙述语言及其形式时，这种客观性就不存在了。也许受故事自身结构的要求，历史学家往往把本身在过去发生的事实转化为有开头、情节安排和结尾的故事，并用自己理解的浪漫或讽刺、悲剧或喜剧类型来设定故事的基调。因此历史不是事实，历史同其他文学形式没有什么区别，而所谓的史实性材料也不过是一种写作形式而已。他说：

从研究档案到建构话语，再到把话语转译成一种书写形式，在这一整个过程中，历史学家必须想象作家所采用的那种语言比喻的策略，赋予其话语以隐在的、二级的或内涵的意义，这要求不仅要把他们的著作当作信息来接受，而且作为象征结构来阅读。历史话语中包含的隐在的、二级的、内涵的意义是对构成其显在内容的事件的阐释。由历史话语产生的这种阐释赋予按年代顺序排列的序列事件以形式的连贯性，也就是虚构小说中情节结构的那种连贯性。给编年史的事件以一种情节结构，也就是我所说的情节编排的运作，是通过话语技术继承的，这些话语技术在技术上是比喻的而非逻辑的。[1]

怀特的这一番话也许会让长期从事考证和考订工作的历史学家愤愤不平，但我们又不得不承认他的表述在方法论层面上所具有的一定的合理性。而我这里暂不考虑这一合理性的程度。为了建立社会与行为科学中的讲故事方法，我想把怀特的话反过来说：如果历史不过是一种文学形式的话，那么一种文学形式是否可以再现历史呢？

就小说在中国历史发展中的演变、地位和作用而言，我们可以看到：小说在相当长一段时间内是被当作历史来看待的，即小说具有补正史的功能 [2]；同时，中国历史的叙述方式也极大地影响了中国历代小说家的创作思维和方向 [3]。众所周知，历史的发生总是与不同的人的参与和谋略相联系，诸如"桃园结义""三顾茅庐"等，其中牵涉的就是人物关系和心理活动。这就必然会引出史料的不足或不详细及文学作为史料的填补性特征。比如，《三国志》是对中国古代后汉时期

---

[1]　海登·怀特：《后现代历史叙事学》，陈永国、张万娟译，北京：中国社会科学出版社2003年版，第301—302页。

[2]　石昌渝：《中国小说源流论》，北京：生活·读书·新知三联书店1994年版，第1—10页。

[3]　陈平原：《中国小说叙事模式的转变》，北京：北京大学出版社2003年版，第208—222页。

魏、吴、蜀汉对峙的记录，但如果我们对其中许多人物之间交往的细节，特别是他们之间的微妙关系如何改变了历史走向感兴趣的话，那我们就会认为看《三国志》是不够的，还要去看《三国演义》。但这时我们也知道，《三国演义》是小说不是史料，其中很多内容是不可信的。再如，我们可以通过史料去了解宋江作为淮南盗，伙同三十六人如何横行河朔、转掠十郡等的活动情况。但如果我们想了解宋江是如何取代晁盖成为梁山泊首领的，一百零八将的座位是如何排出来的，那么就需要看小说《水浒传》，但又觉得其中必定有作者的杜撰。由此一来，历史中许多日常的社会场景及其展开的情节部分都不是通过史料，而是通过文学制造的。而这种填补缺失的工作实际上可以成为作家创作历史文学的动力。又如，我们都知道发生在民国初年的"杨乃武与小白菜"一案是有史料记载的，但这个案子的史料（犯人供词、朝廷奏折等）是不连贯的。这就会促使文学家根据他们的后代和当地人的口头回忆，加上自己的想象和发挥，写出各种长短不一的小说和剧本。虽然这些回忆和传闻在历史上是否真实已无法确认，但如果从案情发展合理解释性的角度来看，这些传闻和小说又是必不可少的。通过以上一番讨论，我们大致可以得出一个初步的结论：如果历史记录处处要以事实为依据，那么历史就没有办法实现讲故事所要求的完整性目的。反之，如果要让历史成为故事，就不可能处处以事实为依据。就已发生的事实所能再现的张力而言，一面是获得完备的史料有一定的困难，需要那些不可信的记载来弥补和发挥，如传说、小道消息、秘闻（秘事）、秘史、野史、稗史、传闻、笑话、轶事、黑幕、口头回忆（口述史）等；另一面是这样的弥补已经使曾发生过的事情不真实、不确切了，但它们从另一个侧面间接而完整地再现了当时的场景以及事件发生和发展的来龙去脉。

三、史学抑或文学：哪种叙述方式为真？

文学不能反映事实真相的主要依据是它的虚构性和想象力，从而使一些人物和情节同历史不符。在历史学的史料运用中，排斥历史演义、传奇小说、弹词剧本等文学作品等曾有过深刻的教训。在明末，《新编剿闯通俗小说》第一回有一则"李公子民变聚众"的故事，后来在《新世弘勋》与《樵史通俗演义》中得以发挥，李岩其人其事被说得有鼻子有眼，使得李岩与红娘子的故事家喻户晓。于是，清初的史学家计六奇信以为真，在他的《明季北略》中作了载录。三百年后，郭沫若又在《甲申三百年祭》中将其作为史料加以引用评论，成为史学研究中一个轻信文学而使用史料不当的典型。[1] 这一事例也可以用来旁证李幼蒸对怀特观点的批评。他说：

> 在史家写作策略中的修辞学自由并不能用以否定历史文献中"硬性"内核的存在。正是史学话语类别对于文献运用的限定，使其本质上区别于文学话语，不论二者运用着多少美学的和修辞学的共同手法。不管怀特指出 19 世纪史学叙事中包含着多么大量的主观创作成分，此一事实并不能否定相关历史过程的客观存在本身。[2]

石昌渝认为：

> 史传的生命力在于真实性。歪曲的和伪造的史传文字，因种种原因也许可以一时流布天下，但历史事实终归要纠正它，虚假

---

[1]　陈大康：《明代商贾与世风》，上海：上海文艺出版社 1996 年版，第 313 页。

[2]　李幼蒸：《历史符号学》，桂林：广西师范大学出版社 2003 年版，第 33 页。

对于史传来说是致命的。然而对于史传的真实性又不可做绝对的理解。事实上历史学家不可能把历史上发生过的一切都巨细无遗地记载下来，它总要有所选择，有所强调和有所省略，由于历史的久远，许多事件的细节都因时间的淘洗变得模糊了，有些则湮灭不闻了，历史学家在重述该事件时还需要揣度当时特定的情势，用自己的想象加以描绘。所以，任何一部史传都只能接近历史本来的样子，而不可能与历史事实完全吻合。所谓史传的真实性，一般只是指它所记载的史料有根有据，并非伪造和歪曲。既然史传的记载经过了历史学家的主观筛选和编排，那就谈不上纯粹的客观性了，可以说任何史传都有历史学家的主观因素在里面。历史学家在选择什么，强调什么的时候，头脑里就已经有一种价值观念在进行着衡量，更何况历史学家往往是"述往事，思来者"，有所为而作。[1]

以上这种历史和真相之间存在的复杂性关系，在法国哲学家保罗·利科（Paul Ricoeur）看来是其客观性的尺度问题。由于历史学家面对的不是过去的事实，而是过去的事实留下的痕迹，因此这种客观性中就具有主观性，问题不过是这种主观性需要调整，以适应历史的客观性。[2] 所以我们也许可以做这样的断定，即没有历史学家可以保证其研究一定是客观的，即使他为之努力了，由于受史料的限制，他的努力也只能成为史学上的一种要求和褒奖，而不可能成为一种事实。大多数历史学家或许都会承认，真相本身是不连贯的，历史资料所能给出的往往是人物、时间、地点和部分活动情况记录，而唯有文学才能让它们变得连贯起来。

---

[1]　石昌渝：《中国小说源流论》，北京：生活·读书·新知三联书店1994年版，第77页。

[2]　保罗·利科：《历史与真理》，姜志辉译，上海：上海译文出版社2004年版，第5—6页。

中国的那些关注文学的史学家在研究实践中为了谨慎起见，往往使用文史互证的方法来确保文学描写具有的事实基础。比如，中国著名历史学家陈寅恪在其史学研究中就使用了"诗史互证"的方法。因受清朝乾嘉学派和西方实证主义的影响，他及其他史学家所用的方法主要是通过对文学作品的研究来寻找故事的原型，以便发现文学作品背后所发生的真实的历史。另外一种倾向是，中国的一些学者还是认定某类文学应该真实地反映社会及其变迁。比如，美国作家赛珍珠描写中国农民生活的小说《大地》在世界文坛上获得巨大的成功后，一些中国学者对其中的真实性提出了批评。如该书最早的中文本译者伍蠡甫就认为，《大地》所描绘的是世界为人的本能所主宰，男人只知拥有土地，女人只是绝对服从。穿插于故事之间的，是接连不断的灾荒、农民的愚昧、兵匪与强盗的骚扰，等等。译者在译序中进而问道：这难道是中国的真实情况吗？还有人评论书中描写的习俗也同中国人的实情不符。[1]且不谈赛珍珠在答复中是否确认了中国人生活习俗上的真实性问题，单就一部小说而言，中国的文艺批评家为什么要纠缠于一部小说中的各种各样的真实性问题呢？这至少能够表明，相当部分人认为文学作品是真实社会的缩影，多少必须坚持真实性原则。如果文学创作者辜负了读者的这一期待，而在一种社会文化的虚构性描写中误导了读者，就实现不了小说应有的社会和历史功能。正如中国早期小说理论家夏曾佑在比较了历史和小说后所指出的："小说者，以详尽之笔，写已知之理者也。"只有写的事来自真实，才能"与人人胸中之情理相印合"，反之写假事，便没有了审美性和感染力。[2]文学上的这种真真假假正是钱锺书所讲的："即使在满纸荒唐言的神怪故事里，真

---

[1]　刘海平：《赛珍珠和她的中国情结》，载赛珍珠：《大地三部曲》，王逢振等译，桂林：漓江出版社 1998 年版，"总序"第 15—16 页。

[2]　王旭川、马国辉：《中国近代小说思想》，上海：华东师范大学出版社 1997 年版，第 44 页。

实事物感也是很重要的成分：'虚幻的花园里有真实的癞蛤蟆'（imaginary gardens with real toads in them），虚幻的癞蛤蟆处在真实的花园里……" [1]

同样的问题也可以出现在历史研究当中。我们可以反问道：史料的记载就一定是历史事实吗？历史研究难道就不是一种历史学家的构想吗？美国史学家保罗·A. 柯文（Paul A. Cohen）通过对史学家把义和团作为事件、理解和评价之不同结果的研究，的确也看到："某些人（声名卓著者为海登·怀特和保罗·利科）的观点是，从本质上看，历史与真实之间毫无连续性可言。他们认为，从根本上说，历史是在叙事，是在讲故事，而'真实'却不同。因而历史学家在写历史时，把一些构想或结构强加到了历史上。" [2]

四、日常生活史料缺失与文学描写的丰富性

历史的真实性中除了它的连贯性和修辞性问题之外，还存在本身的缺陷，即对日常生活尤其是事件之隐情的忽视。其主要原因除了史学家假定了重大事件和过程才是历史的主题和发展动因之外，客观上讲还在于，日常生活属于互动双方的和私人的经历，它也许不可告人，只有当事人自己心知肚明，或者因为它们本身的日常特征而不值得在历史上做必要的记录。以中国人的社会交往研究为例，比如在以往中国社会和行为的某一领域的研究中，虽然在诸如家庭生活、亲属关系、同乡会、士绅、市场、官场、司法审判及社会流动等领域，或一些重大的社会运动及其领导人方面，其历史资料多少还是比较丰富的，中

---

[1] 钱锺书：《一节历史掌故、一个宗教寓言、一篇小说》，载钱锺书：《七缀集》，上海：上海古籍书店 1985 年版，第 155 页。

[2] 柯文：《历史三调：作为事件、经历和神话的义和团》，杜继东译，南京：江苏人民出版社 2000 年版，第 2 页。

国学者和西方的汉学家的确已根据这些史料做出了不少研究成果，产生了许多重要的结论，但如果我们假定这些领域的发生与成长与中国人特有的关系状态密切相连的话，此一方面的研究成效就不那么显著了。我们在日常经验中常感受到，个人之间的交往对中国社会生活的影响是重要的。而当我们带着这样的认识去研究这些问题时，我们的史料并没有给我们留下什么记载。即使在今天的中国，这样的事情仍然在发生着。比如，就我们目前可以读到的许多政治家或企业家的成长史和大小人物的光辉事迹而言，我们偏重记载的是他们的创业和奋斗过程及取得的成就，但一般不会在文字上留下他们在这一过程中所建立的私人关系对他们的成功的重要作用，或者我们在认识上就认为，这些作用应该秘不可宣。好在这些成功人士还活着，认识他们或帮助过他们或知道他们底细的人还活着，因此那些不见之于文字的部分还为不少人所知。尤为有趣的是，历史有时同我们开的玩笑是，一旦有的"英雄"出了问题（比如生活纠纷或犯法），这些秘而不宣的部分就被披露(或招供)出来，其发迹过程中的关系领域成为人们讨论的重点。而一个不可否认的事实是，这一部分的最有力的表现形式往往是小说，而不是档案。它们往往成为某类小说（比如纪实文学、传记文学、历史小说、批判现实主义小说等）的原型。反过来讲，如果这些人物没有"出事"，而且同时代的相关者始终守口如瓶，那么我们就没有任何理由主观臆断这里面存在的关系作用，结果所有一切也就成为"辉煌"的历史。在这种情形下，除非我们否认我们自己的生活现实或社会阅历，除非我们不去关注中国人的关系研究，除非我们还侥幸认为中国人的成功中未必有"关系"的作用，否则我们就没有理由不把上述已被切割的社会研究领域弥合起来，以获得一种对社会运作的连贯性的解释。其实，如果从关系的角度来看上述的不同领域，也许一些更为重要的社会现象将展现在我们面前，诸如亲缘关系如何影响个人社会流动的方向、同乡会或乡绅如何影响官场的运作、家族联姻如何影响司法审判，等等。

一旦确定了这一点，我们就不得不去关注在史料上缺失而在文学上丰富地展示人物场景和关系脉络的心史。我们知道，社会互动是一个缓慢的、积累的或者只有互动双方才可心领神会的过程。肯尼思·E. 福尔索姆（Kenneth E. Folsom）在研究类似问题时指出：

> 在中国史研究中，历史事件、制度和人物太多地散发着一种冷冰冰的、没有人情味的气息。中国人的浓烈的温情和仁爱消失在职官名称、章奏和上谕的一片混杂之中。只凭变换那些著名官员的姓名就可以在实质上完成你对历史的叙述。巨大的语言障碍只是部分原因，更为重要的则在于传统中国史志和传记的特质。其中固然有我们需要的原始材料，但是通常却缺乏私人生活情况的记载。一个中国政治家的政绩会被详细记载下来，可他的生日却通常付之阙如。中国的历史记载是从国家的观点来写的，因而，查寻历史人物的七情六欲的任何努力通常都会一无所获。只有把从私人信函、日记和奏折中收集来的点滴材料拼凑在一起，研究者才能开始看到既有弱点又有力量、既有欲望又有嫌恶的活生生的中国人形象。[1]

特别是当社会互动的作用和意义还不为史学家所重视时，人们更多关注的是事件本身的进展，而不知道许多重大历史事件之所以这样发生而不那样发生，是因为它们同事件中的人们长期积累的关系状态密不可分。然而这个道理更多的不是历史给我们的，而是小说给我们的。也许是出于以上种种理由，也许是由于历史研究者的个人兴趣，

---

[1] 参见 K. E. 福尔索姆：《朋友·客人·同事：晚清的幕府制度》，刘悦斌、刘兰芝译，北京：中国社会科学出版社 2002 年版，前言。

我们也能看到不少学者是从文学中来研究历史的。比如，极力主张客观史学的梁启超也认为《儒林外史》《水浒传》等小说极具史料价值^[1]，其他如萨孟武的《红楼梦与中国旧家庭》《水浒传与中国社会》《西游记与中国古代政治》，黄仁宇的《从〈三言〉看晚明商人》，陈大康的《明代商贾与世风》，杜家骥的《中国古代人际交往礼俗》，吕伯涛、孟向荣的《中国古代的告状与判案》等都在历史书中使用了文学资料，花山文艺出版社出版的"晚清社会小说丛书"在《活地狱》等小说的内容提要中则明确地认为它们有"重要的史料价值"^[2]，而恩格斯对巴尔扎克的《人间喜剧》的评价是他"给我们提供了一部法国'社会'，特别是巴黎'上流社会'的卓越的现实主义历史，他用编年史的方式几乎逐年地把上升的资产阶级在1816—1848年这一时期对贵族社会日甚一日的冲击描写出来……围绕着这幅中心图画，他汇集了法国社会的全部历史，我从这里，甚至在经济细节方面（诸如革命以后动产和不动产的重新分配）所学到的东西，也要比从当时所有职业的史学家、经济学家和统计学家那里学到的全部东西还要多"^[3]。

当然，上述这些观点不是要一口否认在那些被史学家认可的丰富的史料中就没有关于日常生活的资料，而一定要通过小说来再现历史，也不是说，过去那些关于关系运作的社会现象就一定没有被真实地记载下来，而是说，由于前人没有意识到那些重大的历史事件中有日常往来上的积累和铺垫作用，或者由于这些交往的人物不愿意将隐情公布于众，或者研究者在意识上没有把这一部分同后来发生的历史联系

---

[1]　许冠三：《新史学九十年》，长沙：岳麓书社2003年版，第33页。

[2]　可参见以下图书中的内容提要：李伯元：《活地狱》，石家庄：花山文艺出版社1996年版；李伯元：《文明小史》，石家庄：花山文艺出版社1996年版；天公：《最近官场秘密史》，石家庄：花山文艺出版社1996年版；黄小配：《二十载繁华梦》，石家庄：花山文艺出版社1996年版；陆士谔：《最近社会秘密史》，石家庄：花山文艺出版社1996年版。

[3]　《恩格斯致玛·哈克奈斯（4月初）》，载《马克思恩格斯选集》第4卷，北京：人民出版社1995年版，第683—684页。

起来看，因此史料在这方面出现了缺失。

以上讨论如果回到文史的方法论上，我们也许会发现，在再现社会与人的心理问题上，我们始终无法跳出文学和历史孰优孰劣的怪圈。因为看起来，连贯性、修辞和补充历史记录所不足的问题，恰恰说明了小说在写法上的全知视角。正如清代的纪昀所谓："小说既述见闻，即属叙事，不比戏场关目，随意装点；……令燕昵之词，媟狎之态，细微曲折，摹绘如生，使出自言，似无此理，使出作者代言，则何从而闻见之，又所未解也。"[1] 小说的作者能够描写出人物在所有场合的所有言行，一方面让读者在阅读中感到了满足，另一方面又让读者把这种描写当作虚拟的生活来看。这似乎成为小说创作的一个特点，也是历史学家不相信小说作为史料的一个有力证据。可问题是，那些史学家相信的正史是否能躲得过这种描写方法呢？钱锺书说：

> 吾国史籍工于记言者，莫先乎《左传》，公言私语，盖无不有。虽云左史记言，右史记事，大事书策，小事书简，亦只谓君廷公府尔。初未闻私家置左右史，燕居退食，有珥笔者鬼瞰狐听于傍也。上古既无录音之具，又乏速记之方，驷不及舌，而何其口角亲切，如聆謦欬欤。或为密勿之谈，或乃心口相语，属垣烛隐，何所据依？如僖公二十四年介之推与母偕逃前之问答，宣公二年鉏麑自杀前之慨叹，皆生无傍证，死无对证者。注家虽曲意弥缝，而读者终不厌心息喙。[2]

全知视角不但在《左传》中能看到，在《史记》和其他正史中都能看到。这就在无形中告诉我们，通过写作修辞上是具有"硬性"还

---

[1] 石昌渝：《中国小说源流论》，北京：生活·读书·新知三联书店 1994 年版，第 6 页。

[2] 钱锺书：《管锥编》第一册，北京：中华书局 1979 年版，第 164—165 页。

是"软性"，是运用想象力还是一切以客观为依据，在记录方法上是用全知视角还是用收集多少史料写多少内容的限知视角等，并不能判定一份资料或文献是史料记载还是小说写法，我们至多只能说两者之间的偏重是有差异的。即使我们无论如何还是相信历史更加偏重真相，我们在方法论上也找不到偏重的"度"，即一种衡量真实性的标准在哪里。而后现代主义要颠覆的也就是这个"度"。[1]

五、一种人文研究方法的建构

前文的文史之争如果被放在社会与行为科学的观照中进行思考，也许我们会得到不同的甚至是超越性的认识。我下文要提出的从文学作品中获得真实性的方式，同我们上文提到的文史互证不同，同传统研究中的一手资料和二手资料的划分也不同。上文已经交代，我这里是想通过故事本身的叙述直接看到社会中的人的真实生活，而非什么故事之外的验证。那么为什么这一做法仍然是可行的呢？黄仁宇的回答是："因为小说家叙说时事，必须牵涉其背景。此种铺叙，多近于事实，而非预为吾人制造结论。"[2]还有一种回答是，小说中有些事实是正史中没有的，如果它们在小说情节中反复出现，或被小说作者在书中进行点评，就可以作为当时社会上的一个热点来分析。[3]这些回答同我在前面讨论赛珍珠时的说法基本相同，没有太大的说服力。我认为，能否真正地从小说和其他文学作品中取得事实，是由我们的研究对象和层次来确定的。也就是说，如果我们的历史研究是想弄清楚历

---

[1] 凯斯·詹京斯：《历史的再思考》，贾士蘅译，台北：麦田出版社 1996 年版，第 135—136 页。

[2] 黄仁宇：《放宽历史的视界》，北京：中国社会科学出版社 1998 年版，第 6 页。

[3] 王日根编著：《明清小说中的社会史》，北京：中国财政经济出版社 2000 年版，第 8—9 页。

史上的哪个人在什么时候、什么地方说没说过什么话或做没做过什么事，那么文学中的描写是不可信的。前文的全知视角的问题就出在这里。如果我们的历史研究是想知道那个时候的社会是什么样子，人们都说些什么、做些什么、打扮成什么样子，有什么礼节、习俗和社会风气等，那么文学中的描写就是可信的。梁启超当时已有此史识，他说，"鲁智深醉打山门"固非实事，但"元明间犯罪之人得一度牒即可以借佛门作捕逃薮"却是事实；"胡屠夫奉承新举人女婿"固非事实，然"明清间乡曲之人一登科第，便成为社会上特别阶级"却为事实。[1] 显然，在学术研究中是否把文学作为真实材料，是要看我们研究的对象是特指的，还是泛指的：如果是特指的，我们就需要尽可能地寻找到可靠的资料和实物；如果是泛指的，那么对于那些惜墨如金的历史学家来说，他们给出的历史画面并不如文学家。

现在我们应该认真思考和反思一下，为什么传统史学一定要认真对待史料的真伪呢？因为它关注的是那些特定人物和特定事件的真实性。而什么样的学科在关心普通人（而非人物）的社会经济生活、文化习俗、人情世故呢？是社会与行为科学。检视一下，黄仁宇为什么要通过《三言》来研究历史呢？因为他研究的是"晚明的商人"。陈大康也一样，他为什么要通过有关明代的小说来研究历史呢？因为他题目定的是《明代的商贾与世风》（虽然他自己都不敢承认他的研究就是历史研究）。恩格斯为什么认为巴尔扎克的小说里有历史呢？因为恩格斯关心的是法国巴黎的上流社会、资本家和贵妇人等。在社会学里，商人、资本家、贵妇人或上流社会、资产阶级是什么？是角色、地位、阶层和阶级，而非人物和事件。如果我们研究的是历史场景中的角色、等级、互动、群体、关系网络、社会流动和社会风情之类，那么这种真实就不是历史学家所坚持的史料，而是另一种意义上的真实了。这

---

[1] 许冠三：《新史学九十年》，长沙：岳麓书社 2003 年版，第 33 页。

个"真实"，我把它取名为"符号－行为事实"，而前者的"真实"则是"人物－事件事实"。在这两种不同的事实取向上，我们可以同等地面对历史材料和文学作品，关键是看我们想研究什么。以中国传统家庭中的孝道为例：如果我想知道中国历史上的十大孝子或这十大中谁是最著名的孝子，或者我想知道中国历史上最大的世代同堂人家是哪个朝代的什么人家，那这就是"人物－事件事实"取向的研究，我必须通过阅读大量的历史记载并通过考证找到答案，比如二十四史或地方志。如果我想知道中国人的孝道在家庭和社会上是如何表现的，或有哪些方面及其表达方式，或者我想知道中国传统的大家庭中的人际关系多么复杂，父子、兄弟、夫妻、婆媳、妯娌等关系如何运作，那这就是"符号－行为事实"取向的研究，我完全可以通过阅读大量描写中国社会和文化的小说来得到答案，比如《红楼梦》《大地》《家》《四世同堂》《京华烟云》等，更不用说那些中国古代的言情小说。晚清小说研究专家米列娜·多莱热罗娃－韦村格洛娃（Milena Doleželavá-Velingerová）则进一步认为："没有任何一位前代小说家像晚清小说家那样力求忠实地描写他们自己的年代。中国现代小说一反传统小说的习惯，不再假说事件发生于过去或发生于非特定的时间，而是直言不讳地宣称：读者所读的就是作家观察到的现实。"[1] 马克梦（Keith McMahon）在研究了中国人的（色）情小说后也认为："小说事实上比儒、道、释的'道'和二十四史更能反映中国文化。"[2]更值得注意的是，我们在小说方面，既能看到将自己的真实生活写成自传体小说的作品，比如李六如的《六十年的变迁》、张戎的《鸿》，也能看到中国社会人类学家在其学术研究中用小说来表现中国社会的家庭成员关系的学术

[1] 米列娜编：《从传统到现代——19 至 20 世纪转折时期的中国小说》，伍晓明译，北京：北京大学出版社 1991 年版，第 9 页。

[2] 参见马克梦：《吝啬鬼·泼妇·一夫多妻者：十八世纪中国小说中的性与男女关系》，王维东、杨彩霞译，北京：人民文学出版社 2001 年版，中译本序。

作品，比如林耀华的《金翼》。

当然如果我们能在史实文献资料中直接看到符号－行为事实的记载，或者同小说相互参照，那当然更好。因为小说毕竟是在我们文献和档案记载不足的情况下才要寻求的解决方法。其实，通过史料来再现符号－行为事实的成果也不少，例如黄宗智的系列研究、冯尔康的《古人社会生活琐谈》、徐扬杰的《宋明家族制度史论》、史凤仪的《中国古代的家族与身份》、王玉波的《中国古代的家》、雷家宏的《中国古代的乡里生活》、文崇一的《中国历史上的行为与结构分析》等。那么，基于符号－行为事实层面上的史料描述和文学描写，究竟哪种写法更能再现已经发生的社会生活呢？我认为，它们在符号－行为事实层面上是没有什么分别的。

现在我将人物－事件事实和符号－行为事实的各自特点比较如下，见表1：

表 1　两种不同事实的比较

人物－事件事实	符号－行为事实
有名有姓的历史人物，往往是在某个领域做出重要贡献的人物	无名无姓的普通人或虚构姓名的人，扮演着社会赋予的某种角色
在历史上发生过的重要事件，有时间、地点、参与者及发生经过等人证、物证和历史记录	在历史上频繁发生的日常生活事件，不重视准确的时间、地点和真实的参与者人名，但重视对事情发生的过程、场景和特点的描述和理解
重点是要通过材料来证明人物和事件的真实性	重点是通过材料来叙述当时发生事件的来龙去脉，显示该事件在该社会文化背景中的运作方式和逻辑
个别的或特指的人和事	典型的或泛指的人和事
排除任何子虚乌有的不实之词	因没有人物事件的真实性，故不存在相关的考证，但要排除作者的价值涉入和主观的议论
无代表性	通过社会认同和反响（共鸣）或研究论证，可以获得代表性

通过以上比较，我们可以看出：一项关于故事的研究如果倾向了解中国历史上某人物的重大行为情况及其对社会演变的重要意义，那么我们就要使用历史文献；如果倾向了解它在社会文化背景下的历史意义及其运作，或者研究它对中国传统社会里的形形色色的小人物在处理和解决生活工作等方面的问题的作用，那我们就可以使用文学作品。显然，社会与行为科学研究的目的正好不是那些社会上的特别人物和事件，而是普通人的社会生活原理。讲故事之所以可以作为一种社会与行为科学的方法来运用，是因为我们能在故事中看到符号－行为事实的一面，反之即使人物－事件事实再真实，它们也难以构成社会与行为科学的基本内容。

接下来还有一个重要的问题是，我们如何获得所述故事的代表性呢？让我们先来看唐德刚给的一个说明：

> 阿Q和猪八戒在历史上是否实有其人呢？答案当然是"没有"。根据胡适之先生作"考证"、写"传记"的原则，有一分证据只能讲一分话，有九分证据不能讲十分话，所以胡适之先生所写而考据十分严谨的"丁文江的传记"里，主题丁文江就实有其人。他传记中一切的故事，都有百分之百的真实性。所以丁传便是一本杰出的历史著作。

> 比他较先执笔的，鲁迅也写了一本《阿Q正传》。阿Q并无其人，阿Q的故事也是百分之百的虚构，如果在某小学的语文班上，有某位小学生答考卷说阿Q姓桂，是实有其人，那他的老师一定把他的考卷打零分——历史上哪有真阿Q呢？

> 我们这个荒唐而可爱的世界里，老朋友阿Q实在很多；精明的丁文江博士毕竟太少了，他的社会代表性也太小了。你能说只

有"有一分证据、说一分话"的"丁文江的传记"才是历史、才是传记？那"没有一分证据，却说十分话"的《阿Q正传》是虚构、是小说？历史上、社会上，并无阿Q其人！其实他的社会代表性却远过于丁文江博士呢。[1]

从这一例子中，我们可以发现有一种社会与行为科学研究中的"假"现象不是社会事实上的"假"，而是代表性上的"假"，社会与行为科学研究不会关注历史上真实但曲折离奇的人或事；反之，事实上"假"而代表性上"真"的人或事，则在社会与行为科学中具有很强的研究价值。对于后者的研究和分析，虽然得不出这个人到底是谁，但会让我们了解一种社会及其中的人的心理与行为。当然，故事中人、事的代表性证明也是一个复杂的过程。在我看来，它也许要具备以下几个方面的因素才可以成立：首先，中国小说和故事的讲述方式无意识地贯穿着中国人整体思维的特点[2]，这个特点使中国人在讲述"点"的时候实际上是在表达"面"。梁启超说："泰西之小说，所叙者多为一二人之历史；中国之小说，所叙者多为一种社会之历史。"[3] F. 詹姆森（F. Jameson）在研究中国文学时也发现："讲述一个人和个人经验的故事时，最终包含了对整个集体本身的经验的艰难叙述。"[4] 其次，对符号－行为事实本身的探讨和提取也是将具体人、事转化为具有社会代表性的过程，即把具体事件、情节和情境转化为关于社会及其关系运作的原理和概念。最后，采纳这种研究方法的学者应该是一个具有自身的社会学想象力和受过社会学训练（鉴赏力）的人。他应该在

---

[1] 唐德刚：《史学与文学》，上海：华东师范大学出版社1999年版，第21—23页。

[2] 参见钱穆：《晚学盲言》，桂林：广西师范大学出版社2004年版，第3—17页。

[3] 陈平原：《中国小说叙事模式的转变》，北京：北京大学出版社2003年版，第217页。

[4] 弗雷德里克·詹姆森：《处于跨国资本主义时代中的第三世界文学》，张京媛译，载张京媛主编：《新历史主义与文学批评》，北京：北京大学出版社1993年版，第251页。

研究前已考察了他所选故事的创作目的和意义，以及了解了该故事的流传广度和社会反响。因此这里面的一个难题是，其代表性的论证部分来自文学典型性的论证，而社会与行为科学中所选的故事往往已是一种代表性的二度证明了，其初级性是在研究前通过社会大众证明（反响和认同）实现的，比如阿 Q。

对照我上文的讨论，我们可以清楚地看到，胡适的丁文江研究再真实，也只能是历史取向的研究，而阿 Q 的研究再不符合事实，却是个很好的社会与行为科学研究。当然，人物—事件事实和符号—行为事实在有的情况下并不能分得那么清楚，因为更多的情况是我们感受到的是在历史研究中穿插着文学性叙述。这也可以解释为什么对现在的影视中流行的"戏说"，说不是也是，说是也不是。

六、结 语

也许讲故事即便不作为社会与行为科学的一种认识人与社会的方法，其本身也在社会与行为科学研究中被无意识地使用着。我在这里将其作为一种方法提出来，关键还是因为我们必须回答这一方法为什么可以。我们说历史可以是因为学界默认了历史研究可以反映社会与人、事的真相，从而可以实现它同社会学、心理学、人类学等学科之间的沟通。现在我们说文学也可以是因为我们同样证明了文学再现社会事实的价值，而且其符号－行为事实上的社会与行为再现能力更符合社会与行为科学研究自身的要求。据此，我所建构的社会与行为科学的讲故事方法可以用下面的图式来表示：

研究框架建立→寻求相关故事→论证所选故事的代表性→讲述→故事研究→结论

研究框架建立	寻求相关故事	论证所选故事的代表性	讲述	故事研究
问题意识	小说、纪实	研究者的个人经验检验	整理	分析比较
概念命题	报告文学	用社会学的想象力进入	简化	解释探究
知识背景	新闻、影视	社会经验（反响）检验	浓缩	建立模型

　　我认为，故事（符号－行为事实）研究的真实性更重要的是看其社会生活逻辑和情理是否真实，因为它的研究对象都是普普通通的人的社会生活。在社会与行为科学的研究中，试图弄清这些普普通通的人或事的出现时间、地点及其涉及人名、参与者以及谁究竟说了和做了什么等，比起那些重大的人物及其事件来说，已经没有什么必要。它们所能显示的重要性，正是在于我们从中所能形象而生动地感受和理解到的社会与行为的运作、规则、功能及其潜在的重大意义等。也许我们找到的许多故事是张冠李戴的，且有作者声明，要求读者和观众不要对号入座，但只要它们的叙述完全符合中国人真实生活的逻辑和情理，而且在今天的社会上依然活生生地发生在我们的面前，或者说被我们的个人经验和社会经验所检验，那么我认为它们在社会与行为科学意义上便依然真实有效。当然，要将讲故事作为一种社会与行为科学的研究方法，还有一些具体和操作上的问题需要进一步研究，并在实践中加以修改。但这种人文方法的建构对我们更好地认识和理解中国社会文化，将有非同寻常的意义。因为，中国文化传统中留下的太多的社会生活和文化理路被藏在了故事里，等待着我们在社会与行为科学中用与之契合的方法（而非内容分析法）予以重新发现，乃至构成我们解释中国社会与文化及中国人心理与行为的出发点和归宿。

关系模式研究篇

中国人际关系模式

"人际关系"是社会学和社会心理学的基本概念之一，也是这两门学科共同关注的主要领域。它在社会学学科中的核心地位，正像 K. 马克思（K. Marx）所说的那样："社会——不管其形式如何——究竟是什么呢？是人们交互作用的产物。"[1] 为此，西方社会学家在这一领域中建立了不少重要的理论，诸如 G. 齐美尔（G. Simmel）的形式社会学、G. 米德（G. Mead）和 H. 布鲁默（H. Blumer）的符号互动论、E. 戈夫曼（E. Goffman）的戏剧论、G. 霍曼斯（G. Homans）和 P. 布劳（P. Blau）的社会交换理论、L. A. 科塞（L. A. Coser）的社会冲突论以及 M. S. 格兰诺维特（M. S. Granovetter）和林南等人的社会网络理论等。西方社会心理学家也为此创立了最能反映社会心理学特色的（既不来自社会学也不来自心理学的）理论和实验，诸如 F. 海德（F. Heider）的人际认知平衡理论、T. W. 纽科姆（T. W. Newcomb）的沟通活动理论、W. C. 舒兹（W. C. Schutz）的人际行为三维理论、L. 费斯汀格（L. Festinger）的社会比较理论、J. L. 莫雷诺（J. L. Moreno）的社会计量学、E. 梅约（E. Mayo）的霍桑实验和人际关系理论以及 K. 勒温（K. Lewin）的群体动力学和 T 组实验等。从方法论意义上看，它也是 H. 加芬克尔（H. Garfinkel）的本土方法论、B. K. 马林诺夫斯基（B. K. Malinowski）的功

---

[1] 《马克思恩格斯选集》第 4 卷，北京：人民出版社 1972 年版，第 320 页。

能主义和许烺光的心理人类学的基础，而日本社会人类学家中根千枝则用其创立的本土概念建立了一种纵向人际关系的模式。

我在这里不厌其烦地列举上述研究成果只想表明两点：（1）从社会学和社会心理学角度研究人际关系，是我们理解社会构成（最起码从微观层次上）的关键，也是建立相关理论模式的基本。（2）中国人际关系因其独特的社会文化传统，更将是我们研究中国人社会行为的基础。相关理论模式的建立，不但为研究中西社会文化背景中的人之心理及行为提供了比较的参照系，也将为社会学和社会心理学的本土理论建立迈出尝试性的一步。当然，我这里并不否认有些西方社会学概念和理论的普遍性及其应用性。但就中国人际关系自身的特殊性和复杂性而言，西方概念和理论在解释上的隔膜和无力也是显而易见的。

一、本土的概念

"人际关系"（interpersonal relationships）在严格意义上讲是个外来语，一般指个体与个体之间的各种关系，或个体与他人之间的心理距离或行为倾向。实际上，这个概念在西方的社会学和社会心理学中并不被频繁使用，也没被收入大多数专业词典。原因很可能在于这一术语只表示一种研究领域，而没有什么确切的含义。相比较而言，西方学者更乐于使用受某一理论流派影响的或一些含义更为明确的概念，如"互动"（interaction），"交流"或"传播"（communication），"社会交换"（social exchange），"交互性"或"报"（reciprocity），"人际冲突"（interpersonal conflict），"人际吸引"（interpersonal attraction），"人际认知"（interpersonal recognition），"社会或心理距离"（social or psychological distance），"人格"（personality），"印象整饰"（impression management），"强关系"（strong tie）和"弱关系"（weak tie）以及"自我"（self）和"角色"（role）等。中国人热衷于使用这一外来语，大概同中国社会对带有"关系"含义的词语比较敏感有关，比如对西方的"公共关系"（public relations），中国人就曾经相当痴迷，以为西方人也搞关系，全然不顾"公共"是针对组织和形象而言的，更不是让个人拉关系的意思。再者，"人际关系"一词本身的不确定性正好符合中国人在"关系"用法上的不确定性。这样一来，学者们便把中国人所讲的"为人处世""交际""应酬"和"做人"等统统划入这一概念之下，一来可以有一个统领各种表达关系的概念，二来可以寻求一个包含中国人与人关系复杂性的专门术语。但这种做法不但没有揭示出中国人际关系的特征，反而致使研究者不知不觉地陷入了西方的理论框架和思维方式。事实上，在这一概念还没有在中国流行或没有限制住人们的视野时，一些学者从中国传统文化出发，却颇能看出中国人、事行为上的特色。例如：冯友兰在《新世训》中对"待人接物"发表了富有启发性的观点；梁漱溟在《中国文化要义》中提出的"伦理本位"和西方社会的"个人中心"形成了鲜明的对照；费孝通创立的"差序格局"已成为海内外学者研究中国人际关系的基础；而许烺光的"情境中心"（或"相互依赖说"）更是把中国人际关系的特色看成是分析中国人整个生活方式的关键。以上这些研究对于我们寻求本土的概念和理解自己社会的关系特征，具有极为重要的意义。它们也是探讨中国人际关系不同于西方人际关系的一个起点。

寻求本土概念的益处在于，这些概念本身就是中国文化的结晶，而深入研究这些概念，不但可以清楚地认识文化的诸要素及其同中国人的心理与行为的关系，且能够不为西方概念所困扰。但这里面临的一个很棘手的问题是，中国传统思想文化的核心本身就是对人与人关系的阐述。当它们分别在哲学、伦理学、民俗学、管理学、心理学、社会学或教育学等学科中被普遍加以研究时，它们也都面临一些共同的概念，诸如"孝""仁""义""礼""信""情"等。历代学者在界定这些概念上见仁见智，这也势必使某一学科的特定研究取向在涉及它们时变得模糊不清，使社会学和社会心理学的研究有可能变成哲学或伦理学的研究。这一点已比较明显地反映在一些海外出版发行的有关中国人际关系的书籍中。其实这些书所讨论的问题并非社会学与社会心理学所用的人际关系含义，它们不是把儒家思想梳理一通，就是拿着很抽象的概念来解释中国人，诸如以儒家思想为代表的种种概念。当然，我这里的意思不是要排斥人际关系的跨学科研究，或拒不使用这些概念，只是认为囿于这些概念将无助于我们解决其他学科未能解决的问题。为此，根据社会学和社会心理学的学科性质，我将我要建立的本土概念定位在以下几方面：（1）在学科上要比中国哲学、伦理学的概念层次低；（2）要在社会学和社会心理学研究上便于以后进一步的操作；（3）既能涵盖道德伦理中的抽象概念，又已流传至今，并为大众所运用或理解的词语；（4）概念要有代表性，它们建立起来之后能分别涵盖其他相关概念。这样，用这四个条件梳理，我们就得到了以下三个表现本土特色的人际关系术语，它们是"人缘""人情"和"人伦"。

根据《现代汉语词典》的定义，"缘分"（或"人缘"）是指"人与人之间命中注定的遇合的机会；泛指人与人或人与事物之间发生联系的可能性"。中国台湾地区《中文大辞典》的界定也与此相类似，认为它是命中注定的机遇，多指人际关系而言。心理学家杨国枢对它做了这样的概括："缘是中国人心目中的一种命定的和前定的人际关系。"[1]从历史上看，这一词在我国的广泛流行，既有本土文化的原因，又受到印度佛教的影响。后者加进了人事间的因果关系，如前世、来世、

---

[1]　杨国枢：《中国人之缘的观念与功能》，载杨国枢主编：《中国人的心理》，台北：桂冠图书公司1988年版，第123页。

报应、轮回等，以解释现实人际关系的因果，以至于这一概念的外延有血缘、地缘、姻缘、业缘、机缘、良缘、孽缘、结缘、绝缘、有缘、无缘等说法。另外，它在日常生活中也有善于待人接物之意，比如有人缘、人缘好等。"人情"在一开始似乎只表示人本能上的情绪或情感。《礼记·礼运》上说："何谓人情？喜、怒、哀、惧、爱、恶、欲，七者弗学而能。"但由于中国传统社会对伦理的偏重，人的天然情感具有了两种独特的色彩：一是它被转移到人与人的关系上来，二是具有了"礼"的成分。正如孔子所说："夫礼，先王以承天之道，以治人之情，故失之者死，得之者生。"（《礼记·礼运》）由此使"人情"具有了人义的含义。"何谓人义？父慈、子孝、兄良、弟弟、夫义、妇听、长惠、幼顺、君仁、臣忠，十者谓之人义。"（《礼记·礼运》）后人常把"情"和"义"合起来说成"情义"或"天理人情"，以表示自然情感、人际交往及伦理规范的混合。有西方学者在研究中国人情时将它译成"情感"，明显地犯了常识性的错误。[1] 不过，人情有时也不必受"义"或"礼"的严格限定，而只表示人性的（由中国文化假定的）出发点，即人的本性不是"理性"，而是"性情"。由此出发，可以由"亲情"延伸出来"世情"，诸如恩情、交情、求情、讲情、领情、情谊、情面、情分等。而一旦它被某种伦理规范较严格地规定下来，也就是前面所说的含有了"义"的成分，就成了所谓"人伦"。"人伦"是指一套关于人际关系的价值体系和行为规范。《说文》中说，"伦，辈也"，后又引申为"类""道理""文理"和"人与人的关系"。《孟子·离娄上》中的"圣人，人伦之至也"就是指有序的人际关系。由于后世的注家把它释为秩序，故本文的"人伦"也沿用这一含义，表示人际交往的规范和秩序。以往从哲学、伦理、历史的角度探讨中国人际关系，一

---

[1] 参见乔健：《建立中国人计策行为模式刍议》，载杨国枢主编：《中国人的心理》，台北：桂冠图书公司 1988 年版，第 431 页。

般都是从"伦"的层面上展开的，但由于这些研究是从准则、价值和理想出发，只体现了中国人际关系的应然方面，因此算不上是社会学和社会心理学的研究。这是许多学者难以发现中国人际关系特质的一个重要原因。我认为，真实的中国人际关系是由"缘""情""伦"构成的三位一体。只有系统地研究这三者及其相互关系，才能看出中国人际关系的本质。

二、中国人际关系的构成基础

对于中国人际关系的构成基础，从上述这三个概念自身所包含的文化信息中可以大致追寻到一些脉络。它们是天命观、家族主义和以儒家为中心的传统伦理思想。而这三者的确也是中国传统文化最基本的成分。下面我分别讨论。

（一）中国人的天命观

中国人对人世的观念最初同他们对天与人的看法有很大的联系。由于初民对自身的性质、能力和与他人的交往现象无法做出解释，因而把人世上的一切现象都归结为上天的意志。当时的天相当于人格神，这点可以在《尚书》中略见一斑："已！予惟小子，不敢替上帝命。天休于宁王，兴我小邦周，宁王惟卜用，克绥受兹命。"又有"矧今天降戾于周邦？惟大艰人诞邻胥伐于厥室，尔亦不知天命不易？"（《尚书·周书上·大诰》）故殷、周时期的"天"的概念乃指人世的主宰，天人关系是主宰和被主宰的关系。而人对于这种受制情况则以星象来卜测。如《周礼·春官》上说："保章氏掌天星，以志星辰日月之变动，以观天下之迁，辨其吉凶。以星土辨九州之地，所封封域皆有分星，以观妖祥。"战国以后，这一观念逐渐转化为人的本性乃上天赋予的天命观，如《中庸》书中有"天命之谓性""故大德者，必受命"的说法。

而到了孔子那里，"天"已具有了命运、机遇与人为努力的共同作用之含义。《论语》一书比较集中地体现了这一思想。诸如："五十而知天命，六十而耳顺，七十而从心所欲，不逾矩""死生有命，富贵在天""不怨天，不尤人，下学而上达，知我者其天乎"。孟子也说道："莫非命也，顺受其正。"类似的思想也见之于庄子的书中。如《庄子·人间世》说："知其不可奈何而安之若命，德之至也。"此外，《列子》书中有"力命"篇，王充的《论衡》里"命禄""气寿""幸偶""命义""无形""偶会""初禀"等篇都谈到命。自汉以后，董仲舒、郭象、刘禹锡、朱熹等进一步发挥或改造了"天命"思想，使其具有更丰富的含义。值得注意的是，唐代盛行的佛教中的缘起论也和中国原先的天命观合流，其中的三世、因果报应、因缘和合等也深深地影响了人们的思想观念。因此，无论是儒道佛，还是具有唯物或唯心偏向的思想家，都具有程度不同、观点各异的天命论思想。

在此，我们关心的不是它们的异同及源流，而是它们对中国人社会心理层面的影响。因为对于民间日常生活而言，人们一般坚信天有一种强大的势力，可以操纵人的行为，赏罚人的善恶，安排人的一生，设计人的未来。民间常说的"一缘二命三风水，四积阴功五读书"和"万事不由人计较，一生都是命安排"等都是这一心理的反映。关于这点，明代吕坤在《呻吟语》中说得甚为简要，即"人事就是天命"。故生死寿夭、吉凶祸福、贵贱尊卑、家国兴亡盛衰，无不含有命中注定的成分。但自孔子时代起，在儒家思想的影响下，"天命"已不是叫人被动地承受，因为"谋事在人，成事在天"的观点开始深入人心。而"缘分"就是中国的"天命"汇合佛教的"缘起"在中国人际关系上的体现。

（二）家族主义

"家族主义"是国内外学者研究中国社会文化时提出的一个最为关键的概念。尽管人们对家族的定义看法不尽相同，但对它的研究在一定程度上已揭开了中国传统社会的很多难解之谜。关于家族主义和人际关系的研究，也有不少学者做过探讨，意在于把它作为研究人伦的过渡性说明。殊不知，家庭在任何社会都是人们最初社会化的场所，其本身的特点也构成不同人际关系的核心问题。S. 弗洛伊德（S. Freud）和米德在构筑各自的理论时都没有忽视这一点，而"家"对中国人的特殊意义不仅于此，也在于它是中国人人生奋斗的现实起点和终点。

中国传统社会的家庭形态建立于农业生活的基础之上。经济上的自给自足、落后的生产工具和土地不能移动导致人们对人口繁衍、劳动力及和睦相助的重视，因而中国家庭的结构和功能不宜像西方家庭社会学那样来划分。在西方，"家庭"（family）的含义确定，边界清楚，并以核心家庭居多，所以研究其结构和功能主要集中在家的范围之内。但中国人的家族是一种扩大式的家庭形式，是一种几代同堂、具有一定范围的血缘关系的成员组合，并对村落和国家的形态产生影响。在这种家庭中，父子关系是最主要的成员关系，因为这种关系的中断象征着整个家庭连续体的终止。中国文化为了形象地显示这一重要性，用"香火"来隐喻其延续。"香火"一义由中国家族崇祖的仪式中的点香和续香引申而来，表示父子关系就像一根贯通过去和未来的永远烧不完的香。其中，香火旺就是人丁兴旺，而香火中断即意味着家庭的生命线后继无人。这点无论从经济或社会意义上看，都是致命的。为了保证这一关系的永久性和稳定性，多生和纳妾构成了家族制度中的两个基本保证。但上述情况带来的后果是人口多和财富分配方面的问题，于是同财共居成为一种较理想的生活方式。家长负责管理财政，打理家庭的日常事务，协调家庭成员的各种关系。只是家庭发展到一定规模时，终将会出现另起炉灶的可能。随着小家从大家中分离出去，家族制度也经历了由家庭向宗族、村落发展的趋向，最后导致中国人在纵向上对共同祖宗和家谱的认同，在横向上对各种亲属关系的重视。所谓"五百年前是一家""一表三千里"就是这一特征的形象说法。因此，血缘关系是中国社会人与人关系中的最重要关系，其意义不像西方社会学原理说的那样，只是个体社会化的重要他者，而是可以由这种关系推出其他的关系，发展出君臣、朋友、长幼、同事、战友、同窗等关系。因此，除了学者们归纳的中国家庭制度的特点如（1）强调父子关系，（2）具有家族自豪感，（3）鼓励大家庭，（4）敬奉祖宗，（5）财产归家族共有等外，它还应该包括：（6）是社会结构的基础（家国同构），（7）是儒家伦理思想的出发点，（8）是中国人际关系的滥觞。

（三）以儒家为中心的伦理思想

儒家伦理一直是哲学家、伦理学家、历史学家研究的热点，但儒家关心的核心问题却是日常人伦。由此看来，它似乎也可以成为社会学家以自己的视角研究的领域。M. 韦伯（M. Weber）、T. 帕森斯（T. Parsons）等西方社会学家都从这一方向上注意过这一问题。这就是说，如果从社会学的角度看待这一问题，也许更能看清儒家思想和现实生活之间的关节点，以及它同中国人的心理与行为之间的关系。

所谓日常人伦，是指人们在社会生活中构成的各种人际关系及其原则。然而儒家并没有像齐美尔或米德那样去关心人际互动的一般性原理，而只是重点规定了五种角色关系，即君臣、父子、夫妇、兄弟和朋友。在这"五伦"中，家庭成员间的自然关系占据了主要的位置，而且君臣和朋友关系在实质上也是父子关系和兄弟关系的延伸。这意味着，在儒家看来，只要先能理解家庭内部关系，就可能将其推广到所有人际关系当中去。其中，父子代表一切纵向关系，兄弟表示横向关系，夫妻意味着两性间的关系。这种推论法实际上体现了中国传统人际关系在理论假设和实践运用之间的连续性和统一性，而且这种建立于家庭生活上的文化价值讨论也不再是少数先哲的苦思冥想，而是可以实施的生活内容。《论语·学而》上说："其为人也孝弟，而好犯上者，鲜矣；不好犯上，而好作乱者，未之有也。君子务本，本立而道生。孝弟也者，其为仁之本与!"孟子说:"圣人有忧之，使契为司徒，教以人伦:父子有亲，君臣有义，夫妇有别，长幼有序，朋友有信。"（《孟子·滕文公上》）"内则父子，外则君臣，人之大伦也。"（《孟子·公孙丑下》）可见，儒家的大道理实际上是个做人的原则问题。做人在儒家看来即是做君子，而君子的最高理想就是"修身齐家治国平天下"。这一公式化的表述，清楚地说明了儒家"内圣外王"之内外界限，不是像一些学者认为的那样有重内或重外的问题，而是内外合一、由内向外的连续过程。儒家认为一个人要讲做人，就必须懂得"仁"。"仁"是指人与人之间的亲情，这种亲情关系首先是家庭中的父子关系和兄弟关系。若能处理好这样的关系，就可以学得社会上的君臣关系和朋友关系，然后又能从整体上明白自己在社会网络中的位置并遵从它的秩序，这样天下就能得到治理。但遗憾的是，这样的理想模式不但不可能实现，反被梁启超及后人用"私德"两字概括尽了。但作为一种价值取向，它是从家庭及血缘关系推导出来，却为中国人际关系的表现方式提供了理论基础，并引导了它的基本取向。

当我们分别阐明了构成中国人际关系的三大基础后，便可以发现，这三个方面并非彼此孤立，而是组成了一个完整体，也就是说，中国传统的知识建构已把天地人情伦常融为了一个完整的统一体。从老百姓门楣上挂出的横匾"天地君亲师"到婚礼上的"拜天地"，都表达了传统中国人对这种完整思想体系的认同。由此，"人性"就是"天性"，"人伦"也是"天伦"，人际关系包含于天人关系之中。难怪《孝经》上说:"夫孝，天之经也，地之义也，民之行也。""父子之道，天性也，君臣之义也。"董仲舒则对上述思想做了进一步的完善。他认为:"人受命于天，固超然异于群生，入有父子兄弟之亲，出有君臣上下之谊，会聚相遇，则有耆老长幼之施;粲然有文以相接，欢然有恩以相爱，此人之所以贵也。"（《汉书·董仲舒传》）在这一统一体（continuum）中，客观与主观、自然与社会、现实与理想、个体与群体、本能与后天均已汇合在一起，这也许是这三者长期积淀于中国人深层意识的主要原因。

三、中国人际关系的基本模式

认识了天命观、家族主义和儒家思想的统一性关系，我们就可以相应地看到，中国人际关系的基本模式是由人缘、人情和人伦构成的三位（三维）一体，它们彼此包含又各有自身的功能。一般来说，人情是其核心，它表现了传统中国人以亲亲（家）为基本的心理和行为样式。人伦是这一基本样式的制度化，它为这一样式提供了一套原则和规范，使人们在社会互动中遵守一定的秩序。而人缘是对这一样式的解释框架，它把人与人的一切关系都设定在一种表示最终的而无须进一步探究的总体本源框架中。由此，情为人际行为提供"是什么"，伦为人际行为提供"怎么做"，缘为人际行为提供"为什么"，进而构成了一个包含价值、样式和规范的系统。在日常生活中，它们作为一个整体而运行。但为了分析方便起见，我们对此做分别的讨论。

（一）人情

人情是传统中国社会强调家族制度的直接体现。如前所述，农业生活中的土地不能移、乡村生活中的聚族而居和家庭生活中的血缘亲情等，都导致中国人的生活和交往需要以长期、稳定与和谐为要旨。为了实现这些目标，中国人在为人处世上加重了"情"的成分。如果我们在这里先把中国人际关系中的"人情"还原为态度中的"情感"来分析的话，它实际上就是构成态度的三种成分（认知、情感、意向）之一。社会心理学的实证研究已表明，态度中的情感成分稳定与否将决定态度是否转变。也就是说，情感稳定，关系就稳定，情感不稳定，关系也就发生变化。这一倾向使中国人总是在处世原则中把道理放在情感中来考虑，以达到情理交融或合情合理。显然，中国人的处世态度也确实具有认知和情感两种成分，只是这种理和情的分配同西方有所区别。西方人交往中重理不重情，而中国人重情不重理。这点最先被陈独秀等人在东西方文化比较中提出，而后在梁漱溟那里得到了系统的阐述。他说："西洋人是要用智的，中国人是要用直觉的——情感的……所谓孝弟礼让之训，处处尚情而无我。"[1] 而脚踏中西文化的林语堂也持相同的观点。他认为："对西方人来说，一个观点只要逻辑上讲通了，往往就能认可。对中国人来说，一个观点在逻辑上正确还不够，它同时必须合乎人情。实际上，合乎人情，即'近情'比合乎逻辑更受重视。"[2]

肯定"情"比"理"重要只是认识中国人际关系特征的第一步，我们必须进一步探讨的问题是，这种人情并不具有普遍意义。中国的人情是一种以血缘关系为基础的人情。人们对人情的理解和操作一直受到家族主义的影响。诚然，这不是说西方的家庭成员之间没有血缘情感，其区别是西方家庭成员之间的感情一般只限定在较小的家庭范围之内，而且家庭生活的相对短暂和有关伦理规范体系的缺乏，使人情相对淡漠且无法扩展出去。但中国社会的情况恰恰相反。正如梁漱溟所说："中国人的生活，既一向倚重于家庭亲族之间，到最近方始于转趋于超大家庭的大集团，'因亲及亲，因友及友'，其路仍熟，所以遇事总喜托人情。"[3] 这一从家庭转向社会的人情关系是基于中国传统社会和组织的结构，也正好是家庭结构的翻版和推延。这种人际心理结构和社会关系结构的吻合，使得人情从家庭向社会泛化成为一种可

---

[1] 梁漱溟：《东西方文化及其哲学》，载《梁漱溟全集》第 1 卷，济南：山东人民出版社 1989 年版，第 479 页。

[2] Lin Yutang, *My Country and My People* (New York: Reynal & Hitchcock, 1935), p. 91.

[3] 梁漱溟：《中国文化要义》，载《梁漱溟全集》第 3 卷，济南：山东人民出版社 1989 年版，第 63 页。

能。两者的不同之处只是社会上的人情已经没有了血缘基础，也意味着人情关系从原先的必然性变成一种或然性，从原先的"亲"变成"义"再变成"利"。在这一从隶属群体向参照群体的转换过程中，心理上的认同越来越比实际上的角色关系重要。其主要特征就是，这种关系格局从自我出发而具有明显的亲疏远近之分。

中国人情关系也是一种交换行为。人们常有"送人情"的说法，中国谚语中的"人情人情在人情愿"，也表示人情是一种社会交换。在西方，霍曼斯把社会交换作为揭示社会行为的根本；布劳则把它限定在社会组织及人际关系中，通过区分经济交换和社会交换之不同，探讨了社会资源交换的过程。人际关系作为交换物，显然具有相当广泛的普遍性。这点在《礼记·曲礼》上也早有反映："大上贵德，其次务施报。礼尚往来，往而不来，非礼也；来而不往，亦非礼也。"中国汉字中的"礼"不但表示规范，而且有馈赠的含义，故"送人情"等于"送礼"。这是中国人交换行为上"情"和"礼"的合一。对于中国人情的交换研究在李安宅的《〈仪礼〉与〈礼记〉之社会学的研究》中初显端倪，后来又得到冯友兰和费孝通等人的深入探讨。[1] 20 世纪 50 年代后，美国学者杨联陞将上述现象归结为一个"报"字，认为它是中国社会关系的基础[2]，终于建立起了一个重要的本土概念。近来，又有港台学者金耀基、黄光国、乔健及杨中芳等将上述观点一起放入中国人情关系，对它们做了社会学和社会心理学上的全面探讨。[3] 我在此提出这一问题，是想通过同西方的比较进一步探讨中国人际交换的

---

[1]　冯友兰：《三松堂全集》第 4 卷，郑州：河南人民出版社 1986 年版，第 401 页；费孝通：《乡土中国》，北京：生活·读书·新知三联书店 1985 年版，第 75 页。

[2]　详见杨联陞：《作为中国社会关系基础的"报"》，《中国文化"报"、"保"、"包"之意义》，香港：香港中文大学出版社 1987 年版。

[3]　详见金耀基：《人际关系中人情之分析》，黄光国：《人情与面子：中国人的权力游戏》，乔健：《"关系"刍议》，杨中芳：《价值变迁与送礼行为》等文章，均载杨国枢主编：《中国人的心理》，台北：桂冠图书公司 1988 年版。

法则。

从许多经验和研究中，我们看到，西方人的人际交换往往具有等值的倾向，因而他们的社会交换具有理性、短暂性和间断性等特点，这些特点源于他们的个人主义价值观引起的自我利益、小规模的家庭生活及人口的流动性。结果，这种交换行为通常以清算、明算和等价、不欠以及公平为原则。可是，中国人情交换与之相反。安土重迁和血缘关系导致了人际交往的长期性和连续性，因此算账、清账等都是不通人情的表现。人情应该是算不清、欠不完的，这样才能旷日持久地继续下去。而家庭制度中的平均分配原则也对回报的公平性起了抑制的作用。故每当人际交换开始，受惠的人总是变一个花样加重分量去报答对方，造成施惠的人反欠人情，这就又使施惠的人再加重分量去归还。如此反复，人情关系便建立起来了。可见，中国人情法则是报（恩）总大于施，反之（报仇）亦然。由于中国人情关系是从血缘关系中发展出来的，所以施报相等的情况不是没有，而是处于人情关系建立以前或无人情往来的情况下，也就是说，它本身不构成一种稳定的价值取向。孔子十分赞赏"以直报怨"和"父子仇，不共戴天"。这种交换原则一旦成为人们的日常习惯，很有可能造成中国人一方面强调"滴水之恩，定当涌泉相报"，另一方面又有尽可能"占他人便宜"的倾向。这里的一正一反都是在不对等的交换中才有可能。不对等的交换目的不是单纯地获得自我利益，而是要把目标放在关系的维持（或不维持）上，因为维持交换的长期性，比较于个体主义社会宣扬的利益最大化而言，更能获得利益的最大化。

美国社会心理学家福阿夫妇认为，行为交换的资源包括六种类型：爱、地位、服务、货物、信息以及金钱。[1] 这六类同中国人的人

---

[1]　参见 E. B. Foa, and V. G. Foa, "Resource Theory of Social Exchange," in J. W. Thibamt, T. T. Spence and R. C. Carson(eds.), *Contemporary Topics in Social Psychology* (Worriestown. N. J. : General Learning, 1976)。

情资源相比要狭窄得多，中国人的交换资源可分为先赋性和获得性两大类，然后再可分成各个子类，其先天资源是血缘、地缘、性别（辈分）、家世等，后天资源有联姻、财产、身份、地位、权力、名望、金钱、关系、信息、品质等。这些资源同中国社会的文化背景有很密切的关系，可以共同作用，成为面子用于交换。[1] 所谓中国人的交换行为就是充分利用其中的一种或数种资源来实现人际互惠，而个人拥有这些资源的多寡，将决定该个体在社会生活中的便利性和满足生活需要的程度。

（二）人伦

中国人际关系偏重情，已经使其不同于西方，而再在这情中加进伦理的成分则更显示出自己的特色。人伦是传统伦理思想对人情的规定。其外在形式是礼，其内在心理是仁。孔子的"克己复礼为仁"就是最精练的说法。但"仁"是一个抽象的概念，如何在生活中具体操作是理想能否实现的问题。因此，儒家先哲没有去抽象地界定何为仁，而是提出了一种"角色的亲情体验法"，即一个人只要先后在家庭和社会上以特定的身份和地位按其规范进行体验，就能理解仁的本质。于是就有了"孝弟也者，其为仁之本与""仁之实，事亲是也；义之实，从兄是也"的构思，然后它们再被转移到社会中去。正如《孝经》所说："君子之事亲孝，故忠可移于君；事兄悌，故顺可移于长；居家理，故治可移于官。"这种推广法用儒家的概念可以统称为"忠恕"二字。所谓"忠"是己之所欲，亦施于人，所谓"恕"是己所不欲，勿施于人，总称"推己及人"。孔子又说："夫仁者，己欲立而立人，己欲达而达人，能近取譬，可谓仁之方也已。"（《论语·雍也》）以上这种原则和方法被钱穆用"同情心"三个字来概括，是非常准确的。[2] 显然，儒家

---

[1]　参见翟学伟：《中国人的脸面观——形式主义的心理动因与社会表征》，北京：北京大学出版社 2011 年版。

[2]　钱穆：《现代中国学术论衡》，长沙：岳麓书社 1986 年版，第 28 页。

伦理的立足点不是理，而是情，后者在体验、感化和持久等方面都是理无法比拟的。韦政通说："以家族为中心的伦理，特别重视的是'情'，情是维系伦理关系的核心，'家和万事兴'，和生于情。'清官难断家务事'，因在家庭范围之内用讲理的方式是不适宜的。在中国文化里，情与理不但对立，理就在情中，说某人不近情，就是不近理，不近情又远比不近理为严重。"[1]

儒家伦理把人伦融于人情给中国人际交往带来了深远的影响。一方面血缘亲情被染上了伦常的色彩，另一方面哲学伦理思想扎根于日常生活，从而导致中国人的社会互动长期、稳定、和谐及等差有别。但从人格方面来看，感情从个体转向关系，又受到一番"礼"的规定后，只能使自我受到压抑，造成了个体行为往往受制于他人。

（三）人缘

"缘"最早有攀附之义，后同"因"结合，含有机会、根据等意，如《史记·田叔列传》中有"留，求事为小吏，未有因缘也"。《汉书·郑崇传》上有："孔乡侯，皇后父，高武侯以三公封，尚有因缘。今无故复欲封商，坏乱制度，逆天人之心，非傅氏之福也。"这里同时出现"因缘""天""福"等词，意味着人们有可能将三者联系起来。而真正用"缘"来表示命运是在佛教传入以后，当梵词"pratyaya"被译成汉字的"缘"时，既表示自然和社会产生的关系和条件，又同儒道的天命观结合，在民众心里催生了"人缘"的说法，使人际关系带有了浓厚的宿命论色彩。虽然历代思想家对"天"的看法很不一致，但对大众心理而言，它主要就是指天命和命运。这点最早被海内外中国人的国民性研究者所发现。从现代社会心理学的观点来看，中国人对命的注重是在其传统文化的影响下，对现时的人际关系所做的一种归因（attribution）方式，它把人的一切偶然遭遇的与他人发生的关系，都看成一种无可奈

---

[1] 韦政通：《伦理思想的突破》，成都：四川人民出版社 1988 年版，第 9 页。

何的事前定好的外在必然性，也是在为自己所处的情境寻求一种满意的答案。在"缘"字的用法上，用缘来解释婚配的最多，这是因为夫妻乃人伦之始。虽说它在"五伦"中的地位不甚重要，但如果没有夫妻这一伦作伊始，就不可能有其他任何一伦。因此，将人伦之始用"缘"来表示，实际上也就喻示了所有人际关系的前定性。总之，"缘"在中国人际关系中的主要作用，就是通过归因来达到为人处世过程中的心理（或认知）平衡。《易·系辞上》中有"乐天知命故不忧"之说。它使人不至于因祸福恩怨而大喜大悲，也心甘情愿地适应人际关系上的各种可能，并以一种中和的态度来对待人生，因为一切现象早已在事前被预定了。

不过这种前定并不意味着人们在发生交往之前就可以清楚地预计交往的过程和结果。否则，一切交往都会变得非常简单，只需照着预定去做就能得到良缘，避免孽缘；即使对于那些不可变更的安排，如血缘、地缘等，也会以无可奈何的态度听之任之，致使人情和人伦失去了原有的意义。其实，"缘"的含义虽有前定之意，但它的功能主要体现在事后的解释上。[1]例如，婚事已成才有赞美性的"有缘千里来相会，无缘对面不相逢"；成了冤家之后则有"不是冤家不聚头"；佳人遇难了又有"红颜薄命"的感叹。因此，天缘凑巧、善恶报应、天造地设、造化弄人等都含有把某种后果归结于缘的作用。这样一来，它一方面使人们在人际关系中不放弃自己的尝试和努力，另一方面又对行动的任何后果都有一种圆满的解释，以平衡在人情和人伦操作中遭遇的各种心理（忍受、安慰、解嘲、乐天等），成为人际模式的总体原本。

从以上分析中，我们发现，以人情为样式的交往模式在儒家思想

---

[1] 参见李沛良：《社会科学与本土概念：以医缘为例》，载杨国枢、文崇一主编：《社会及行为科学研究的中国化》，台北："中研院"民族学研究所1982年版，第363—364页。

的影响下，将其前提设定为人与人之间的心理是可以相通的。人心均为天地所设，故人可以尽心，知性、知天命。既然天设计了人的命，那么天造地设的人性也就相同。心相同，心则可以相通而无间隙。从孔子起，"忠恕""不忍之心""人同此心""以一心观万心"等推己及人的方法业已成为中国传统思想家的共识，也成为中国大众的交往指南和实践。吕坤说："'隔'之一字，人情之大患。故君臣、父子、夫妇、朋友、上下之交，务去'隔'。"（《呻吟语·伦理》）中国民间所讲的"天地良心"也是这种意思。心能相通是因为情能相通，所以人情就成为中国人际关系的核心。这种心理相通的假设在本土心理学的建构上具有方法论的意义。所谓"能近取譬""将心比心""老吾老以及人之老，幼吾幼以及人之幼""人皆有恻隐之心""体谅""谅解""交心""知心""设身处地""情有可原""心心相印"等，都是一些心相通的具体方法。有了这样的方法，中国人便有了四海之内可以皆兄弟、天下可以一家、人皆可以尧舜的观念。而在实践中，中国人对心理学的理解始终都是"以一己之心度他人之腹"。许多中国人问心理学家最多的问题是"你知道我在想什么吗"，即把心理学理解为观人术、读心术。

四、中西人际关系模式之比较

在本文建立起这一本土化模式之后，我们必须考虑三个方面：（1）对比它和西方人际关系模式，以此看出西方理论的解释不足和本土的特色；（2）它在多大的程度和范围内可以用来解释中国人际关系中的诸种现象？（3）它对当代中国人际关系的变迁能给予多少说明？为了叙述简便，我列表如下（见表1）：

表1　中西社会心理与行为模式对照

	中国（传统）	西　方
前提	心相同 心相通	心各异 心相隔
方法	以情感（体验）	以理论（逻辑）
背景	天命观 家族主义 等级伦常	宗教观 个人主义 正义平等
特征	命中注定（缘） 人情法则（情） 人伦秩序（伦）	上帝赋予（神） 人际定律（理） 社会契约（法）
表现形式	血缘亲情 长久稳定 报大于施 相互依赖 他人取向 差序格局 乐天知命 安分守己 ……	权利义务 短暂波动 施报相等 自我独立 自我取向 团体格局 积极进取 无拘无束 ……

　　表1简要地勾勒了中西人际关系在前提、方法、背景、特征及表现形式上的差异。不仅如此，该模式还可以解释中国人际关系中的具体现象，诸如讲友谊、守信誉、爱面子、重形式、托熟人、欠人情债、请客送礼、老于世故以及群体凝聚或内耗等。然而，本文讨论的重点是中国传统社会及一些较为稳定的因素。如果需要进一步考察中国人际关系的演进，则可以按照中国一栏所列的顺序，基于前提和社会背景的变迁来寻求其特征和表现形式的变化，同时仍可将变化中的特点同西方一栏一一对照，以了解彼此的异同和中国人际关系的走向。值得注意的是，社会心理及其行为的转型是一种深层结构的转型。它既

不可能和社会文化的物质及制度的变迁同步，也不可能前后完全脱节，更多的可能则是从渐变到蜕变，这是我建立这一本土模式时偏向传统的意义所在。

中国人关系网络中的结构平衡模式

一、研究的目的和方法

研究中国人的关系是揭示中国人社会心理与行为乃至中国社会运作之关键所在。以往，不少学者在较抽象的层次上对这一问题做过概括性的讨论，如梁漱溟的伦理本位 [1]，费孝通的差序格局 [2]，许烺光的情境中心 [3]，杨国枢的社会取向等 [4]；具体性研究也有一些，如金耀基的人情及面子研究 [5]，乔健的关系研究 [6]，黄光国的人情与面子模式 [7] 和我自己建构的人际关系三位一体模式等；其他还有一些是量

[1]　梁漱溟：《中国文化要义》，载中国文化书院讲演录编委会编：《论中国传统文化》，北京：生活·读书·新知三联书店 1988 年版，第 135 页。

[2]　费孝通：《乡土中国》，北京：生活·读书·新知三联书店 1985 年版，第 21—26 页。

[3]　Francis L. K. Hsu, *Americans and Chinese: Reflections on Two Cultures and Their People*(New York: Garden City, 1970).

[4]　杨国枢：《中国人的社会取向：社会互动的观点》，载杨国枢、余安邦编著：《中国人的心理与行为：理念及方法篇（一九九二）》，台北：桂冠图书公司 1993 年版，第 87—142 页。

[5]　金耀基：《人际关系中人情之分析》，载杨国枢主编：《中国人的心理》，台北：桂冠图书公司 1988 年版，第 74—104 页。

[6]　乔健：《"关系"刍议》，载杨国枢主编：《中国人的心理》，台北：桂冠图书公司 1988 年版，第 105—122 页。

[7]　黄光国：《人情与面子：中国人的权力游戏》，载黄光国编：《中国人的权力游戏》，台北：巨流图书公司 1988 年版，第 7—43 页。

化研究，如杨中芳关于送礼的研究 [1]，朱瑞玲关于面子的测量 [2]，李美枝关于人己界线的研究 [3] 等。这些研究对我们了解中国人的关系的特征，无疑具有相当的重要性。但随着研究的深入，不少学者都发现此类研究方式具有相当程度的"一般性"，而不具有"鲜活性"。它们不是停留在一种思辨分析的层面上，就是提供给我们许多变量以及自变量和因变量之间的关系。其共同存在的问题都是，不能解释一个现实情境中的中国人是如何既策略性地又结构性地表现其社会行为的，即不能反映一个中国个体在具体的社会互动中是如何来操作这些变量的。我们知道，中国人的关系现实性表现在请客送礼、生死嫁娶、求医问药、逢年过节、毕业择业、拜师学艺、职务升迁、城乡流动、工作调动、搬家换房、购买商品、开会评奖以及上幼儿园、求学、找工作、办理一系列手续和做生意、搞经营等方面，存在于一个体同其家庭、邻里、朋友、同学、老乡、战友、同事、路人等的交往方式中。而唯有从这些方面来进行研究，我们才能做到不再去分析现实社会中根本就不存在的一般人，而是能够解释一个个在生活中比比皆是的具体人。也就是说，我们在研究中需要对目前业已形成的研究路数做一次突破。其不同点在于我们不必一定要用定量的方法来验证某种理论的正确与否，或操弄若干个变量，以求得彼此之间的相关性为目的，而是要根据问题意识来寻求一种具有适切性的研究方法。换句话说，我们不必用方法来寻求问题，而是用问题来寻求研究方法，关键还在

---

[1] 杨中芳：《价值变迁与送礼行为》，载杨国枢主编：《中国人的心理》，台北：桂冠图书公司 1988 年版，第 383—414 页。

[2] 朱瑞玲：《面子心理及其因应行为》，载杨国枢、黄光国主编：《中国人的心理与行为（一九八九）》，台北：桂冠图书公司 1991 年版，第 177—212 页。

[3] 李美枝：《从有关公平判断的研究结果看中国人之人己关系的界限》，《本土心理学研究》1993 年创刊号，第 267—300 页。

于问题解决得怎样。[1]

本文的研究是基于对上述方法论的认识所做的一次尝试。在这篇论文中，我将通过对一个病人入院治疗事件之个案描述，提取中国人际互动的共通现象，来建立一种理论模式，以实现在理论上解释中国人在特定关系中经常采取的规则是什么，而中国人又是如何在这一规则的支配下处理人与人之间的交往，稳定或加强乃至扩大彼此的社会网络的。

关于医生和病人间的社会互动曾有过一些研究成果，如李沛良研究过病人和医生的医缘关系[2]，E. 戈夫曼（E. Goffman）研究过医生在病人面前的印象整饰[3] 等。本文要研究的重点是：（1）如何用问题意识来引导一种适当的研究方法；（2）据此方法寻求一个中国人关系运行中的某项原则；（3）推导这一原则在中国社会中的普遍性；（4）比较这一模式和西方社会心理学中有关人际关系模式的差异。如果读者在这里把我即将采用的研究方法判定为一个个案研究，我认为只说对了一半，因为个案研究虽能较为深入完整地看清一个特定情境下的中国人际交往之全过程，却不易从中获得关系运行的一般性原理。再者，中国人在人际交往中具有相当程度的敏感性，他们知道在什么场合对什么样的人做什么反应。如果一个人发现他自己身处一种被他人研究的境地，他的表现可能就是不真实的。为了解决真实性问题，我在着手研究时，只能先作为社会互动的参与者，而后再作为研究者来回头研究。这就使得被研究者可以不存任何戒心地把我当作一个生活中的个体来互动。而尤为重要的另一半方法是，本研究目的不仅是探

---

[1]　参见翟学伟：《走出本土化的两难困境》，《东方》1994 年第 6 期；《中国人的脸面观：有关其向度中的若干假设》，《本土心理学研究》1994 年第 2 期。

[2]　李沛良：《社会科学与本土概念：以医缘为例》，载杨国枢、文崇一主编：《社会及行为科学研究的中国化》，台北："中研院"民族学研究所 1982 年版，第 361—380 页。

[3]　E. Goffman, *The Presentation of the Self in Everyday Life* (New York, Garden City: Doubleday, 1959).

讨个案现象自身，而且还希望能在此基础上提出一种一般性的模式。具体而言，个案研究的不足之处在于它的代表性和普遍性不得而知，所以我在这一个案研究中将融入关系网络研究中的"穷尽随机归纳原理"（这个提法不知是否为我首创，因为我没有在哪本方法书中见过，也没有在其他论文中看到有人用过）。其具体含义是，我尽可能地以研究对象为起点，将某种关系原则逐步扩展到同此个体发生交往的所有人身上去（这里的所有人作为研究对象来说本具有其自身的随机性）。这样一来，如果我们能发现与一个体交往的或者由此连带出现的各种人都普遍遵循一种相同或相似的行为模式，那么这种行为模式作为存在于中国人际关系中的一个普遍原则就可以被归纳出来。显然，这种穷尽随机归纳方法是随着个案本身的进展中所卷入的各种人群而展开的，如果一研究者事先确立这种方法再进入此类研究，则会遇到一些困难。因为，研究者在研究方案确定后，事先并不知道自己是否能够参与到所要研究的人际网络运作中去。而从保持一种最隐蔽和最自然的状态的角度来看（除了研究者本身以外，无第二者知道现场是一个研究情境），中国人所讲究的熟悉程度和机会可能是最重要的。如果只想出了这一方法而无熟悉程度或机会，研究者不能保证被研究者是否受到过暗示以及能否表现出真实的行为；反之，如果研究者有了参与熟知环境的机会，却没有这样的方法，也会失去这样的研究。再者，一种研究假设的提出，在事前是未知的，所以方法上的调整将受事件过程的引导。

在本次个案的研究过程中，我首先作为日常生活的互动者获得了这样一次机会，即我的一个熟人要住院手术。我先是以一个朋友的身份来关心这件事的发展。但随着事件的展开，我的社会学专业意识让我开始把这件事作为一项个案来看待，并在对方不介意的情况下来了解我想研究的问题，同时又以一个探病者的身份进入医院病房，直接观察这些问题的可信程度，以此亲身经历来发现问题并弥补靠单纯访问病人而产生的信息不足等缺憾。具体地说，我做这项个案研究，正是因为我具备上文所讨论的机会和熟悉等条件：

（1）我很了解这个病人的日常生活、她的家属和她单位的同事，因此可以对病人谈话的可信性加以确认。

（2）我可以通过经常探望她而参与到医院的人际互动中去，通过观察实际的情境来对病人谈话的真实性进行证实和补充。

（3）我可以较随意地对病人进行访谈，并在事后做详细的记录。

（4）我还可以通过该病人，以聊天的方式对与她同病房的病友进行访谈。

二、个案情况描述

个案中的病人现年 31 岁，八年前随父母从外地调入某市，因此不像在本地长大的人那样有从小逐渐建立起来的关系网，如同学、邻里等，平时也不主动或经常与他人来往。现为某重点中学初中部英语教师兼初一某班的班主任，从丈夫住其单位集体宿舍。1994 年 9 月底的一天夜里，她感到腹部疼痛，次日清早起来时实在难忍，便就近到医院去看急诊。医生查出她腹中有一个肿瘤，需要马上住院手术。当时她住的这家医院是某市一所相当有名的大医院，出于公共关系的需要，住院病房的大楼上悬挂着巨幅标语"树高尚医德，攀技术高峰"，而在她所住的病区墙上还张贴着入院病人须知和工作人员守则。引人注意的是手术室门上贴的一张告示，大意是天热期间，禁止病人家属在病人手术前后给医生送冷饮和其他礼品。

我们先来看一看病人关于她入院和上手术台前的一段自述。她说：

当我丈夫去住院处办理住院手续时，那里的值班护士说，住院处没有空床位。于是我决定找关系住进去，因为我单位有一个同事的妻子在这所医院当护士，另外，学生的家长或家长的熟人也有可能是这家医院的。第二天，我又试着去看了看，没想到当那个值班护士在我的病历上发现我是市重点中学的老师时，她很快给我安排进了一间三人住的病房，并在手术日程上安排了妇科主任给我做手术。无论怎么讲，这都是最好的待遇了。我不知这是为什么，等住进去后她才告诉我，她有一个好朋友的小孩在一所普通中学上学，一直苦于搞不到重点中学的考试卷，希望我以后能给她弄些试卷，若有可能再给他找一个同年级的朋友，以便随时了解重点中学的信息。我住院的第三天，就轮到了我手术。那天一大早，一位负责送病人上手术台的护士喊我的床号，让我准备一元钱买一顶手术时要用的一次性帽子，我丈夫当时就从口袋里掏出了一元钱。谁知旁边一床的病友马上对我说："她要一元，你不能给一元，已出院的病友告诉我，每次她来要一元钱时，病人家属都给的五元。"显然我如果不按这个数字给，就会担心她把我抬上抬下时的态度不好。这样，我马上叫我丈夫把一元换成五元给了她，那个护士当时假装要找钱的样子，我一示意，她就把钱收下了。

下面是病人和她同病房病友的谈话及其对病友与医生的观察，病人的汇报反映了一些重要问题。下面是部分记录：

在住院期间，我早已和病房里的病人无所不谈了。有一次，我问她，听说现在医院里都送"红包"（指私下给医生钱或礼物），她是否也送了。她说这个事互相都不讲的。我意识到她不愿意谈她本人。我就问她，别人是怎么送的？她说，有的打听医生的家庭住址，有的在看病时把医生拉到边上，递一个信封。钱数一般至少在两百元，主要给主刀医生和麻醉师，有时带上副主刀医生。几天后，在她也手术后，我发现麻醉师来找她，对她特别关心，详细地谈她的病情，临走时一再说谢谢。我推测她给这个麻醉师送了"红包"。后来，我又发现主刀的医生对她也很特别，手术后也对她很关心，有时给她做检查时，怕她刀口疼，还主动扶她。这样我猜测主刀医生也拿了她的"红包"，因为没有一个开刀医生对我这样的。但医生也不是不管我，她关心过那个病友后，会到我这边来看一看，问一两句我的病情怎样。我知道，在这个三张床的病房，其中有一个床位又是空的，医生只关心她一人，显得太过分了。为此，我感到不自在。在我丈夫来送饭时，我和我丈夫讲，能不能补送"红包"。他说，既然手术做过了，就算了……虽然我最终没有送"红包"，但这事一直让我很不安。需要补充的是，我出院后在一家商店里碰到了两个人正好也在谈开刀住院的事，而且住的也是这所医院。我听到她们说，她们每人这次开刀都私下给了主刀医生和麻醉师各两百元，还给了副主刀（医生）五十元。她们还说，也要给护士，但不是给钱，而是送些小礼物。这能进一步证明现在病人住院开刀大都给"红包"，而且给主刀（医生）的价格一律都在两百元。

探望病人的社交活动是理解病人的人际关系网络的重要环节，下面是一段病人对前来探望者的回忆：

我这次住院有不少人来看我，虽然主要是我丈夫陪护，但我母亲有时来替换我丈夫，我婆婆也从外地赶来帮我照顾孩子并为我做饭。我父亲、弟弟和妹妹虽然工作很忙，也都买了营养品来看过我几次。后来公公也来了。我单位的领导也来过一次，我所在的年级组的老师都来看过我，我们教研室的老师也来看过我，而且每个人来都带来了慰问品。我班上的学生知道我生病后，经临时班主任的叮嘱，只派班委会和组长作代表来看我。为了表示心意，他们带来了一张签有全班人名字的贺卡，并发动全班每人从家里带一个苹果，还在每个苹果上贴上了祝福的话。再有就是一个在这所医院工作的学生家长也来看我。看我的人里还有我以前教过的还在本校读高中的学生。我出院后，我丈夫的朋友也送了一些礼物，并一再表示基于某些原因，没有去看我。

出院后在家休息，学校给全校教职工发过两次苹果，每次一箱。他们通知我去拿，我不太能行走，只好叫我丈夫帮我代领。但想起上学期我们年级组长生病，学校发东西时年级组是有人把东西送到她家去的，觉得自己到底是个小人物。

根据上文的个案情况，我在病人出院后向她提了几个有针对性的问题：

问：你当时已经开过刀了，为什么还想补送"红包"？

答：想到人家都送，我不送不好，别人会认为我小气，另外这样显得我不懂人情世故；还有一个考虑是以后我可能还要找她看病，这次不送，以后就不好再找她了。

问：你说领导来看你，是不是每个领导都来了？

答：来的是一位正书记、一位正校长和校长办公室主任。他们说是代表学校全体领导来看我的。

问：和你工作有关的老师里是否有没来看你的？

答：因为我住的是妇科病房，年级组里的男教师一般没有来。再有就是教研室里两个出过国回来的教师没有来，还有一个快退休的教师没有来。

问：有没有人带话说他们因故不能来？

答：有两三个，他们带话说他们班上有事，不能来看望我，向我问个好。

问：学生送来的苹果你有没有数一下？

答：没有数，因为我班上是 57 个人，因此我不数也知道苹果一定是 57 个。

问：你认为学校既然有人把发给年级组长的福利品送到她家，是不是也应该给你送？

答：那不一样。她是学校有地位有资格的人，而我不是，所以能给我打电话，叫我去拿就不错了。

上面的个案描述使我们大致可以看出在中国病人生病入院后所发生的人际交往情况。令我感到有价值的发现是，该病人在这个网络中面对的不同角色以及各个角色互动的过程中共同存在的平衡性问题。

三、个案中的关系网络及其平衡性

通过上文的描述，我们大概可以知道，个案中的主角在生病后，其社会关系类别大致如下：夫妻双方亲属、单位领导和同事、班级学生、医院医生及护士、病房病友、丈夫单位领导、丈夫的朋友、丈夫的远房亲属、学生家长、曾经教过的学生等。由于病人是从外地调入，住在丈夫集体宿舍，其邻居大多为未婚的单身人士，所以在我们上述病人的现实关系类别中没有邻居、朋友和原来的同学的关系。这样，我们说，这个人生病时的人际关系类别大约在十种。

但是，病人并不同时直接面对所有这些关系，根据病人人际交往中的直接性和间接性关系分类，她的人际关系网格局如下：

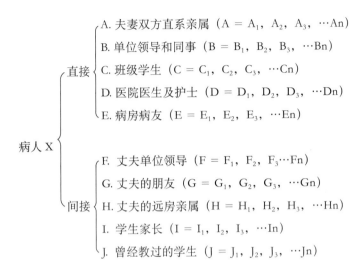

其他 An, Bn, Cn, Dn, En, Fn, Gn, Hn, In, Jn, Kn 等也有自己的其他关系 An', Bn', Cn', Dn', En', Fn', Gn', Hn', In', Jn', Kn' 等。

以上这种交往关系上的大致区分是很重要的，我们在后面会分析到直接关系和间接关系在平衡性的表现中所存在的差异。从上面的描述中，我们首先可以注意到，A、B、C 这三类关系中的 $A_1\cdots An$、$B_1\cdots Bn$、$C_1\cdots Cn$ 基本上都是前往医院去看望过病人（X）并以礼物有所表示的人（对于极个别没去的人，我们在下面分析）；而 X 和 $D_1\cdots Dn$ 及 $E_1\cdots En$ 之间又有一定的"红包"制约关系，这点不能不引起我们的注意。于是我把 X 和同类别的人的交往中出现的送礼和送"红包"关系定义为人际关系网络中的平衡性原则。

所谓平衡性，是指在三个人以上的互动中，个人必须依照一种根据特定的情境而确定的标准来行动。虽然这个标准具有突生性、暂时性和多变性，但它一旦出现，总是给互动中的每一个个体施加心理压力，让该个体不能自愿地或自主地或按照其他标准来决定他自己的行动。结果每一个个体都意识到，只有自己依照这一标准尽可能地在做法上和别人相同，彼此的关系才能和谐与稳定。依据这一界定，我假设：

当中国人的互动呈现为三个人以上的交往状态时，平衡性就成为其中最重要的原则。

结合上文病人的自述和对问题的回答，我下面用"穷尽随机归纳法"，以病人为核心逐一来分析同病人发生人际互动中的每一类人的平衡性问题。

（1）病人（X）需要维持的平衡关系。在这一非常事件中，病人要维持的平衡是，她能不能和她的病友（E_1）在与主刀医生（D_1）和麻醉师（D_2）的关系上保持相同的关系？当她发现她因没有送"红包"（一个标准）而不能得到相同的待遇时，她一方面认为这样做是错误的，另一方面认为这样做在维持平衡性上是必需的。于是，她开始为自己没想到这一点或没有弥补而感到不安。值得注意的是，我在该医院手术室的门上看到的通告是严禁病人家属在手术前后给医生送礼的。这就是说，这种行为在医院制度上是被禁止的，因而我们不能把"红包"当成通常的小费来看待。

（2）主刀医生（D_1）需要维持的平衡关系。对于主刀医生而言，如果她没有收到"红包"或者拒绝这一行为，那么她和病人互动的标准只是医院制度或医德。她接受了"红包"后，她原有的和病人关系的平衡性就被打破了，新的平衡标准变成了"红包"。作为医生，如果她这时再想维持住这种平衡性，她便会期待她以后接触的每一个病人（En）都能给"红包"，以便她可以以相同的方式对待他们。所以，当确实有病人没有给"红包"时，其表现方式就有了差别。但我们可以反过来看，如果她收了病人（E_1）的"红包"，但在互动方式上对送的人（E_1）和没送的人（如 X）态度一样，这样就又打破了新的平衡标准。

主刀医生的处理办法是坚持新旧两种标准，对不送"红包"的病人尽责尽力，对送"红包"的病人倍加关心。这样她自以为既未打破原来的平衡标准（医德），也未打破新的平衡标准（"红包"）。可是，我们从病人（X）的回答中看出，尽管主刀医生在极力维持两种标准下的平衡，但在病人看来，她已经感受到了不平衡关系，这促使她想补送"红包"来恢复平衡。

（3）护士（D）需要维持的平衡关系。病人清楚地知道，他们住院期间的各个方面，从医疗到生活，都得靠护士，因此他们也备有小礼物送给他们。拿专职推送病人出入手术室的护士（D_3）来说，如果没有病人在同她的互动中建立一个"五元钱"的标准，那么原来规定的"一元钱"就可以维持她和所有动手术病人（如 En）的平衡关系。但现在"一元钱"不但不再成为维持平衡的标准，而且变成一种拿不出手（小气）的行为。尽管这个标准是违反医院制度的，但它对维持现存的人际互动又是必需的。

在 Dn 和 En 的互动中，每种关系的构成都隐蔽地或私下地进行，因此互动双方彼此心照不宣。它的好处是即使出现不平衡的情况，只是各人心中有数，在表面或形式上也能维持平衡的关系。

（4）病人单位（B）需要维护的平衡关系。病人单位的领导和同事在看望病人的行动中必须考虑两个标准。一个是他们以往是如何看望其他病人（Bn）的，他们得按照前一次的标准去看望这个病人（X）。如果看望的方式明显不同，以前被探望的病人（如 B_1）或这个病人（X）就会对领导有意见，因为单位对他们没有一视同仁。因此，单位只有对他们的表示方式一样，这种关系才是平衡的。二是单位在这一次同病人的互动中也要寻求一个标准，也就是说，对病人所在的教研室和年级组的各成员来说，维持一种大家和睦相处的平衡关系是很重要的，而这一维持的体现就是如何探望病人。其具体操作是，在看望病人时不能有意地把什么人（如 B_7）漏掉，还有送礼，无论谁去或谁没有去，只要有人没有去，或只探望不送礼，就都会打破这种平衡，这对单位同事来说是要力图避免的。

（5）班级学生（C）需要维持的平衡关系。病人（X）作为班主任对她的班级来说是至关重要的。如果没有特殊情况，她要把这个班送到初三毕业，这意味着她要和学生相处三年。而初一是学生和老师建立初步感情的关键时期，这时学生们刚按照分数线标准从小学考入中学，彼此的学习和表现还没有明显的区别。此外，中国儿童社会化的特点具有被动性，儿童"好不好"是由家长和老师来决定的。因此，一个学生和老师保持良好的关系或者受到老师的关注与关照是他学习好的必要前提。当老师生病时，学生理应探望。但如果在慰问时没有一个平衡的标准，学生各自表达各自的，就会造成老师在这次互动中对他们的印象不一样。但这里的一个难处是，医院不是其他地方，全班一起去看老师是不可能的，分批去也是不妥当的，结果只能是让班干部作为全班的代表去看望老师。只是这样一来，干部的优先性就在此体现出来，这本身就不是平衡的原则，于是就有了一次一个都不漏的签名活动和每人送一个苹果的活动，这些活动是对前一种优先的不平衡性的补救。

（6）亲属（A）需要维持的平衡关系。一个已婚的病人住院，牵动的是夫妻双方的家庭关系。任何一方在照顾上表现出的怠慢行为或者借口，都会影响夫妻关系和双方家庭之间的关系，因此双方家属都竭尽全力。病人丈夫的远房亲属（H_1）当时不知道此事，后来听说后，H_1 责备了病人的丈夫，并买了重礼作为补救。可见，中国家庭内部的这种平衡性是最为重要的。

（7）间接关系类型的平衡性表现。间接关系网络中的人对平衡性的需要显得比较随意，不具有过多的强制性。在我的观察中，病人丈夫单位有一领导（F_1）表示要买点东西送去，以表示慰问，但一位主要的领导（F_2）只过问了一下，大概是因为毕竟隔了一层，最终他们都和病人没有任何接触。也许在该单位领导看来，过问就是一种平衡，因为在本单位里的其他同事的妻子或孩子生病时也是过问一下，而送东西则会制造本单位里人际关系上的不平衡。此外，该病人以前教过的目前还在该校高中部上学的学生（Jn）也看望过一次，但病人不可能对没有去的学生形成什么不好的看法。理由很明显，她现在不教他们了，这种平衡性是可有可无的。学生家长中有三人来看望过，其中一人正好是这所医院药房的药剂师。碍于这一特殊性，她要是不去看，会说不过去［维持住她理解的她和病人（X）的平衡关系］。可另外的两位家长的到来，以我上文中假定的原则，他们的到来会打破所有家长和该病人保持的平衡关系。我在上文提到，这种平衡性如同医生和病人间的平衡性一样，有一定的隐蔽性，只有被其他家长知道了，这种平衡性才会被打破。结果在这一实际的关系网络里，大致坚持了平衡性原则的是病人丈夫的朋友（G），凡知道的人都做了表示，没有表示的人也打了招呼，说明了理由。

四、平衡性的模式

通过上文对各类关系的归纳，我们可以清楚地看出，平衡性是中国人际网络交往中一项重要的而又未被发现的原则。中国人的关系固然复杂，但如果我们在这复杂的关系背后看清了这一项原则，许多复杂性就变得很好解释。现在，我想进一步来分析平衡性的构成要素以及它的运作。

从上文的个案分析中，可知平衡性必须具备以下几个要素：

（1）三个人或三个人以上。当两个人构成一种关系时，交往的方式是由这两个人来决定的，它可以参照其他人的互动方式，也可以不参照，只要双方互相满意就可以了。最明显的例子如夫妻关系。而在三人或三人以上的互动中，一种制衡性就开始出现。这时，由其中任何两人建立的互动方式都很容易导致第三人因发现他和其中一方建立不起相同的互动方式而产生不满，如果这种不满持续下去，最终将导致三人或三人以上互动的失败或关系的瓦解。

（2）交往者的相同类型。一种平衡性的维持一般只在具有相同属性的人当中体现出来，如亲属间、同事间、朋友间等。不同的属性之间不应当是平衡的，如亲属和学生之间。

（3）一个或若干个标准。三人或三人以上的互动是否达到了互相制衡，需要一个或数个标准来衡量。这种标准可以是有形的，如钱、礼品、奖励品等，也可以是无形的，如次数、言语、动作或情感等。依什么标准运作，要根据不同的事件和不同的场合而定。如在上文分析的个案中，礼物的标准就比较重要。但从病人的关系网来看，关系越近，无形的标准越重要，关系越远，有形的标准越重要。标准的作用是互动的各方都可以依此找到具体实现平衡的方法。

（4）心理压力。当互动的各方都考虑自己如何来实现关系的平衡性时，他们都会尽可能地去做同别人一样或相似的事，并压抑自己原本的意愿。其思维方式是"别人都没有这样做，我也不好这样做"或"别人都这样做，我也只好这样做"。由此，一个个体的真实动机因平衡性作用被掩盖了。如在我的这一个案中，病人会想："别人都送红包，我也只好送。"年级组老师会想："别人都去探望病人，我也要去，不去不好。"

（5）行动上的一致。当平衡性成为人际交往的原则时，我们最可能观察到的，就是互动者竭力在行动上表现得同他人一样。如学生每个人都给老师送一个苹果，没有多送的，也没有不送的。无论送多送少，只要不符合平衡的标准就会成为"异端分子"。以往的学者没有注意过这一问题，便简单地把中国人社会行为上的一致性看成是集体主义的或特别突出的从众行为。其实，它同集体主义或从众的含义是有差异的，即带有较强的明哲保身的倾向。

关于前文的分析，我用图 1 表示：

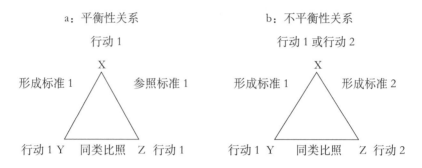

注：在本文的个案中，X 指病人；Y 和 Z 指与病人发生交往的两种同类人 [如 A（A_1，A_2）；B（B_1，B_2）；D（D_1，D_2）等]。

图 1　中国人际关系中的平衡及失衡的模式

在这一图式中，我们可以清楚地看出，当人际关系处于平衡状态（a）时，它表现为两个互动者（X，Y）在互动中产生了一种标准，并依此标准行动，而另一个体（Z）这时无论如何也得接受这一标准，做出和 X、Y 相同的行为。这时的人际关系处于平衡状态。而后一种模式表现为两个互动者（X，Y）在互动中产生了一种标准，并按照这一标准行动，但另一个体（Z）在互动中没有按这一标准行动，或产生了自己的标准，这时人际关系就处于不平衡状态（b）。

现在，我们需要讨论的是，人际互动中的平衡性是如何实现的？或者说，当它处于不平衡状态时又是通过何种方式方法来恢复平衡的？

根据上文对平衡状态的描述和分析，我们发现，中国人在交往中尽可能地弄清楚平衡性的标准是非常重要的，但要达到一种理想的平衡状态也是不容易的（这种理想状态在个案中体现在病人和她的夫妻双方家属以及病人和班级学生的互动中）。在更多的情况下，可能很多原因会导致互动中的平衡关系处于一种不稳定的或紧张的状态，特别是因为有的标准是在私下产生的，第三人可能不知道。但从理论上讲，平衡性终究还是被打破了。如果互动中的一方意识到了这一点，那他就会采取以下几种策略：

（1）补救法。这点非常常见，也很有效。大致方法是一个人开始不知道群体中的平衡标准或先固执己见，但后来最终还是回到这个标准上来。如病人丈夫的远房亲属和一些同事因种种情况没有去医院看望病人，就得去病人家里探望并补送一些礼品。

（2）隐蔽性。出于平衡关系的需要，有时人们在互动中不公开已经出现的不平衡关系，这样就能维持住原先的平衡。例如，病友不愿谈自己是否送了"红包"，是怕对医德标准构成公然的挑战。因为医院明文规定不许病人送"红包"，公开后，不但对医生有损害，而且病友自己也有损失。再者，公开送"红包"的标准也会迫使其他病人都去照办，这样会同此人的意图相反，因为她本来就是想让医生对她好一点，现在新平衡出现后，医生还是对所有病人都一样好。

（3）外归因。当人们处于一种不平衡的关系中时，如果人们无法解释这一现象，就会用外归因的方法来恢复他对这种不平衡的理解。例如，当我问病人是不是所有相关教师都来看她时，她发现有些男教师没有来。这种行为本身对平衡性是有威胁的，但病人这时把这种行为归结为她住的是妇科病房。病人还想起有一位女教师没有来，她连忙解释说她快要退休了。再者，大凡没有去看望病人的单位同事在路上或学校遇到病人时，都会对自己的这一行为做归因，比如说自己本来是想去的，但工作太忙走不开，或者希望病人在家多休息，他（或她）一定抽时间上门探望。

通过上面的研究，我们可以发现，中国人在社会互动中很讲究平衡性的维持。即使在很多场合下要达到一种高度的平衡性是很困难的，但人们也会尽力采取某些策略来实现这一原则。

五、讨论：一种本土的解释

由此个案的研究，我们可以得出中国人社会互动中的六个重要的结论，它们亦可成为我今后进一步实证研究的假设。这六个结论是：

第一，中国人关系网络的建立方式是差序性的。"差序格局"是费孝通提出的一个关于中国人际关系结构的重要概念，它表示中国人在交往时以己为中心，逐渐地向外推移，以表明自己和他人的远近关系。[1]在本文的个案中，我们发现，病人所构成的关系网络正体现出这样一种格局。在传统社会，这一格局中最近的关系是家庭和亲属。但随着工业化时代的到来，人口流动的日益频繁，这一格局呈现出单位组织对个人的重要性。结果，单位群体取代了家庭群体作为个体最亲近的关系，导致城市个体对其单位的依赖，催生了中国人的"单位意识"。然而，在这种渐变的过程中，中国人的"家"意识依然是根深蒂固的。因此，组织中的个人具有了双重依靠，而他们进一步推出去的关系网又是建立在这种双重性基础上的。

第二，差序式的关系网络具有固定和流动的双重特点。从此项研究中，我们可以发现，现代中国人际关系网中的内群体并不排斥外群体，而且是以内群体向外扩张的。这两点体现为当一个体在社会生活中遇有特别事情时，固守他的常规网络，会使他的特别需要无法得到满足，因为关系的范围和资源无论如何都是有限的。于是，他会根据特定事件的属性以常规网络为基础来临时构成他的其他关系网络。我们这里的临时事件是住院开刀，这时单靠常规网络是解决不了住院问题的，所以病人希望通过单位同事的妻子来扩大她的关系网络。可见，中国人力

---

[1]　费孝通：《乡土中国》，北京：生活·读书·新知三联书店1985年版，第24页。

图在交往中以固定的关系网络来寻求临时性的流动关系网络。

第三，处于网络中的每一序列之人尽可能地通过平衡性原则来同位于中心的个体进行社会交换。当个体处在三人以上的某一序列群体（如亲属群体、同事群体等）中时，其社会交换方式是以关系结构上的平衡性为原则的。虽然在三人以上的社会互动中，互动的原则仍然可以在两个人中产生，但这个原则将影响第三人。只要第三人想成为其中的互动者之一，他就得按照这一原则进行交换，否则就会导致人际关系结构上的不平衡，产生互动者不希望出现的矛盾和冲突。在我的个案中，每一不同情境中的互动个体都尽可能小心翼翼地避免不平衡现象的出现。

第四，关系越接近，平衡性越重要，平衡标准也越多。互动中的每一个体一般都会自我评估一下他同另一互动者的关系距离。这样，当他要考虑平衡性的问题时，他就可以在同等距离的关系中选择一种或数种平衡标准。遵从标准时产生的心理压力，关系距离越近，表现得越强烈，考虑到的平衡因素也越复杂，关系距离越远，则越无所谓。在本个案中，亲属关系、同事关系、师生关系及医生与病人关系是临时关系网络中的近距离（直接）关系，因此平衡性相对显得十分重要，并且在平衡标准上有认知、情感、礼物等多项标准。而其他关系（间接关系）距离较远，平衡性可以出现，也可以不出现，如个案中并不需要学生家长个个都去看望病人。

第五，平衡性的功能在于保持关系网络的稳定性。在比较固定的关系网络中，中国人在关系中重视平衡性原则应该算是一种交往策略，其目的在于保证该群体的从众性、趋同性或一致性，以避免由此带来的人际不和谐乃至冲突。于是，中国人在这一原则的支配下，一般不轻易表现自己的所思所想，而是按照既定的标准行事。显然，这一标准在形成时可以无心理压力外，一般已经形成的标准都会给交往者带来心理压力，迫使他放弃自己行动上的自主性而去附和他人，这是形成中国人大概率价值观 [1] 的一个原因。而在这种前提下，任何想不遵循这一标准的人和我行我素的人都会被看成不合群的、搞不好关系的或难以相处的人。

第六，任何不平衡现象的出现都会造成关系网络被重新定义。当中国人的关系结构出现不平衡时，会呈现以下三种状态。

（1）地位级别化。这种状态是指中国人在社会互动时一般都假定参与者都会在彼此之间保持一种平衡，但事实上其中又有人没有维持大家遵循的平衡标准。这时，人际关系结构就会走向等级化，同类群体就会向异类分化，人与人之间的社会地位差别就会明显地表现出来。值得注意的是，这种关系上的不平衡在被认可的前提下不会导致个人心理上的不平衡。级别化一旦产生，人们对它的认可实际上就是对它的合理化解释，以此达到心理上的平衡。虽然这时关系结构上的平衡性被打破了，但这种认可依然使人们在认知结构上保持了协调性。如病人单位的同事在对待她和她的年级组长生病时的态度是不一样的，但病人并不对这种待遇上的不一样感到有什么不平之处。可见，级别化所产生的不是心理上的不平衡，而是关系结构上的不平衡。

（2）情感差距化。情感距离同地位级差并不相同。它指向的是互动者对关系距离的认可，而非地位的认可。前者是社会性的，而情感距离是心理性的。它通常出现在当人际关系结构不平衡而又不是由地位差别造成时，人们倾向承认交往者之间的关系密切程度是不一样的。如病人在没有送"红包"的情况下必须认可医生对她病友的特殊待遇。

（3）产生紧张或冲突。如果一种平衡结构被打破，而互动的参与者既不认可社会地位上的差别，也不认可情感上的差距，那么就会出现互动中的紧张或冲突。这是中国人在交往中力图避免的。我们设想，

[1]　李银河：《论中国人的"大概率价值观"》，《中国社会科学季刊》1994 年春季卷，第 69—75 页。

如果病人（X）坚持医生和护士等应依照医院的制度对病人一视同仁，而不认可"红包"的标准，那么他们之间就会产生紧张乃至冲突。而事实上病人不这样做，也是害怕医生和病人之间的关系达到这种地步，而这只会对病人自己不利。

根据以上几个结论，我将中国人际关系中的平衡性含义以图 2 表示：

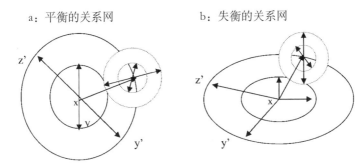

图示说明：字母表示个体；→表示互动；——表示固定关系；···· 表示流动关系。

图 2　中国人际网络的平衡结构及不平衡结构

在图 2 中，我们可以看出，中国人的关系网络的构成方式是以个体为中心展开的一层又一层距离不等的关系网络。每一层关系就是一个互动的同类群体，并相对于里面一层而言，构成外群体。所谓平衡性正是表现为关系网和个体的关系是一个正圆，位于中心的个体同其半径都是相等的，而违背这一相等性原则，或近或远都会导致该圆变成一个椭圆，造成失衡现象的出现。但个别人的地位化或情感化只会造成同类中的个体由其原先的那一层进入另一层，而不会导致普遍的失衡现象。

在以往做过的不少关于中国人的关系的研究中，"人情"和"面子"一直是人们认识中国人际互动的核心概念。[1] 那么，人情与面子

---

[1]　参见翟学伟：《面子・人情・关系网》，郑州：河南人民出版社 1994 年版。

和平衡性原理究竟是什么关系呢？通过本文的研究，我认为，所谓讲究人情的策略之一正是在关系网络中对平衡性的维持。它表现为个体在某种标准的压力之下而发生的"要面子"行为，同时也表现为关系结构上的"给面子"行为。维持住各人的面子正是维持住了平衡的关系，也就是讲了"人情"。而一旦出现了失衡现象，就意味着其中有人"丢了脸"，或没有"给面子"。这同西方人所讲的情感有本质上的区别。例如，这一个案中的病人就因自己没有给医生送"红包"而感到没有面子。因此，人情和面子的社会心理机制就在于维系人际关系中的平衡性模式。

在西方社会心理学理论当中，也出现过一系列关于社会互动的平衡性研究。如美国社会心理学家 F. 海德（F. Heider）的 PXO 模式、T. 纽科姆（T. Newcomb）的 ABX 模式、L. 费斯汀格（L. Festinger）的认知失调理论等。尽管这些理论观点各异，但同本研究模式相比较，其基本点都是从个体出发的。具体而言，个体的"认知"及其"态度"一直是他们研究人际关系的核心概念。相应地，个体认知结构的协调和不协调则是影响人际关系的最重要因素，以至于人与人之关系是否和谐，总是同个人的态度是否改变相联系。而上述研究表明，在中国人际关系中，个人的态度不影响人与人之间的关系。一个人的态度完全可以根据交往策略的需要被隐藏起来。由于人际互动中的标准是外在于个体的，或者说是超越个体的，所以个人的态度及其协调与否也在其次，重要的是人际关系是否实现了结构上的平衡。由此，我们可以认为，中国个体在社会互动中的表里不一或认知因素的不一致并不会引起认知上的不协调，也不会引起态度的改变，而真正严重的问题是人际关系上的平衡性被打破，并导致其心理上的不平衡。可见，西方社会心理学的理论假设是以个人主义为出发点的，而中国人的社会行为具有整体（与部分）性或关系性的色彩。

以中国的社会文化为背景来考察这一问题，我认为我们上文所提到的平衡性模式实际上是中国儒家所强调的"礼"以及民间"礼数"规范的结果。众所周知,"礼"或"礼数"作为行为规范在中国社会是泛化的,它包括待人接物时的一举一动和所送礼品的分量轻重,它正好成为平衡性中的标准多样化的重要原因。反之,平衡性也使"礼"这一较为抽象的概念变得可操作化,最终达到儒家所强调的"和"的价值理想。但我们也应当注意到,从结论上看,结构平衡模式所表现的,不是儒家力图达到的那种内在的道德境界,而是对外在性的重视。再者,在中国家庭构成方式 [1] 的影响下,平衡性的操作过程很接近一种平均性,而非公平性,也就是说,当中国人在社会互动中使用平衡性原则时,人们想表现的是群体对从众性和一致性的需要,并企图抹杀人们彼此间存在的社会资源上的差异性,尽管这种差异实际上是存在的。反之,任何公开的人际不平衡现象也是中国人对社会身份、地位、权威、名声等差异性或个体优越性的追求。在很多情况下,人际冲突很可能发生在关系网络中的人们不承认或不愿表现这些社会资源的差异之际,比如中国人捐款的常见办法是大家都捐一样的数目,而不愿意表现彼此收入、爱心和地位的差异。

从目前所获得的多种实证资料来看,以上所建立的关系平衡模式存在于中国社会的各个方面,诸如评奖、评职称、请客送礼、发奖金、涨工资、提干、邀请名人、排会议座次、劳动分配等,正因为如此,它同时也是中国人做人和做群体领导的一项重要策略。又有学者认为,它还对中国当今的市场经济起重要作用。[2] 从此个案研究出发,我们可以看出,人际关系的平衡性模式是中国人在众多的社会生活和人际交往中采用的主要原则,而其相应理论模式的提出则可以更好地解释中国人在关系网络中的运作方式和行动策略。

---

[1] 翟学伟:《中国人群体意识的双重取向——"内聚"和"内耗"的社会学研究》,《江海学刊》1992 年第 3 期,第 57—63 页。

[2] 胡代光:《市场不能靠人际关系平衡》,《公共关系导报》1994 年 10 月 29 日第 1 版。

社会流动与关系信任

——也论关系强度与求职策略

社会流动一直是社会学研究的一个重要且热门的领域。[1] 而中国改革开放所带来的农村人口大量流入城市的现象，则更加引起了国内外学者的关注。有关这一现象，目前的社会学研究主要采取两种分析框架：一是将社会流动放在社会结构中来探讨，它首先设定社会是以分层或地位的方式构成的，然后将"流动"的概念放入其间来考察各种社会成员受某些因素的影响，在其中形成的流动驱力、规模、方式、功能或由此而生的社会问题等。[2] 二是运用社会网络理论，将一个体的流动过程看成是他通过其建立的社会网络来实现的。这一方向的研究与前者的最大不同就在于，后者不是强调个人在社会结构中所处的位置属性，比如性别、年龄、身份、阶层等，而是强调一个个体因其在社会关系网络中所处的相对优越位置而能获得的促使其流动的资源

---

[1]　王章辉等：《欧美农村劳动力的转移与城市化》，北京：社会科学文献出版社 1999 年版，第 1—5 页。

[2]　参见许欣欣：《当代中国社会结构变迁与流动》，北京：社会科学文献出版社 2000 年版，第二章、第六章；李强：《转型时期的中国社会分层结构》，哈尔滨：黑龙江人民出版社 2002 年版，第 294—311 页。

在哪里。[1] 在这一研究框架中，"强关系"和"弱关系"是两个最为重要的分析概念。相应地，信任也顺理成章地成为此一研究的一个重要方面。[2] 从本文标题一看便知，本文打算用社会网络的视角和方法来研究社会流动，但我认为简单地套用现有的分析框架，一方面会模糊我们对中国社会网络特征的认识，另一方面会忽视此类概念中所包含的文化差异。故本文试图从中国社会文化的角度对这些问题再做新的分析，并结合我自己的实证研究来加以验证，以求得相关研究者对中国社会流动理论和实证研究的讨论的深化。

一、问题与假设

中国学者对于社会流动的现象最初是在宏观的、结构的层面上来分析的。比如，我们从宏观层面上了解到，受目前中国市场经济的推动，农村外来劳动力人数为 5000 万—6000 万。[3] 而中国近几年的流动人口基本上保持在 8000 万左右的规模。[4] 在中国社会城乡二元结构分析框架的引导下，我们还发现，改革开放以来的人口流向区域总是以

[1]　边燕杰：《社会网络与求职过程》，载涂肇庆、林益民主编：《改革开放与中国社会：西方社会学文献书评》，香港：牛津出版社 1999 年版，第 110—138 页。

[2]　李汉林、王琦：《关系强度作为一种社区组织方式——农民工研究的一种视角》，载柯兰君、李汉林主编：《都市里的村民——中国大城市流动人口》，北京：中央编译出版社 2001 年版，第 15—39 页；渠敬东：《生活世界中的关系强度——农村外来人口的生活轨迹》，载柯兰君、李汉林主编：《都市里的村民——中国大城市的流动人口》，北京：中央编译出版社 2001 年版，第 40—70 页。

[3]　钟甫宁、栾敬东、徐志刚：《农村外来劳动力问题研究》，北京：人民出版社 2001 年版，第 49 页。

[4]　蔡昉、费思兰：《中国流动人口状况概述》，载蔡昉主编：《中国人口流动方式与途径（1990—1999 年）》，北京：社会科学文献出版社 2001 年版，第 32 页。

内地向沿海、农村向城市、小城镇向大都市的转移为基本特征。[1]

近来，借用社会网络来研究社会流动开始受到中国学者的重视。作为一种微观研究，该框架倾向"分析将成员连接在一起的关系模式。网络分析探究深层的结构——隐藏在社会系统的复杂表面之下的固定网络模式……并运用这种描述去了解网络结构如何限制社会行为和社会变迁"[2]。以这一观点来看，我们就会发现，在中国农民工大量涌入城市的背后，存在另一种重要现象：在某一大中城市、某一社区、某一工厂企业、某一建筑工地或某一行业中，流入的农民工往往以农村某一地区的某几个村庄的人群为主。对于这一现象，许多学者都做过定量的调查分析。其结果显示，造成这一现象的原因是，农民外出打工的信息往往来源于他们的老乡群体。比如一项对济南市农民工的调查显示，他们来这里打工的主要信息源是由他们的亲属、同乡、朋友等提供的，占 75.82%。[3] 另一项同一城市的抽样调查结果是，在 1504 人当中，相同的情况为 81%。[4] 又有学者在苏南的调查中发现，这种情况在外来劳动力群体中占到 60.45%。[5] 还有学者通过分析北京、上海和广州的 600 份问卷，给出同样情况的数据是 72.90%。[6]

[1]　蔡昉主编：《中国人口流动方式与途径（1990—1999 年）》，北京：社会科学文献出版社 2001 年版，第 15—26 页；钟甫宁、栾敬东、徐志刚：《农村外来劳动力问题研究》，第 52—57 页。

[2]　参见巴里·韦尔曼：《网络分析的某些基本原理》，《国外社会学》1999 年第 4 期。

[3]　李培林、张翼、赵延东：《就业与制度变迁：两个特殊群体的求职过程》，杭州：浙江人民出版社 2000 年版，第 195 页。

[4]　蔡昉、费思兰：《中国流动人口状况概述》，载蔡昉主编：《中国人口流动方式与途径（1990—1999 年）》，北京：社会科学文献出版社 2001 年版，第 21 页。

[5]　钟甫宁、栾敬东、徐志刚：《农村外来劳动力问题研究》，北京：人民出版社 2001 年版，第 78 页。

[6]　曹子玮：《职业获得与关系结构——关于农民工社会网的几个问题》，载柯兰君、李汉林主编：《都市里的村民——中国大城市流动人口》，北京：中央编译出版社 2001 年版，第 82 页。

而国家劳动部门通过对八个省份的调查，发现这样的比例在 54%，另外还有 12% 由私人包工队带出。[1] 但比较可惜的是，由于从事这一方面研究的学者认为此现象过于司空见惯，因此他们不太可能在其中发现有什么需要进一步探究的地方。即使有，也只是对美国社会学家马克·S. 格兰诺维特的弱关系假设的证伪。因为格氏认为，求职者要想得到一份工作，其获得信息的途径主要来自那些关系不亲密、交往不频繁的人群。其理论解释是，由于"强关系"是指人们之间建立起来的内部性纽带，因此彼此之间获得的信息重复性太强，相对有价值的信息也就过少，而"弱关系"的作用主要是在两个不同的群体中建立起信息桥，由此人们就容易获得不重复的有价值的信息。[2] 显然，用这对概念架构看中国，结果并非如此。比如，边燕杰认为，强关系在中国表现为人情关系，而人情关系无论是直接的还是间接的，都是强关系，其作用不仅是提供就业信息，更重要的是提供实质的帮助。[3] 又有学者认为，城市里的农民工的社会交往和社会支持都是强关系的。[4] 还有学者认为，农民工在进城后才会逐渐使用弱关系来获得信

---

[1] 李强：《转型时期的中国社会分层结构》，哈尔滨：黑龙江人民出版社 2002 年版，第 133 页。

[2] 马克·S. 格兰诺维特：《弱关系的力量》，张文宏译，《国外社会学》1998 年第 2 期，第 39—49 页。

[3] 边燕杰：《找回强关系：中国的间接关系、网络桥梁和求职》，《国外社会学》1998 年第 2 期，第 50—65 页；边燕杰、张文宏：《经济体制、社会网络与职业流动》，《中国社会科学》2001 年第 2 期，第 77—88 页。

[4] 李汉林、王琦：《关系强度作为一种社区组织方式——农民工研究的一种视角》，载柯兰君、李汉林主编：《都市里的村民——中国大城市流动人口》，北京：中央编译出版社 2001 年版，第 15—39 页；曹子玮：《职业获得与关系结构——关于农民工社会网的几个问题》，载柯兰君、李汉林主编：《都市里的村民——中国大城市流动人口》，北京：中央编译出版社 2001 年版，第 71—91 页。

息和资源。[1] 以上这些研究的两个突出之处是，它们首先肯定，用格氏的这对概念分析中国社会中的农民工求职是有效的，只是获得的结论是相反的。

然而我的问题是，倘若中国人靠内群体求职的话，那么信息的重复性对他们的意义何在，抑或因为他们更需要亲友的帮助而不在乎信息的重复性吗？而依照林南的社会资源理论[2]，为什么同一（农民工）阶层中社会资源相对不足的情况并没有导致他们同其他群体发生交换，而是仍然选择内群体呢？边燕杰的解释是，在中国，"信息的传递往往是人情关系的结果，而不是原因"[3]，人情关系的重要作用主要是在给予求职人员的照顾方面。这一点当然同实际相符，但我认为，"人情"概念在中国既有强关系的意思，也有弱关系的意思，只不过人们的交往方式有所不同，前者的方式如边燕杰所讲是义务性的，后者的方式则是人们常说的"送礼"和"拉关系"。这两种倾向在黄光国的人情分类中即是所谓的"情感性关系、混合性关系和工具性的关系"[4]。

可见，中国人的人情交往方式或内群体关系不宜套用"强关系"和"弱关系"这对概念来做解释，否则我们将不得不对这一对概念做复杂性的加工。[5] 在我看来，格氏关于强关系和弱关系的划分之前提，其实是建立在任何两个独立性个体之上的，也就是说，当我们设定两

[1]　渠敬东：《生活世界中的关系强度——农村外来人口的生活轨迹》，载柯兰君、李汉林主编：《都市里的村民——中国大城市流动人口》，北京：中央编译出版社 2001 年版，第 40—70 页。

[2]　林南：《社会资源和社会流动——一种地位获得的结构理论》，载南开大学社会学系编：《社会学论文集》，昆明：云南人民出版社 1989 年版，第 257 页。

[3]　边燕杰：《社会网络与求职过程》，载涂肇庆、林益民主编：《改革开放与中国社会：西方社会学文献书评》，香港：牛津出版社 1999 年版，第 129 页。

[4]　黄光国：《人情与面子：中国人的权力游戏》，载黄光国编：《中国人的权力游戏》，台北：巨流图书公司 1988 年版，第 14—18 页。

[5]　刘林平：《外来人群体中的关系运用——以深圳"平江村"为个案》，《中国社会科学》2001 年第 5 期，第 113 页。

个彼此独立的个体需要建立关系时，他们所能选择的方式就像格氏自己所讲的那样，只有通过增加交往的时间量、感情的紧密度、相互信任和交互服务来获得关系上的亲密性。但是，对中国社会关系构成的前提不能做这样的假设，因为传统中国人的关系建立靠的是天然的血缘和地缘关系，然后再复制或延伸出来其他关系，如朋友、同事、同学、战友等。由于中国人一般不会设定如何在两个独立的个体之间看待他们的交往程度，因此对中国人来说，即使两个人彼此之间没有交往，但只要有天然的血缘和地缘关系存在，就可以义务性地和复制性地确保他们之间的亲密和信任关系。比如说，有两个彼此不相识的人，他们之间不具备格氏所说的四种交往性因素中的任何一种，但只要他们在初次交谈中发现他们原来是来自同一个乡、一个村或一个族，乃至于同一个姓，他们的关系就可以超越通过数次交往才能建立起来的密切关系。可见，中国人认为"关系"不单是指只有通过交往才能结成的纽带，而更多地指一种空间概念，或者说一种格局或布局性的概念。回观格氏的关系强度划分，倒属于一种地地道道的社交的、互动的概念。而我这里所谓的关系格局或布局性表达，正符合费孝通的"差序格局"概念之意。[1] 在这种格局中，虽然我们也说内群体，但这种意义上的内群体不是指一个个体将其所属的群体作为内群体，将他不隶属的群体称作外群体，而是说以他为中心的不同的差序关系既可以作为其内群体，也可以作为其外群体。这时，如果我们还要在这里面划分强关系和弱关系，就等于是要在此空间格局中确定一条不存在的界线，显然这是把差序格局当成"团体格局"来看待了。

但我们不得不承认的是，即使中国农民乐于通过不同圈子里的人来获得求职信息，也不可避免地要面对信息重复的现象，甚至是求职竞争。那么，这种重复对他们究竟有什么意义呢？有了前文的讨

---

[1]　费孝通：《乡土中国》，北京：生活·读书·新知三联书店1985年版，第24—25页。

论，再来看这一点，问题就比较清楚了。对于需要外出求职的农民工而言，他们考虑问题的重点是，如果一种求职信息不是来自他的内群体，那么这一信息是否可靠呢？[1] 也就是说，农民工求职的关键问题不是信息多少和重复与否，也不是关系的强弱，而是此信息是真还是假，如何保证自己不受骗。这样我们就发现了，中国人所能判断的信息真伪是由彼此信任的程度来决定的。如果我们套用格氏的强关系和弱关系理论来解释中国的社会流动和求职，便会出现五点不当之处：(1) 假定一个个体可以独立地决定自己的择业方式，求职首先是求信息，这时他在弱关系中求到的信息比强关系重要。而传统中国社会里的人认为，个人求职首先是求人[2]，求不到人就求不到职业。好的职业是同联系上的人密切相关的。(2) 格氏的理论没有区分信息的真假，而是假定了凡是信息都是真的，既然信息都是真的，当然信息的重复是没有意义的。但中国社会中的信息有真假之分，可靠的信息往往来自彼此信任者，由社会发布的信息往往不可靠。这就影响了求职者在个人之间寻求信息。(3) 由此，西方的更有价值的信息往往是在内群体之外，而中国的可靠信息是在与之关系较近者当中。(4) 西方人的内外群体概念是用来区分两个彼此独立的群体的，其关系强弱分明。而中国人的内群体概念只是从一个个体层层推出去的可大可小的伸缩自如的群体概念，其关系强弱不分明。(5) 西方的关系概念是互动概念，而中国的关系概念既可以是互动概念，也可以是空间概念。

从以上分析中，我们看到，在获取真实信息和求得帮助时的信赖度是从传统生活进入流动过程的求职者面对的最为核心的一个问题。因此本文假定，研究中国农民工在流动中的求职过程，首先是研究谁

---

[1] 高嘉陵：《人口迁移流动与社会网络分析》，载蔡昉主编：《中国人口流动方式与途径（1990—1999 年）》，北京：社会科学文献出版社 2001 年版，第 201 页。

[2] 边燕杰：《找回强关系：中国的间接关系、网络桥梁和求职》，《国外社会学》1998 年第 2 期，第 51 页。

是最可能依赖的人的过程。如前所述，这个人不是用关系的强弱来确定的，而是由信任度来确定的。我这里所谓信任度不是指信息本身的真假及其程度，而是指接收信息的人根据什么因素来判断一则信息为真或者为假。现实生活中完全可能发生这样的事：在信息的传递中，有亲缘关系（可以是非交往）的人提供的信息可能是假的，但因为存在亲缘关系，接收信息的人把它当成是真的；无亲无故（可以有密切交往）的人提供的信息可能是真的，但接收该信息的人却把它当成是假的。原因是前者是强信任关系。后者是弱信任关系。这样就可以解释为什么在当代中国市场中出现了"杀熟"的现象，进而导致近来中国的社会信任危机。

二、个案访谈与描述

本项调查始于 2000 年初，前后历时一年，研究的方法是访谈，理由是关于农民工外出打工的问卷调查，在国内已有许多人做过，我们对他们外出的信息获得渠道所占的比例已经有了基本的了解。现在需要做的事情是，我们能否直接面对这些农民工，通过交谈来了解他们的所思所想。特别是对一些我们需要研究的问题，我们能否有针对性地根据他或她本人的陈述来进行追问。为了能在庞大的农民工群体中找到访谈对象，我所选择的大小城市是深圳市、南海市、东莞市、宁波市等。选择这样几个城市的理由是不言而喻的，根据我在上文提到的情况，这些城市所在的位置都是中国的南部和东部的沿海发达地区。另外也是因为我在那里有社会资源，利用这样一些社会关系，我同他们的谈话自然轻松，他们也愿意讲他们各方面的情况。因受文章篇幅的限制，下面是我访问记录资料中的一部分。当然从方法上讲，这些个案还不足以从更普遍的意义上来论证我的假设，但愿以后有机会再对此做更广泛的量化研究。

　　T先生，34岁，农民工。采访地点在广东东莞虎门。我是湖南石门县人。你问我是怎么出来的。听人说广东有金子，我们在家乡看到出去打工的人回来把家里的房子都重新盖了，很美慕，也想出来闯一闯。我是97年来的，算是出来迟的。我们家乡第一批出来的是在89年，当时我们村里有个人过去出来当兵，转业后来到广东东莞的虎门海关工作，还当了干部。他打电话回家说，希望家里能带40多个女孩出来。那个时候这个消息非同小可，当地有关部门以为是人贩子，查实后发现是工厂招工，就让她们来了。我当时没有跟出来的原因是那时说只要女的，还有一个原因是我同他们（在海关工作的干部及其妻子）没有亲属关系，所以先到东北打工去了，回来后我在家结了婚。97年我认识的本村两个在东莞打工的男伙伴过年回来，我对他们说我老婆想打工，能不能跟他们走，他们同意了，因此我妻子同两个同村的女孩在我之前来到这里。他们比较有运气，顺利地进了现在的丽声钟厂。由于她在这里人缘关系好，遇到了89年我们村里来这里打工的一些女工，其中一个现在自己开餐馆（他们夫妻接受我访谈时手上抱着的孩子就是这个餐馆女老板的儿子），有的时候厂里伙食不好，我老婆就来她这里吃。我是在我老婆走后的20多天也来到这里的。来了后找不到工作，先在我的一个小老乡那里住，他是这里的一个小工头。我住的地方很差，房子连门和窗户都没有，每顿伙食七块钱。这时我知道我的一个堂叔在一家做电脑插头的工厂当部门经理，我原来同他关系不好，因为他在外面混得不错，回老家后瞧不起人。现在没有办法，只好去求他给我找一个工作。他说很难，我们知道他的意思，就买了一些礼品送给他。等了六七天，又买了一条烟，心里很不高兴，没想到托自己的亲戚还要送礼。见到他后，他叫我第二天早上八点在厂门口等他。那天早上我去了厂门口，除了吃饭时离开了一下，我从早上一直等到下午五点半。我几次叫人进去让他出来，他最后出来说，你岁数大了，明天早上再来，我想想办法。我回去同老婆一讲，认为他还是要我们送东西，就又买了一些水果。第二天又等到下午五点，才算办成了。干了三年，后因为在厂里当了组长助手，我的一些老乡嫉妒，打我的小报告，外资企业又不给你解释的机会，我就不干了，现在在夜市上摆大排档，这几天生意不好，暂时没有去做。

问：不管是你还是你太太，如果你们在这里没有熟人和亲戚，你们为了打工，会不会来这里？

答：不会。不熟悉的人再说这里好，我也不会来。报上招工，我也不会来，现在的广告有的是假的。还有职业培训资料贴到了我们村里的，有的是真的，有的是假的，我们听说有不少人上当。

问：你怎么放心让你太太先跟两个男人出来打工的呢？

答：这有什么不放心的。他们两个是我们村子里的，关系也很好，不会骗我的。

问：你的堂叔在找工作上不太帮忙，你为什么还找他？

答：虽然我们在家乡时关系不好，但我到这里找不到工作，只好找他，不管他怎么想，毕竟是我的亲戚。

问：你认为找工作就要找亲戚吗？

答：也不一定。亲戚的亲戚也可以，老乡、朋友也可以。但现在找工作都是关系，厂里多一个人少一个人也无所谓，有关系就可以进去。

问：你们现在村里还有人没有出来打工吗？

答：除了 50 岁以上的老人，村里已经没有年轻人了。我们乡里出来打工的人 80% 都是 89 年出来的 40 多个女工带出来的，这些人主要集中在三个村，也就是那个海关干部自己的村子、他老婆的村子和旁边的一个村。所以我们这里石门县过来的人特别多。

问：那你们厂还有什么地方来的人？

答：我们厂共 600 多人。主要来自江西九江，有七八十人。四川、重庆，上百人。我们湖南石门人，上百人。陕西汉中，上百人。其他地方的人也有，就是没有那么多。

S 小姐，22 岁，无业。采访地点在深圳。我父母是农民，家住湖南某县。我 16 岁初中毕业，在家待着没事，有一两年，我父母叫我学点谋生手段。这时，我碰到家里最要好的同学。她在东莞玩具厂打工，回家来谈男朋友，我就决定同她一起出来，但因为我是独生女，家里不同意我出来，并扣了我的身份证，但我还是偷偷跑出来了。到东莞玩具厂做玩具做了一年，每天工作 8 个小时，觉得太累，不想做了。回到家里，又待了一两年。后来我有一个亲戚在潮州，我又去他那里找事做，混了半年，回到家里。这时家里有个亲戚认识一个老乡，说可以带人到深圳的公司或酒楼里面做事，我决定去，他们（夫妻）要求同我签合约，大概内容是在三年内，如果甲方（指老乡）要求乙方（S 小姐）做不好的事，乙方可以随时离开，如果乙方在三年内自己擅自离开，要赔甲方一万元，并扣了我的身份证（我父母已把身份证还给我了）。来到深圳后，我的老乡为了保证更加能控制我，在我们住的地方，给我拍了裸照，我在这里人生地不熟，又怕当地的烂仔，他们要怎样就怎样。接着，我的老乡要我同他太太一起去"坐台"，我只好去了。在"坐台"期间，我一共被抓了三次，送到东莞那边的看守所，听说保出来的话，要五百到一千元，有关系就不要钱。我的老乡去把我保了出来，让我继续去"坐台"。我这样前后大约"坐台"有四个月，后来因深圳抓得越来越严，我就去做餐厅的服务员，又在合住女友的介绍下做过声讯台的聊天小姐，还卖过衣服，都觉得没意思，就又去一些更大的歌舞厅里去"坐台"。现在我已经脱离了同老乡的关系，他也碰到过我，也没有同我谈合约的事，我担心的只是那些照片，怕他拿给我家里人看。我现在要找工作很容易，但我不想做，觉得没意思，这两天没有上班，只是同几个女友到处玩玩……

问：你的老乡带你出来时只有你一个人，还是也有别的人？

答：还有一个离我家不远的女孩和一个外地的女孩，我前段时间回家时，没有人说得清楚她们到什么地方去了。

问：你的这个老乡在深圳对你如此不好，而且同合约上讲的也不一样，你为什么开始会相信他？

答：我哪里是相信他，我是相信家里的那个亲戚，我回去后找我亲戚时说起这件事，我亲戚说他当时不知道，以为他是好人。

问：你被抓的时候，怎么能肯定老乡会来保你出来？

答：这倒不是说他对我好，而是他要靠我们给他赚钱嘛。

S先生，20多岁，农民工。采访地点在南海市大沥区的铜材厂。我是湖北安陆市郊农民。我初中没毕业，就跟邻县的一个包工头去了新疆，因为我的一个远房亲戚在他那里当小工头。当时同去的有30多人，到新疆搞建筑。到了那里两三个月干下来，包工头竟然不发工资，只发物品，如劳动鞋、烟、牙膏、牙刷等。我们就罢工不干了，决定回家。我们分了两组，我这组是晚上偷跑出来的，那组是白天走的。我们当时因为口袋里没钱，一路上吃尽了苦头，有时爬上火车，查票时又被赶下来，每天就靠吃方便面。就这样花了九天的时间回到了家里，那时身上只剩下三元五角钱。回到家，玩了几天，我哥在当地一家电器小厂干活，我经他介绍也去了，干了三年。我有一个堂兄，他的前同事在大沥铜材厂。通过写信了解了这边的情况，97年就过来了，干到现在。

问：你第一次没有拿到工钱，有受骗上当的感觉，是吗？

答：是的。

问：那你跟他走的时候怎么会信任他的呢？

答：我同那个小工头比较熟，小工头说他同邻县那个工头很熟，我就相信他了。现在想起来，我同我那个亲戚关系还是太远了，对他不了解。当时我们也去找过他，让他去找工头要钱，他说工头不给，他也没办法。

问：你来这里的介绍人是你堂兄的同事，你又上过当，怎么相信他们的呢？

答：这两个同事我都见过，交往两次下来觉得他们不是坏人，就相信他们了。

问：如果有招工的通知，让你到这里来打工，你会来吗？

答：那我要通过熟人打听这个消息是不是真的。

L先生，26岁，农民工。采访地点在南海市大沥区铜材厂。我是湖南衡阳市郊的农民，初中毕业，在家待了两三个月后，于89年经过亲戚的介绍来到南海来打工。当时我打工的工厂是一家五金加工厂，老板是佛山人，手下的员工加上我在内一共才五个人。那时工厂缺人，老板相信我，让我介绍一些人来。我就打电话回家给我父母，叫他们把我每年回家时来看我和找我玩的那些人一起叫到这里来。这样我陆陆续续介绍了60多人来这个厂打工，后来该厂共有80多人，整个厂的工人几乎全是从我老家来的。我来现在这个厂的原因是我原来那个厂的老板出车祸了，厂不开了，大家各找门路，我应聘到现在这个厂，干到现在。

问：当时老板为什么要你给他介绍工人，而他自己不到外面去招聘工人呢？

答：老板自己不愿意招聘。他说："我去外面招聘也是叫人，通过你也是叫人。你找来的人因为有你担保，可靠。我在外面随便找来的人不可靠。"我对我介绍来的老乡也是讲同样的话，要他们好好干，否则的话，就是丢我的脸，让老板不再信任我。他们实际上都干得不错。

问：有没有因为有人干得好，当了组长，或拿钱多一点，让同乡嫉妒的情况？

答：没有。这个还是靠个人的能力，自己没本事，也没办法。

问：你们厂解散后，工人有没有合伙去另外一个厂？

答：没有。现在他们自找门路，各自去了不同的厂。

C先生，30岁，重庆西阳县人，农民工。采访地点在宁波镇海某食品厂。我初中毕业考高中时因为生病，家里花了不少钱，已经没钱读高中了。村里有老乡和亲戚在天津打工，把我也带过去了。当时在一家塑料制品厂干了两年，家里要我回来，回家后不久又去天津干了半年，在那里结识了一个老乡。他曾在宁波打工，又随老乡来到天津。他对我说南方比天津好，问我愿不愿意跟他去宁波，这样我就同他来到宁波。刚来宁波先听老乡说一家泡沫厂缺人，我就去那里干了一年半。中途春节回家一次，再回来后就没有去泡沫厂，在镇海闲待了半个月。说来也巧，比我后来的老乡，一行七人，其中有一个是个木匠，他在干活时了解到一家花岗厂缺一个人，工作是砌花岗岩，我就去了。干了三个月，生意不好。这时花岗厂边上有一家制药厂的老板叫我过去，我就又去了制药厂，干了半年，效益也不好。听药厂老板说这家蔬菜厂缺人，我就来到了这里，现在在这里已经干了四年了。

问：你有没有介绍人到这里或宁波来打工？

答：我又介绍了五个老乡过来，走了两个。而我自己把老婆和孩子都带来了。

Z女士，28岁，四川内江人，农民工。采访地点在宁波镇海某食品厂。 我9岁丧母，15岁丧父，家里有五个姐姐、一个哥哥。哥哥在昆明做生意，回家来把我也带到云南，嫂子为此对哥哥不满，我只好回四川老家帮姐姐种地。我18岁谈朋友，我朋友哥哥的女友在广东打工，叫我朋友哥哥去，他哥哥叫我朋友去，这样我也就跟去了。先在一家玩具厂打工，但几个月都不发工资，加上生活不习惯，又和男朋友吹了。回到家里，感到待不下去，因为家里的几个姐姐都出嫁了，于是就同我姐夫的妹妹又去广东打工。几个月后回到家里谈了对象，又同对象一起去广东打了几年工。我丈夫有个远房亲戚在新疆打工，回家来结婚，而他的弟弟还在新疆，是个骑三轮摩托车的，帮人拉牛羊肉。这样我们就去了新疆。当时我丈夫在一家粉条厂做工，我做家务。我觉得自己也应该出去挣些钱，就去了职业介绍所。那家介绍所要收我60元中介费，我怕上当，就先付了30元，另外30元等我看到了他们给我找的工作单位情况时，再给他们。他们给我介绍的工厂是一家塑料厂，当时觉得还可以，第二天就上班了，在那里干了一年半。这时我们收到一封信，上面说我丈夫的弟媳的妹妹在宁波镇海出车祸了。她就在这边的食品厂工作，我们从新疆赶到这里，一方面在医院陪护，一方面就打听这里的工作好不好找，我丈夫的弟媳就给我们介绍了这家食品厂。

问：你既通过介绍所找过工作，又通过亲属找过工作，你觉得它们之间有什么不同吗？

答：介绍所所说的同实际情况往往不一样，总觉得不可靠，有时再遇到一些事，比如拖发工资等，有上当的感觉。而亲属之间即使发生一些这样的事，因为我们大家都面临同样的情况，因此不会有这种感觉。

三、信任强度的分析

从以上个案中，我们可以看到，农民外出打工要依赖自己的亲属、老乡来寻求职业，最主要的原因是唯有这样他们才感到安全。在上文的个案中，有的农民外出直接靠的是自己的亲属或熟人（如 L 先生、C 先生），有的靠的是亲属的熟人或朋友（如 T 先生、S 先生、S 小姐、Z 女士），尽管最后结果不同，即有的找到了稳定的工作，有的被人欺骗了（如 S 先生、S 小姐），但他们一开始都是相信对方的。原因也非常简单，在传统乡土社会中，只要是熟人介绍的关系，只要有中间人做义务性的担保，一般没有理由不相信他们。其推理过程是：假定 A 认识 B，B 认识 C，如果 A 信任了 B，A 就应该信任 C。假如传统中国人在这样的逻辑推理中发生了受骗的情况，怎么办呢？就目前的调查来看，打工者不会因此而放弃对其关系网络的信任，除了用传统的标准对求助者的人品给予更多的注意之外，主要就是靠流动的内群体中的信息重复性。由此我们得出的初步结论是，农民工获取外出打工的信息主要基于关系信任。

那么，什么是关系信任呢？受有关学者关于信任研究的启发 [1]，

---

[1]　杨中芳、彭泗清：《中国人人际信任的概念化：一个人际关系的观点》，《社会学研究》1999 年第 2 期，第 1—21 页。

我认为关系信任大致是指一个个体通过其可以延伸得到的社会网络来获得他人提供的信息、情感和帮助，以达到符合自己期望的或满意的结果的那些态度或行为倾向。同关系信任相对应的机制则是信用制度。应该说，中国传统社会主要强调的是前者，而西方社会更强调后者。其区别在于它们所承担的风险成本有差异。一般而言，前者付出的成本要比后者低得多，但也不能因此说中国人选择前者是因为中国人具有工具理性，以此来降低风险成本。因为许多现象表明中国人即使处于信用制度之中，也喜欢走关系信任的途径。[1] 了解了关系信任后，我们有必要来专门讨论一下为什么说中国传统社会的关系信任不必是交往密切的关系，而可以是一种空间的格局关系。

中国传统社会是农耕社会，它的最大特点是土地不能移动，进而导致以小农生产为主体的家庭世世代代都在自己的田地里耕作。这一特点大大限制了人们流动的可能性。因此信任不必靠彼此的友情来培养，而是可以通过社会本身的不流动来得到。换句话说，在一个不发生流动的社会里，即使社会不强调信任，也能确保人与人之间的全方位信任。关于这一点，英国社会学家 Z. 鲍曼（Z. Bauman）在《流动的现代性》一书中有相当的洞见。他说：

> 我认为，秩序的意思是指单一性（monotony）、稳定性（regularity）、重复性（repetitiveness）和可预见性（predictability）；在一个情境中，某些事情比在其他的情境中发生的可能性要大得多，而其他的事情更不可能发生，或者是根本不可能发生。有且只有在这种情况下，我们才能把这种情境称为是"有秩序的"。同样，还意味着某人在某地（个人的或非个人的至高无上的力量）

[1] 此类的例子参见林语堂：《中国人（全译本）》，郝志东、沈益洪译，上海：学林出版社 1994 年版，第 200 页。

必须干预这种可能性，未雨绸缪，控制局面，密切注意让那些事情不会随意发生。[1]

有人认为，儒家思想中的"五伦"当中只有朋友才用"信"字，是因为父母有血缘的凝聚力，君王有霸权的威慑力，所以父子之间和君臣之间用不着讲信。[2] 其实，更合理的解释应该是儒家清楚地知道父子、夫妻、兄弟之间所具有的信是不证自明的，而敬重和顺从则是需要重点阐发的。君臣之间、朋友之间不同，由于它们之间缺乏亲缘关系和地缘关系，因此它们之间最可能发生的就是不忠、不信，所以要在君臣之间、朋友之间讲"忠信"（"忠"在一定意义上讲是最大的"信"）。可见，在儒家眼里，五伦中的父子、夫妻、兄弟关系是天然的、自生的和稳定的，而君臣关系、朋友关系是非天然的和流动的。明白了这一点，我们就可以知道，传统社会在一些天然的社会关系（比如血缘和地缘）中不强调信，不是人们忽略了信，而是它本身是先在的。倘若其中出现不信，其付出的代价要远远高于守信的代价。而对于那些村民、老乡等非血缘关系，只要不发生流动，其信任制约性完全可以靠外控的、耻感的文化来实现[3]，即人们之所以守信、守约，是因为他们害怕受到他人（熟人）的谴责而难以在其居住地生存下去。中国社会还有一句流传甚广的谚语是"跑得了和尚，跑不了庙"。这句话的意思是说在流动不起来的社会，即使发生了上当受骗的事，欺骗付出的成本要比不欺骗高得多，更不要说欺骗者本身在熟人群体中将会无地自容。既然有了这几层保护，欺骗也就不容易发生，或者说，

[1] 齐格蒙特·鲍曼：《流动的现代性》，欧阳景根译，上海：上海三联书店 2002 年版，第 84 页，第 94 页。

[2] 郑也夫：《信任论》，北京：中国广播电视出版社 2001 年版，第 10 页。

[3] 鲁思·本尼迪克特：《菊与刀——日本文化的类型》，吕万和、熊达云、王智新译，北京：商务印书馆 1990 年版，第 154 页。

发生了也不必担心。天然的、义务性的和熟人之间的信任关系一方面表明了关系网络对个人而言的重要性，另一方面也使得非天然的、非义务性的以及和生人之间的信任很难建立起来。因此，福山认为中国社会在文化上是一个低信任度的社会[1]，其理由是家族血缘关系上的信任恰恰造成了一般陌生人交往中的不信任。

中国社会由传统进入现代化后，传统中那些可预见的、稳定的人际关系开始被那种不可预见的、流动的生人交往所取代。鲍曼由此认为，城市在本质上是陌生人的，一切都是暂时的和不可预见的，因此信任的风险也就随时存在。[2]假如此时的传统中国人想走出眼前这种相对封闭的乡村，去外面的世界闯一闯的话，他们一方面需要有面对这种陌生感的勇气，另一方面又需要从传统社会资源中寻求尽可能的自我保护。否则一不小心，就会血本无归。例如，我们在报纸上看到这样的报道：在广州，"一些非法职介点也趁着大批农民工南下之际，疯狂骗取求职者钱财。位于华西路154号的'广州连线信息服务有限公司'，是一间既无营业执照又无职业介绍许可证的非法机构，竟明目张胆地进行职介诈骗活动，劳动监察人员到来检查时，正巧有12名被骗民工找上门来要求退钱。从收缴的账本反映，该'有限公司'在短短的四天半时间，就收取'职业介绍费'31000多元。劳动监察人员当即查封该非法职介，并为在场的求职者追回被骗款项2640元"。"在天平架、天河火车站一带，乱贴招工广告情况严重。一名骑着自行车正四处张贴招工广告的男子被截获，监察人员马上根据广告提供的企业

---

[1] 弗兰西斯·福山：《信任：社会美德与创造经济繁荣》，彭志华译，海口：海南出版社2001年版，第56页。

[2] 齐格蒙特·鲍曼：《流动的现代性》，欧阳景根译，上海：上海三联书店2002年版，第147页，第209页。

和联系电话进行核实，发现全属虚假信息！"[1]我们不能说这样的事例在求职过程中并不多见，因此告诉农民工不要大惊小怪。其实在一个劣币驱除良币的社会里，只要有几个这样的事例被广泛传播，其产生的示范效应就是巨大的，足以让农民工回到传统社会中去寻求其社会关系网的保护。

既然社会中的广泛信任很难建立，人们自然就会认为在现代的流动社会，"跑了和尚也就等于跑了庙"。因此，如何在流动中增加信任度，是流动人群面临的一个最严重的问题。这时，农民工内群体中如果出现了信息的重复性，就不但不多余，反而正好可以在一定程度上让不同的信息相互印证，人们可以借此来判断这些信息是否可信。换句话说，传统社会中的一个亲属或同乡所给予的一次可靠的信息，可以等同于流动社会中交往不太稳定的内群体所给予的多次相似信息。可见，农民工求职时主要依赖内群体提供的信息，主要是为了强化他们获得求职信息的可靠性。虽然这时的老乡群体已经处在一种生活的动荡之中了，不排除有潜在的求职风险，比如上文个案中的S小姐和S先生，但大众传媒、劳动力市场、职业介绍所及契约合同等弱信任关系提供的信息在外来农民工中所起的作用，远远不能同强信任关系相比，即使其中也有许多风险和欺骗。

根据以上个案描述，我将信任分成强信任和弱信任，而强信任具体又可以归结为以下四种类型，以便同弱信任做比较：

（1）义务性信任，即传统中国人假定，凡是亲属和老乡所提供的信息和帮助一定是可信的。

（2）熟悉程度中的信任，即格氏所讲的，交往程度越深，信任度越高。

---

[1] 转引自李强：《转型时期的中国社会分层结构》，哈尔滨：黑龙江人民出版社2002年版，第132页。

（3）从内群体中的重复信息中获得的信任，即不能确信的单方面信息可以在其他同类信息的重复中获得验证和确认。

（4）结伴同行中的信任，即传统中国人假定，信息提供者的信息真假不在于他怎么说，而在于他怎么做。由此信息真假的最好检验方法之一就是结伴一起在一个地方求职和供职。如果信息提供者自己也愿意承担同样的风险，那么此信息可以确定为真。

而弱信任与此相反，即不具备关系特征，如非义务的、不重复的、不熟悉的和不同行的。上文提到的招工广告、政府组织介绍、自己寻找工作等都在此之列。正因为它们是弱信任，因此具有传统观念的农民工不倾向选择这样的求职渠道。当然这并不是说弱信任就没有它的作用。我在调查中发现，弱信任的作用最有可能出现在有专业技术特长的人群中。比如，目前大中专学生前往人才交流市场找工作，更多靠的是弱信任关系。但我们不可否认的是，如果让一个有一技之长的人在通过关系找到理想工作和通过市场信息找到理想工作之间做选择，他也会倾向选择前者。比如我遇到的一位旅游学校毕业的女士，她之所以到广东来工作，是因为在她毕业前夕，广东某市一家酒楼到她们学校去招人，在她的老师的强力推荐和鼓动下（这本身就含有学生对老师的信任），她同班上的几个同学毕业后一起来到了这家酒楼。然而好景不长，这家酒楼也就是让她们做迎宾小姐和餐厅服务员，结果她们在广东都各奔东西，自谋生路去了。她是通过远房亲属介绍才找到现在的办公室工作的。还有一个厨师学校毕业的男生，先是通过招聘广告，来到广东的饭店里干活的。没干多久，认识了外出打工的家乡人，就随他们去了其他饭店。由此可以看到，通过弱信任找到工作的人，其工作的稳定性和他们的期待都有一定的距离。一旦有机会，他们仍然会融入他们的社会网络。

我在调查中还发现，弱信任作用的上升估计还来自企业老板对基于强信任关系的非正式群体的反感和抵制，因为强信任所导致的一个地方的人集中在一个企业会使工厂有时很难管理。我调查到这样一个个案：

> **Z老板，50多岁，宁波某食品厂总经理。采访地点在南京某宾馆。**我在宁波办一个小的食品厂。我工厂里的工人基本上是农民工，共一百来号人。的确他们的大多数属于你讲的，先是由一个人出来打工，然后带出来不少人。在我工厂里，大部分的人来自四川、安徽、江西、广西等地，基本上都是一个带一个地带出来的。但是作为工厂的负责人，我不喜欢一个工厂里同一个地方的人太多。这主要的问题是不好管理。因为厂小，在办厂中有很多困难，比如我的一些同行，有时不得不拖欠工人工资，我是从来没有拖欠过。类似这样的事情，如果厂里同一个地方的人太多，容易串联、闹事，如果他们不是同一个地方的人，这种可能性会小点。我现在就要求工人不要把老乡介绍到自己干活的厂里，一个厂有几个老乡就够了。当然我这里有时也需要人手，主要原因是这些人流动太频繁，往往干几个月就要换地方，这样对我厂里生产有影响，因为新手来还要学习适应一段时间。但他们要走我也不能强留，否则他们要求就多了。人不够要找人，主要就是靠两个办法，一个是厂里的工人把家乡人介绍过来，一个就是招聘。

可见，如果这样的问题在目前的私营企业中带有普遍性的话，弱信任的作用也会普遍增大。但非正式群体的作用问题也是一个比较复杂的问题，上文个案中的L先生所在企业的老板就喜欢找同一个地方的人，而Z老板就不喜欢这样的人员构成，关键的问题还在于老板和员工之间的关系状况。有冲突的地方对弱信任需求强烈一点，而关系友善的地方则既可以是强信任，也可以是弱信任。

四、结论：关系信任：传统社会与现代社会的结合点

"强关系"与"弱关系"和"强信任"与"弱信任"不是一组相互
对应的概念。它们之间的不可对应性主要表现为它们的假定不同。前
者的重点是设定任意一个个体，如果他要获得有价值的信息来改变他
的现有处境的话，究竟能从哪里获得这些信息。而后者的重点是设定
一个天生处于各种关系中的个体，如果他要获得有价值或有帮助的信
息，他需要相信和依赖谁。前者推导出来的关系是弱关系，因为弱关
系能够通过信息桥传递有价值的信息，这里的信息有重不重复之分，
但没有真假之分；而后者推导出的是强信任，不是强信任关系中的人
提供的信息往往会被当成虚假信息来处理，因为他们假定，只有强信
任关系才能保证信息的真实可靠性，故这里的信息重复越多，越能证
明它为真。由此一来，我们通过前者的观点得出，"弱关系"会导致一
个独立自由的个体在不同群体之间实现垂直或横向的流动，而"强信任"
会导致大批的同质性群体流动到一地或同一企业的现象。

需要指出的是，我这里研究的群体是中国的农民工群体。这一群
体一般具有以下几个特征：一是从小生长在乡村，他们的经验和知识
主要来自他们在中国传统社会和文化中的生活，尤其是在人际交往方
面。二是这部分人一般是初中文化水平，没有受过特长训练。[1] 只要
技术性不强，干什么都可以。三是不满足于农村生活，特别是看到外
出回来的人比自己富裕以后很想到外面闯一闯。结果这部分人群处在
传统社会和现代社会的交汇点上。他们一方面要在他们非常陌生的地
方生活和工作，另一方面又需要在现有经验和知识中寻求自我保护，
因此他们建立了自己的社会关系网络，用他们传统的信任方式寻找传

---

[1] 张羚广：《制度约束下的人口迁移》，载蔡昉主编：《中国人口流动方式与途径（1990—
1999 年）》，北京：社会科学文献出版社 2001 年版，第 160—162 页。

统乡土社会中没有的职业。

中国社会的现代性当然应该通过弱信任关系建立起来，即应该是一个增强公共信息真实性的社会，因为只有社会整体性的诚信度提高，市场运作机制才能完善，人们的交易风险才会降低。中国政府目前也在进行着这方面的努力，比如今年（2003）春节过后，中央电视台在《新闻联播》中报道国家劳动和社会保障部首次发布了农民工的就业信息。但这样的大环境肯定不会一下子到来，因为中国社会的弱信任中有太多的不确定因素，导致信息失真现象还非常严重。中国农民一方面已经有了强烈的闯世界的欲望，另一方面又处于弱信任建立不起来的背景之中。为了降低被骗的风险，他们只好固守在自己的强信任之中，从而在宏观的人口大迁移的背后，造就了中国都市里的一支支以亲属和乡村为单位的劳动大军，出现了一个个"漂浮在城市中的村庄"的奇特景观。

脸面与人情研究篇

中国人脸面观的同质性与异质性

　　"人格"英文一词"personality"的拉丁文本义是"面具"（persona），但西方人格方面的诸多研究已越来越离开了其本义。只是，无论西方人格理论如何发展，产生了多少新意，用它们来解释中国人的脸面观，似乎都没法说到点子上去。如果我们坚持用"人格"或"面具"来概括中国人的人格和交往特征的话，那么我们不但不能准确地理解中国人，而且得到的也只是中国人在西方人格量表中的分值高低。其实中国人的性格要如何研究，这个问题在西方人格理论的冲击下，尚没有入门性的思考。我这里不想探讨如此复杂的问题，只想讨论一个中国本土概念的适用性和向度的问题。以我之见，真正可以用来概括、描述和分析中国人性格和关系的重要概念之一，便是中国人常用的"脸面"一词。只有揭示它的内涵与外延，才算触及中国人心理与行为的关键。[1]

　　近百年来，许多学者曾用这一概念多次总结过中国人的国民性格特征。但遗憾的是，这一概念的提出更多是被感受和感悟到的，而不是被清晰地分析和研究出来的。这不仅是因为过去关注它的人文学者远比社会科学家多，其含义难以明确界定；更重要的是，由于这个概念自身的复杂性，大多数研究基本上只停留在现象描述、归纳陈述和

---

[1]　参见鲁迅：《说"面子"》，载《鲁迅全集》第6卷，北京：人民文学出版社1981年版。

实证研究的层面上，而缺少对它的理论探索和框架性把握，从而导致许多经验研究没有触及它的根本意义，甚至失去了研究的方向。本文在此尝试建立一个具有解释力的模型。

一、共识中的困惑

"面子"一直是任何一个在中国生活过的人或接触过中国人的人都能感受到的一种文化心理现象。自 19 世纪末，美国传教士明恩溥（A. Smith）在其轰动西方一时的《中国人的特征》（1894）一书中把它看作中国人性格上的第一特征起[1]，关于面子的研究便拉开了序幕。鲁迅当时就因为受此书的影响，认为中国人的"重要的国民性所成的复合关键，便是这'体面'"[2]。十年之后，林语堂在他的成名作《吾国与吾民》（1935）一书中以极为相似的观点认为，"面子"是统治中国人的"三位女神"（three Muses）中最有力量的一个，中国人正是为它而活着云云。[3] 在西方学术界，德国社会学家 M. 韦伯（M. Weber）曾对此提出过重要见解。他在《儒教与道教》（1915）一书的结论中指出：儒家所强调的面子会导致人们缺乏普遍的信任感和所有的企业活动[4]，这一观点促使美国社会学家 T. 帕森斯（T. Parsons）在《社会行动的结构》中认为，儒学只关心现世行为和一个好名声[5]。20 世纪 70 年代以降，L. 斯托弗（L. Stover）在《中国文明的文化生态学》中进一

---

[1] A. H. Smith, *Chinese Characteristics* (New York: Fleming H. Revel Company, 1894), p. 16.

[2] 参见鲁迅：《马上支日记》，载《鲁迅全集》第 3 卷，北京：人民文学出版社 1981 年版。

[3] 参见 Lin Yutang, *My Country and My People* (New York: John Day Press, 1935)。

[4] 参见 M. Weber, *The Religion of China* (New York: Free Press, 1951)。

[5] T. Parsons, *The Structure of Social Action* (New York: Free Press, 1961), p. 248.

步指出，"面子"是解释中国人诸多行为的关键。[1]而美国社会学家 M. 赛林（M. Thelin）又在研究中指出，中国人的价值观包含六个方面，即家族主义、尊老、人情主义、礼貌、脸面、男性中心。他认为"脸面"居于这些概念的核心（the most central）。[2]就连美国心理学家 G. 多米诺（G. Domino）等在总结中国社区心理学发展历史和现状时也要指出，在控制中国社会的五种社会力量（扩大家庭、政府职能、孝、脸面和道）中，脸面规定了中国人的社会及人际行为。[3]至此，我们也不难理解为什么何友晖在提出亚洲文化特有的六个关键概念时，中国所占的三个概念里面就有一个是"面子"。[4]近来，金耀基再次强调："关系、人情、面子是理解中国社会结构的关键性的社会－文化概念。"[5]

可见，研究中国社会－文化－心理的海外学者在许多看法上未必一致，但在面子是中国人最重要的心理与行为之见解上却相当一致。高伟定和伍锡洪在实证研究的基础上曾得出这样的结论："在考虑东方社会和脸面相关的价值观时，重要的一点是，每一个案都表明它是核心要素，通常也是最重要的，而不是什么边缘的或附带的对行为的影响。"[6]

然而，对其重要性达成的共识，并不等于对其理解的一致。面对这一如此关键的概念，中外学者一向显得有些力不从心。最早试图解释这一概念的明恩溥认为，它很像南太平洋岛上的土著禁忌，具有一

[1]　参见 L. E. Stover, *The Cultural Ecology of Chinese Civilization* (New York: Mentor, 1974)。

[2]　M. C. Thelin, "Chinese Values: A Sociologist's View," in A. T. Tymieniecka (ed.), *Analecta Husserliana,* 20, 1986, pp. 393-405.

[3]　G. Domino, D. Affonso, and M. Slobin, "Community Psychology in the People's Republic of China, "*Psychologia,* 30, 1987, p. 111.

[4]　D. Y. F. Ho, "Asian Concepts in Behavioral Science," *Psychologia,* 25, 1982, pp. 228-235.

[5]　参见金耀基：《关系和网络的建构：一个社会学的诠释》，《二十一世纪》1992 年 8 月号。

[6]　S. G. Redding, and Michael Ng, "The Role of 'Face' in the Organizational Perceptions of Chinese Managers," *Organization Studies*, 33, 1982, pp. 201-219.

种神奇的力量，可以将之归结为中国人具有很强的表演天性（dramatic instinct）。[1] 鲁迅承续这一观点认为，它不愧为中国人的一种做戏的本领，是中国人的精神纲领。[2] 轮到林语堂界定时，他却一再声称面子这个东西，举例容易，下定义太难，只能说它是中国人社会交往中最细腻的标准。[3] 直至 20 世纪 40 年代，中国早期留美人类学家胡先晋（Hsien Chin Hu）开始从学理上对脸面分别施予学术上的定义，认为"脸"和"面子"应该是指两种不同的心理和行为。其中，"脸"涉及的是中国人的道德品质，"面子"指的是由社会成就而获得的声誉。[4] 在此之后，美国著名社会学家 E. 戈夫曼（E. Goffman）在《论面子的运作》一文中对这两种含义做了合并，认为胡氏等人所讨论的中国人的面子属于人类共有的心理现象。它不过是指在某一特定的交往中，个人对他人也认可的一种共同行为准则的遵循。如果一个人遵循了这一原则，他就会得到自己和他人的肯定，这时他就可以说有了面子。[5] 戈夫曼的这一定义在西方社会心理学界产生了较大的影响，不少西方社会心理学家都按照这一定义来设计他们的实证研究，也形成了后来的印象整饰理论。时至 70 年代，何友晖在《美国社会学杂志》上发表了《论"面子"观》一文。作为一个对中国人的面子内涵深有体会的华人学者，他否认了上面的定义。例如，他对胡先晋的定义提出的批评是，脸和面子不应该以有无道德来区分，也就是说，脸和面子两者都含有道德和声誉；面子也不是行为准则，因为它的获得和失去不是能通过一致的行为标准来衡量的，而是带有较大的灵活性。借此他还否定了很多其他

---

[1]　A. H. Smith, *Chinese Characteristics* (New York: Fleming H. Revel Company, 1984), p. 16.

[2]　参见鲁迅：《马上支日记》，载《鲁迅全集》第 3 卷，北京：人民文学出版社 1981 年版。

[3]　参见 Lin Yutang, *My Country and My People* (New York: John Day Press, 1935)。

[4]　Hsien Chin Hu, "The Chinese Concepts of 'Face'," *American Anthropologist,* 46, 1944, pp. 45-64.

[5]　E. Goffman, "On Face-Work: An Analysis of Ritual Elements in Social Interaction," *Psychiatry: Journal for the Study of Interpersonal Processes*, 18, 1955, pp.213-231.

的说法，诸如面子不是人格、地位、尊严、荣誉及威望等，最后他提出，面子是个人要求他人对自己表示尊重和顺从而得到的相应评价。[1]

本文在此无法对上述定义作逐一的评议，只想强调，从目前的研究上看，已少有人再沿循胡先晋的思路在概念上对脸和面子做区分了，只有金耀基在面子研究中区分了"道德面"和"社会面"。[2]可见，尽管上述研究对深入理解面子的含义具有重要意义，但从根本上看，把脸面合并，甚至混为一谈将会给理解中国人的脸面观研究带来误区。反过来说，不混为一谈，那么两者又有什么关系？目前已有实证研究显示出了中国人对脸和面子的理解上的区别[3]，只是这些研究并没有解释清楚二者的区别与联系在哪里。

二、脸面观的同质性结构

我认为，"脸面"首先是一个日常用语，在几千年中一再被不同地区的中国民众反复表达与实践。如果要想对此做学术型的研究，首先需要排除日常会话的干扰来提炼它们的基本内涵与外延。所以我的观点是，要解释清楚脸面的内涵，得先从分析脸面的语义着手。其实，"脸面"不过是一种隐喻的说法，即用面部本身的丰富变化来指代复杂的心理与行为。单从字面上看，就可以发现中国人所谓的"脸"或"面子"的含义是从人的面孔意义上引申出来的，其痕迹在"颜""颜面"

[1] D. Y. F. Ho, "On the Concept of Face," *American Journal of Sociology,* 81, 1976, pp. 867-884.

[2] 参见金耀基：《"面"、"耻"与中国人行为之分析》，载杨国枢主编：《中国人的心理》，台北：桂冠图书公司 1988 年版。

[3] 参见朱瑞玲：《面子心理及其因应行为》，载杨国枢、黄光国主编：《中国人的心理与行为（一九八九）》，台北：桂冠图书公司 1991 年版。

（"无颜见"）和"面目"（"有何面目见"）等词中可以看出。引申之后，它们已不再是指人的面孔本身。由此，我们要做的第一步工作就是，先找出汉语中同脸面的引申含义相同的表达法，以便能从不同的侧面看出其中的含义。

众所周知，在日常表达中，"争脸""争面子"和"争光""争气"同义；"丢脸""丢面子"和"丢人""丢丑""失体统""失礼"等义相近；"看在××的面子上"和"看在××的（情）分上"同义；"无脸见××""无颜见××"和"羞见××"词义相同；"脸面"又可以说成"情面"和"情分"；"不要脸"等于说"无耻"；"赏脸""给面子"等于说"抬举"或"捧场"。结果我们可以大致得出：中国人所谓的"脸"通"光""气""人""丑""体统""羞""耻"等；"面子"含有"分""情""捧""举"之义。由此一来便可以发现，"脸"和个体的行为关系较大，它所集中体现的是人自身的形象或表现；而"面子"和社会互动关系较大，它所偏向的是互动的双方所处的关系状况。这点正符合汉字"脸"和"面"本身的常规用法。在汉语中，"脸"在字义上只表示人的身体的一部分，而"面"除了此义之外，还表示关系，即有当面、面对、面谈的意思。可以说，"面"在汉语中可以包含"脸"的含义，但"脸"不包含"面"的含义，这就是脸和面子既有区别又有联系的实质。如果将这一语义带入心理与行为层次来进行分析，那么脸和面子的关系正如同社会行为和社会互动的关系一样：有社会行为，才会有社会互动，社会互动就包含社会行为。但是，包含并不表示取代，既然两者之间有所区别，就应该对其分别加以界定，再从中看出它们的结构性关联是什么。

为此，本文提出如下定义："脸"是一个体为了迎合某一社会圈认同的形象，经过印象整饰后所表现出的心理与行为，而"面子"是这一业已形成的形象在社会圈人的心目中所产生的序列地位，也叫作心理地位。这两个定义的要点是：(1) 脸是指个人的形象和表现方式。(2)

这种形象以其所处的社会圈为依托，即脸的争取和失去得由该社会圈来认定，而不是由自己来认定。(3) 社会圈成员对脸的评定出现，也就是面子的出现。(4) 正向的评定就是有面子，负向的评定就是没面子；给面子是指无论个体是什么表现，都被给予正向评价，不给面子是指无论个体是什么表现，都被给予负面评价。(5) 一单位体无论有无面子，都存在程度的差别，如很有面子、有点面子、没什么面子及很没面子等，由此在他人心目中产生的地位排列会有差异。从上述这两个定义中可以进一步发现，"脸"和"面子"的资源略有不同。作为个体印象整饰的资源，脸所拥有的是气质、性格、能力、知识、道德、风度、外貌、装束、言辞等，而作为由关系产生的心理地位资源，面子则包含家世、身份、地位、名气、职务、权力、金钱、世故性、关系网等。从以上这一定义出发，我们就可以看出，西方的印象整饰理论是在"脸"和"面子"被译成英语中的一个词"face"的基础上来加以建构的。它在该理论中既指个人的印象整饰，又指在他人心目中建立起的心理地位。这两者隐含的是一种一致性的心理与行为方式。这一假设实际上和西方的个人主义（individualism）价值观相吻合。因为在西方个人主义的价值系统中，个人对自己形象的塑造和脸的资源的多寡，直接关系到他和他人关系的建立和能获得的面子资源的多寡（见图 1）。

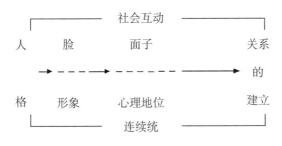

图 1　脸和面子的统一体关系

这是西方人做人和做事的出发点，表明如果一个个体自己通过努力先获得脸的资源，他就能拥有面子资源；反之，如果他自己不具备脸的资源，也就相应地得不到面子的资源。当然，这是一种理想型的讨论，实际情况会复杂很多。

三、"关系"对脸面同质性的影响

"脸"和"面子"既然是同质性的概念，也就无须分开讨论。事实上，戈夫曼对面子的研究及赖以建立的戏剧理论（dramaturgical theory）都是把这两者合在一起讨论的。但这种分析框架对中国人而言就很缺乏解释力。中国社会从价值层面直至现实层面都是一个重视和讲究关系的社会。[1] 由于中国人的做人重心落在了"关系"上，我们就进一步发现，中国人的脸面观也相应地落在"面子"资源上，而非"脸"的资源上。这在一定程度上也可以帮助我们理解，为什么中国人把面子和人情相提并论，而不把脸和人情相联系。

如果这样的逻辑是成立的，那么一个关键的问题出现了：中国人重视"关系"会造成原先统一的脸面发生异质化。这种异质倾向是如何产生的呢？我认为这一问题可以从三个方面来讨论：一是中国人交往特征中的重情轻理倾向；二是中国人在关系格局上所采取的特殊主义；三是中国人在礼尚往来中讲究的形式主义。下面对此做分别的分析。

我在本书中的《中国人际关系模式》一文中详细指出，中国人际关系的基本样式就是"人情"，其含义是在血缘关系基础上和儒家伦理

---

[1]　参见金耀基：《人际关系中的人情分析》和乔健：《关系刍议》，载杨国枢主编：《中国人的心理》，台北：桂冠图书公司1988年版。

的规范下发展出来的一种带有社会交换性的社会行为。由于农业社会的土地不能移动及以家庭为单位的自给自足经济，中国人在社会生活中的第一要务是考虑怎样来保证人际关系的稳定与和谐。而这一保证又因人情中的血缘关系和儒家伦理的影响而倒向重情抑理。因为"情"字的内涵是义，是适宜，是和气，而非利；而"理"字往往包含利益、是非、章程、真假和道理等。显然，追求后者会妨碍前者的实现，正如韦政通所说的：

> 以家族为中心的伦理，特别重视的是"情"，情是维系伦理关系的核心，"家和万事兴""和生于情""清官难断家务事""因在家庭范围之内用讲理的方式是不适宜的""父为子隐，子为父隐"。隐，是为了怕破坏父子之情。在中国文化里，情与理不但非对立，理就在情中，说某人不近情，就是不近理，不近情又远比不近理为严重。儒家坚持爱由亲始的等差之爱，就是因为这种爱最近情。人与人之间，若能"动之以情"，就可以无往而不胜，若坚欲"说之以理"，那就是跟自己找麻烦。这种情形到现在我们的社会里仍很普遍。到现在仍可以常听到"国法不外人情"。这样特别重情的伦理，如果不是长期生活在狭小而孤立的环境里，是产生不出来的。[1]

在这里，我们还可以看出，中国人不仅在人际关系中偏重情，而且还把情建立在家的基础之上，即以"亲亲"为中心。故中国人不但讲人情，而且还把人情分成亲疏远近，形成了人情上的特殊主义。众所周知，中国人的家并非一个小家，而是一个可以用亲属关系表明的大家。传统社会中的"五服"虽是一个重要的界线，但人们在实际生活中往往并不以此为限制，一个家族、一个村庄、一个乡里、一个地

---

[1]　参见韦政通：《伦理思想的突破》，成都：四川人民出版社1988年版。

区甚至一个国家都可以被称为一家人。所谓"一表三千里""五百年前是一家"等，都是中国人喜欢用来拉近人情关系的用语。费孝通用"差序格局"概括了这一特点，指出中国的这个"家"字最能伸缩自如了，可以包罗任何要拉入自己的圈子、表示亲热的人物。"自家人"的范围是因时因地可伸缩的，多到数不清，不但天下可成一家，还可从生育和婚姻所结成的网络，一直推出去包括无穷的他人，过去的、现在的和未来的人物。[1] 由人情建立起来的网络对"面子"的影响，就在于一个人必须时时注意他和每一个交往者的特定关系，以决定其情面施予的范围。鲁迅在杂文《说"面子"》中举了这样一个例子：

> 沪西有业木匠大包作头之罗立鸿，为其母出殡，邀开"赀器店之王树宝夫妇帮忙，因来宾众多，所备白衣，不敷分配，其时适有名王道才，绰号三喜子，亦到来送殡，争穿白衣不遂，以为有失体面，心中怀恨……邀集徒党数十人，各执铁棍，据说尚有持手枪者多人，将王树宝家人乱打，一时双方有剧烈之战争，头破血流，多人受有重伤。……"

鲁迅评价说："白衣是亲族有服者所穿的，现在必须'争穿'而又'不遂'，足见并非亲族，但竟以为'有失体面'，演成这样的大战了。这时候，好像只要和普通有些不同便是'有面子'，而自己成了什么，却可以完全不管。"[2] 从我在上文的定义来看，中国人看重了面子就会出现不管自己是什么的可能，这时"要不要脸"的问题已无足轻重，关键是证明自己"有没有面子"。这同时也说明，自家人不但具有亲缘性，

---

[1]　费孝通：《乡土中国》，北京：生活·读书·新知三联书店1985年版，第23页。

[2]　参见鲁迅：《说"面子"》，载《鲁迅全集》第6卷，北京：人民文学出版社1981年版。

而且具有认同性。要是只有亲缘性，也就不会有这样的麻烦。可见，情面操作上的灵活性有相当的难度。

"情"的另一重要特点是它还受"礼"的引导和规范，这一特点带来的结果是人与人在礼貌客套上的相互牵制，并导致情面上的形式主义化，构成了中国特有的社会交换方式。如中国人常有"送人情"或"送礼"的说法。这里的所谓"人情"已不再含有"亲者之情"，所谓的"礼"也不带有"长者之尊"，而仅体现出中国人际交往方式上的必需和仪式。因此，人情形式化在本质上是礼的形式化。"礼"对"情"的规定导致"人情"不再是真实的情义或心愿，而成了一种"表示"，一种象征，意即明恩溥所谓的"戏"。鲁迅对此更有感触，他在《马上支日记》里写道：

> 向来，我总不相信国粹家道德家之类的痛哭流涕是真心，即使眼角上确有珠泪横流，也许检查他手巾上可浸着辣椒水或生姜汁。……一做戏，则前台的架子，总与在后台的面目不相同。但看客虽然明知是戏，只要做得像，也仍然能够为它悲喜，于是这出戏就做下去了；有谁来揭穿的，他们反以为扫兴。[1]

人情的形式化使得交往双方并不顾及对方是真心还是假意，也只强调面子上好看、过得去就行。这种意义上的面子已完全和脸的含义相分离了。

---

[1]　参见鲁迅：《马上支日记》，载《鲁迅全集》第3卷，北京：人民文学出版社1981年版。

四、从脸面的同质性走向异质性

以上三点证明了中国社会中的人情对脸面同质性的分化作用。其影响表现在，中国人不再倾向通过自我的形象来获得他人的心理地位，进而不但导致中国人在脸面心理与行为中偏向面子，而且还造成了脸和面子的分离。这意味着，中国人的做人重点已不落在自己的人格与品性的施展上，而是放在以他人为重或表面应酬上，即处处考虑情面。正如杨国枢所说：

> 在他人取向下，传统中国人对别人对自己的批评意见特别敏感，老是要顾全"面子"，要有"脸"，希望在他人的心目中保有良好的印象。同时，也希望与其他的个人（不限于家族以内的家属）维持和谐而良好的关系，而不愿意得罪任何人，为了达到此一目的，同一个人可以在不同的社会情况下对不同的人讲不同的话，即使前后的交谈不相一致，甚或互相矛盾，也在所不惜。换句话说，为了在不同的情况下与不同的人都能保持和谐的关系，常不得不说有违自己真实意见或感受的话。[1]

这段话虽然没有区分"脸"和"面子"的含义，但实质上已表现了中国人在社会互动中对"脸"（自我形象）的放弃。或者说，在中国，一个人并非要以形象（"脸"）的建立为起点来获得心理地位（"面子"），反之，一个人获得心理地位也不一定要靠他的形象建立。结果，中国人的处事原则是心理地位重于树立自己的形象，即以关系作为获得脸面的起点（见图2）。

---

[1] 杨国枢：《中国人的性格与行为：形成与蜕变》，《中华心理学刊》1981年第1期，第39—56页。

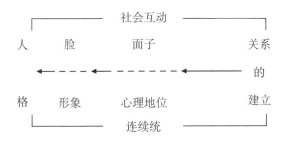

图2　脸和面子的反向关系模式

由此，在很多情况下，中国人所讲的"做人"不是指自己表现得如何，而是指自己的关系建立得如何。或者说，一个人一旦有了关系上的建立，就意味着自己是谁并不重要；反之，一个人只顾自己的形象，到头来别人还是可以不给此人面子。所以中国有一句民谚："脸是自己挣的，面子是别人给的。"为了更加完整准确地理解脸和面子的区别和联系，我下面通过一个四分图来表示，并将中国人的性格类型均包含于其中，见图3：

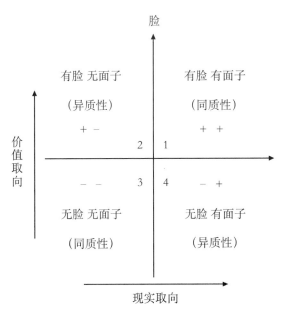

图3　脸面四分图模式

此时，图1和图2的模式只成为图3中的第一种类型和第四种类型，也是儒家力图塑造的"君子"理想和极力鄙视的"小人"形象。前者体现为"修身、齐家、治国、平天下"和"内圣外王"的统一以及对"人皆可以为尧舜"的希冀。但这一切不过是理想而已。诚如余英时所指出的："两千三百年之间，只是架漏牵补过了时日，尧、舜、三王、周公、孔子所传之道，未曾一日得行于天地之间也。"[1] 理想同现实的巨大落差，导致了第四类型人的出现。他们圆滑且带有痞性，只懂得面子的金贵。他们非但不讲究道德修养和社会规范，反而为人圆滑，有手腕，善于见风使舵，会奉承、会巴结、会弄权术等（"能混"）。而最能显示出与此相反类型的正是第二类型人，他们守护儒家的理想，却活在现实当中，属于那种刚正、铁面、讲原则、讲理想、讲骨气、"笃信好学，守死善道"而又得不到面子之人（"正派人"）。他们在社会中常被讥讽为"不通人情世故""不通情理""做人太认真""太正经"或"不会做人"等。这类人在中国古代被称为"方人"。桓宽的《盐铁论·论儒》中提及"孔子能方不能圆，故饥于黎丘"；王充在《论衡·状留篇》中也说"贤儒，世之方物也"。可见，儒家在"脸"上下的功夫越多，反而越得不到"面子"。余英时曾在文中提及"胡适在《日记》中曾引沈从文小说中的话：'你要想成功，便得'痞'一点'，接着他说：'我不能'痞'，所以不能弄政治（大意如此）。'"[2] 由此一说更可以看出，这两类人的较量，实为方与圆的较量。钱锺书对这两类人进行了比较：

> 当世俚谈亦乎古板不合时宜为"方"（square），皆类吾国唐宋之言"方头"，如陆龟蒙《奉酬袭美〈苦雨〉见寄》："有头强方

---

[1] 余英时：《反智论与中国政治传统》，载余英时：《中国思想传统的现代诠释》，南京：江苏人民出版社1989年版，第104页。

[2] 余英时：《中国知识分子的边缘化》，《二十一世纪》1991年8月号，第21—22页。

心强直",又《全唐诗》辑陆氏断句:"头方不会王门事,尘土空缁白苎衣";罗隐《猴子》:"未能惭面黑,只是恨头方";朱熹《朱文公集》卷二《与宰执劄子》:"意广才疏,头方命薄";《侯鲭录》卷八:"今人谓拙直者名'方头'";《辍耕录》卷一七:"'方头'乃不通时宜之意"……

　　董仲舒《士不遇赋》:"孰若返身于素业分,莫随世而轮转。"按"轮转"喻圆滑,即《楚辞·卜居》:"将突梯滑稽,如脂如韦,以絜楹乎?"王逸注:"转随俗也,柔弱曲也,润滑泽也。"……

　　巧宦曲学,媚世苟合;事不究是非,从之若流,言无论当否,应之如响;阿旨取容,希风承窍,此董仲舒赋所斥"随世而转"也。以转为用,必以圆为体,惟圆斯转矣。……[1]

　　又在其散文《谈教训》一文中,借莎士比亚在《哈姆雷特》一剧中的一句王子骂他恋人的话(God has given thou one face, but you make yourself another)来讽刺假道学(第四类型人)是"不要脸而偏爱面子",而"假道学也就是美容的艺术"[2]。但谁又能否认这种"美容术"在中国却很吃香呢?

　　当然,从现实生活的复杂性上看,"脸"和"面子"的异质性也并不总是对立的关系。它们的不一致性可以体现在,中国人在"脸"上所具有的资源被社会圈里那些给"面子"的人无限地夸张,致使"面子"无限制地膨胀,而远离或背离了同质性上的脸面观。如中国人曾把世界跳高冠军的"一跳"说成是"中华的腾飞"或把获胜的中国排球运动员赞为"中华之光"等。反之,一个个体在获得"脸"的资源时的失败或失误也不仅意味着自己不再有"脸",而且关系到整个社会

---

[1]　钱锺书:《管锥编》第三册,北京:中华书局 1979 年版,第 925、921—922 页。

[2]　钱锺书:《人·兽·鬼　写在人生边上》,福州:海峡文艺出版社 1991 年版,第 166 页。

圈里那些给他"面子"的人是否也还有"面子"。于是，任何一个欲图争"脸"的人都要怀有"给他人面子"的意识，否则争到了"脸"也无意义。中国乒乓球女将何智丽在面对1988年汉城奥运会问题时不顾这一点，拿到了自己想要的冠军，争来了"脸"，但却丢掉了"面子"。

最后，再来看看第三类型的同质性者，他们因"脸""面"资源均不足而处在社会的底层，但追求"脸面"的欲望却十分强烈。除了他们平时"打肿脸充胖子"外，另一种更加危险的现实是，很多未来"面子"最大的人，本出自这些既没有"脸"也没有"面子"的人。这也许就是李宗吾发明的"厚黑学"[1]的意义所在。它在一定程度上可以解释，为什么中国社会的"无脸面"者（边缘人物），反而能进入或占据社会重要地位，而原来在社会上具有文化品质的分子反而处于边缘地位。[2]

五、结　论

综上所述，中国人脸面观中的内在紧张性，实质是儒家价值文化和中国现实文化之间的重大差距造成的。儒家在理想上想把人塑造成脸面观上的第一类型人，但它在更大的程度上只成为一种人格理想，而其实际作用却是造就了接受或固守这一价值体系的人在现实社会中成为第二类型人，并导致中国人在价值观上强烈排斥第三、四类型人（如"小人"和"伪君子"）。由于中国人情关系结构上的影响，中国人在价值层次上的认同回到行为层次后却转向了第四类型人，以此来获得更多的社会资源。结果，从价值观上看中国人的脸面观，中国人对第二类型人做正面评价，对第四类型人做负面评价。但在现实社会

---

[1]　参见李宗吾：《厚黑学》，北京：求实出版社1989年版。

[2]　参见余英时：《待从头，收拾旧山河》，《二十一世纪》1990年12月号。

中看中国人的脸面观，中国人反而对第二类型人做负面评价，对第四类型人做正面评价，由此造成第二类型人在社会行动中的失落或边缘化，进而他们中间一些人也出现痞化的倾向，以求得第四类型人的社会优势。这同时也表明，第四类型人是社会、政治、经济、文化及日常生活的最大受益者和实利者。而第三类型人因无所顾忌，既不受脸的规范所累，也没有面子上的顾虑，因此最有可能选择越轨行为来获得面子上的成功。

在我看来，中国人脸面观中所体现出的这种紧张性也许可以更真实地反映出中国人社会心理与行为的类型、价值观和现实层面的差异及其运行方向；同时，用中国词语中的"脸面"来涵盖和解释中国人心理和行为的关键概念，的确也是非常精当的。

在中国官僚作风及其技术的背后

——偏正结构与脸面运作

对于中国社会的构成及其特征，不同学科都可以进行研究。比如，历史学家黄仁宇从宏观角度将中国社会结构形象地称为"潜水艇夹肉面包"（submarine sandwich）或"倒砌的金字塔"。[1] 我们在这倒砌的金字塔上面看到的正是庞大的官僚机构。而社会心理学家黄光国从微观的角度建构了一种比较复杂的社会互动（人情面子）模式，想用其来解释人们在儒家思想影响下的日常（包括官场）行为。[2] 还有一些既不是微观也不是宏观的探讨似乎来自人类学，其中比较有影响的当属费孝通的"差序格局"[3] 和许烺光的"父子轴"[4]。我个人倾向认为，中国社会的构成及其理解方式即为一种宏观和微观相通的连续体（比如词语"国家"的构成）。因此一种对中国社会构成的有效的解释模型，往往是在宏观和微观两端上可贯通的理论建构。[5] 近来有西方汉学家

---

[1]　黄仁宇：《放宽历史的视界》，北京：中国社会科学出版社 1998 年版，第 61 页。

[2]　参见黄光国：《人情与面子：中国人的权力游戏》，载黄光国编：《中国人的权力游戏》，台北：巨流图书公司 1988 年版。

[3]　费孝通：《乡土中国》，北京：生活·读书·新知三联书店 1985 年版，第 23—25 页。

[4]　许烺光：《宗族·种姓·俱乐部》，薛刚译，北京：华夏出版社 1990 年版，第 58—61 页。

[5]　翟学伟：《儒家的社会建构：中国社会研究视角与方法论的探讨》，《社会理论学报》1999 年第 1 期，第 72 页。

运用类似的视角和观点来研究中国晚清的朝贡模式及其在国际交往中的失败，显然比过去相关研究更为准确地把握住了中国人的思维方式和行事理路。[1]

本文在此想通过对中国人的脸面运作特征的研究，来获得一种微观性的社会互动模型，然后再把这一模式转化为一种结构用于社会宏观层面的讨论。首先需要说明的是，脸面运作问题本属于心理与行为之微观层面的研究，由此而获得的所谓宏观结构也不是什么客观性的结构，而是一种表达性结构或表达性现实。[2] 由于这种结构在社会学理论的传统上主要反映了社会成员的动机和意志方向，因此它在社会学研究中可以被看作与其社会客观性结构之间构成一致性或不一致性的关系。关于一致性讨论，从马克思的理论直到 P. 布尔迪厄（P. Bourdieu）的象征资本中均有论述[3]，而关于后者，直到出现了 M. 福柯（M. Foucault）的话语研究才被清楚地揭示出来[4]。比较西方这些不同的结构研究范式，我发现中国社会传统上的类似结构性关系往往发生在表达性结构之内部的不一致性上，即体现为表层结构（话语及其制度设置）和深层结构（实际行动规则）之间的不一致性。近来有史学家用"潜规则"来表达这种不一致性[5]，但我认为潜规则的意思充其量仅满足于用罗列故事的方式来表示中国社会"有"或"存在"这样的不一致，而我这里则试图从学术研究上探讨"它们是什么"。

[1]　何伟亚：《怀柔远人：马嘎尔尼使华的中英礼仪冲突》，邓常春译，北京：社会科学文献出版社 2002 年版，第 23—25 页。

[2]　有关讨论参见黄宗智：《中国革命中的农村阶级斗争——从土改到"文革"时期的表达性现实与客观性现实》，《中国乡村研究》2003 第 2 期，第 68—70 页。

[3]　参见布尔迪厄：《文化资本与社会炼金术——布尔迪厄访谈录》，包亚明译，上海：上海人民出版社 1997 年版。

[4]　参见米歇尔·福柯：《性经验史（增订本）》，佘碧平译，上海：上海人民出版社 2002 年版。

[5]　参见吴思：《潜规则：中国历史中的真实游戏》，昆明：云南人民出版社 2000 年版，"自序"。

本文的讨论方式将会以中国官僚主义的个案研究作为我的理论支撑点。为了叙述顺序上的方便，我首先要从脸面研究中推导出这个表达性结构是什么。

一、脸面观中呈现出的偏正结构模型

"脸面"在中国社会和文化中的重大意义已无须我在这里重申了。我在其他地方也曾多次表达了我对中国人脸面观的研究结论[1]，在此不再详述。但为了下面研究的方便，我这里只对脸面观可能形成的社会结构做一演绎性的阐述。

我首先认为，"脸"在中国的基本含义是表示一个体[2]根据（为迎合）其所处的社会圈所认同的做人标准，比如道德规范、礼义廉耻、社会风尚、地方习俗，乃至帮会内部的规则等而表现出来的自我形象。自我形象一旦展现出来，自然会受到来自该个体所处社会圈的各种反应、议论和评估。"面子"就是该个体根据他人的正反评价而形成的自我感受和认定。其中，正面自我认定在中国叫作"有面子"，也就是个体获得良好的名声、声誉、社会赞许或感到很风光；负面的自我认定叫作"没面子"，也相当于名誉扫地、无地自容、羞愧难当之类。因此我们从中可以看到，一个个体的"面子"有无或大小，是根据他的"脸"的展示情况而定的，也就是说，一个人要获得良好的社会赞誉，他首先要看他自己做得怎么样。儒家的"君子人格"的概念和对"修身"

---

[1]　参见翟学伟：《中国人的脸面观》，台北：桂冠图书公司1995年版；翟学伟：《中国人的面具人格模式》，《二十一世纪》1995年12月号；翟学伟：《中国人的脸面观——社会心理学研究本土化的一种尝试》，载中国社会科学院社会学研究所编：《中国社会学年鉴（1992—1995）》，北京：中国大百科全书出版社1996年版。

[2]　此处的个体是指一个行动主体单位，包括个人、群体和组织等。

的反复强调正是配合着这点来说的。

但实际上，脸面运作的这一理想模式在中国现实社会中很难发生（也可以说儒家的这一做人思想在中国得不到贯彻）。试想一个根据个人实际表现来形成正反评价和议论而无须顾及他本人感受的社会，首先需要假定这个社会是一个可以畅所欲言、直言不讳的社会。显然，如果一个社会可以容忍不同声音的存在，容许不同地位间的平等对话，或者只管说话而无须顾忌得罪人与否，那么这个社会就无所谓面子问题了。即使有面子问题，也不过属于礼节方面的或印象整饰方面的问题。[1] 可同样是受儒家的影响，中国社会的假设不是这样。中国人的社会交往首先是建立在（至少是形式上的）和气、义气、人情、成人之美之类的心理基础之上的。[2] 这意味着人们在行事原则上总是担心得罪他人，伤害他人的面子。[3] 由此，面子问题所表现出来的心理倾向性会让人们去力捧交往中的对方。顺应着这种心理惯性，一个人有面子或没面子就不再取决于个体的自我形象施展得如何，而是取决于他人给不给该个体面子。换句话说，在这样的社会里，无论一个体自己的印象整饰如何，他都期待获得他人正面的评价而使自己感受到有面子。[4] 在这种交往模式中，我们可以认为面子通常是互相给的。但一旦我们再放入地位的变项，一种单边力量（结构性压力或权力）就随之产生出来。该力量总是竭力确保互动中有地位的一方无论自己做得如何，都要通过另一方给面子的方式来让自己有面子。

从上文形成的脸面运作框架来看，我们可以看到中国社会在构成

[1] 参见欧文·戈夫曼：《日常生活中的自我呈现》，黄爱华、冯钢译，杭州：浙江人民出版社 1989 年版。

[2] Ge Gao, and Stella Ting Toomey, *Communicating Effectively with the Chinese* (Sage Publications, 1998), p. 67.

[3] 参见杨国枢：《中国人的性格与行为：形成与蜕变》，《中华心理学刊》1981 年第 1 期。

[4] 参见翟学伟：《个人地位：一个概念及其分析框架》，《中国社会科学》1999 年第 4 期。

上为了确保对面子的维护，形成了一个与之相配合的表达性结构，我称之为偏正结构。因为只有在这样的结构中，面子运作才会有至少单面性的保证，即让脸面的运作尽可能朝着有利于给面子的方向发展。

关于中国社会结构的特征，有许多学者做过相似的议论，其中最接近偏正结构的是一些学者提出来的主从结构。[1] 在我看来，主从结构实际上与许烺光的父子结构的意思相近，其解释力在于一方面它比父子结构更加抽象，可以用于解释更多情况下的中国社会和政治特征，另一方面它也包含了父子结构的内涵，似乎同中国传统文化中的核心概念"孝"保持了高度的同质性。另外一个相似的观点是金耀基曾提及的非对称关系。从他本人的解释上看，此概念同主从结构的含义是一样的。[2] 可至少从字面上讲，这种提法已经忽略了主从结构所能表达的明确立场。而我想修正的地方是，主从结构所体现的主要是顺服、遵从、依附、忠诚等方面，而从下文的分析和后文的个案中，我们可以看到，实际情况的复杂性远非此结构所能包含。

偏正结构出自汉语语法的一种构词方式。它的基本含义是修饰词与中心词所构成的特定关系。"中心"可延伸的意思有中央、中间、核心、重点、重心、中正、正中；而"偏"则表示旁边的、侧面的、不重要的、倾斜的、不正的、辅助的意思。偏正的关系在修辞上是限定与被限定的关系。偏是限定的，正是被限定的。将此语法结构用在社会的结构上，也就是考察边位和中心位置的特定关系。我们知道，设定"中心"一直是中国人的一种非常重要的政治、文化和社会观念。"中国"之名本身也源于这样的认识。可以设想，确定中心的过程同时也是要求偏位聚拢围绕的过程。如果没有偏位的修饰作用，中心地位就

[1]　Nathan, *Peking Politics 1918-1923: Factionalism and the Failure of Constitutionalism* (Berkeley, Los Angeles and London: University Press. Nathan, 1978), pp. 29-32; Ralph Thaxton, "Tenants in Revolution: The Tenacity of Traditional Morality," *Modern China,* 1(3), 1975, pp. 323-358.

[2]　金耀基：《从传统到现代》，广州：广州文化出版社 1989 年版，第 31 页。

得不到突出，得不到强调或体现不出光彩。所谓"众星捧月""夫唱妇随"就是对此恰当的形象比喻。从这些含义来看，偏正结构不但保留了父子结构和主从结构中的服从、遵从、归顺、依附、忠心且服务于正位之意，而且还表达了抬举、美化、吹捧、颂扬、维护、朝贡中心的含义。但这里需要进一步注意的问题是，后者的作用，不是简单地对主从关系的添加，其运作很可能造成其刚性因后者的作用而被部分抵消，即将原先的唯命是从结构转化成面子上的光环作用。

在中国社会，问题的复杂性还在于，对中心的确定不是一个单一的社会事实结构，而是一个 W. J. 托马斯（W. J. Thomas）所谓的"情境定义"（definition of the situation）。[1] 也就是说，任何人都不能做到自己在任何场合都处于中心位置，而只能根据特定的情境的建构和界定，才能确定如何构成偏正结构。所谓"天高皇帝远"，就是一个情境定义的结果。如果皇帝不出现在此情境中，那么这个中心就不是皇帝，当然也可以说属于另一个土皇帝。所以我在其他地方指出，中国是一个假定了人人都有权威的社会。[2] 关键是看在什么场合，如何界定。梁漱溟则更为形象地指出："中国人原来个个都是顺民，同时亦个个都是皇帝。"[3] 我们必须注意的地方是，从角色互动上看，一旦偏正结构形成，就等于一个权威和非权威关系的建立。而中国社会的另一个假定是，权威总是（合法地）同正确性画等号的：权威即正确，正确即权威。所以说肯定权威就要肯定其正确性，肯定了正确性也就是肯定了权威

---

[1]　W. I. 托马斯等：《不适应的少女》，钱军等译，济南：山东人民出版社 1988 年版，第 31 页。

[2]　参见翟学伟：《中国社会中的日常权威：概念、个案及其分析》，《浙江学刊》2002 年第 3 期。

[3]　梁漱溟：《中国文化要义》，载《梁漱溟全集》第 3 卷，济南：山东人民出版社 1989 年版，第 69 页。

性。[1] 这种肯定一旦形成，就意味着处在偏位上的人无论如何都不可能比权威者更正确，更不能试图质疑权威。当然，这不是说偏位结构上的人就不正确，没有机会或不可能正确，而是说偏位置上的正确性要等到被中心位置上的人肯定之后才算作正确。总之，在这样的结构里，所谓正位的正确性要么是不容置疑的，要么其本身就得由权威者来界定，而不需要由客观事实或检验来证明；由此方面来理解权威性，它一旦被质疑，那将意味着丢脸。为了保全面子，权威者明知自己错了，也不能认错。所以，认错在中国权威者（包括家长对孩子）那里是很难的事。

儒家思想中的"孝"的观念即这样的观念，即所谓"天下无不是之父母"。但非常令人惊讶的是，上述这一点同儒家所宣扬的做一个正直之人又是相矛盾的。因为一个正直的人总是会说正直的话，做正直的事。正如王充所谓的"贤儒，世之方物也"（《论衡·状留篇》），可见，追求正直显然要得罪他人。面对这样一个关键性逻辑，儒家这里却拐弯了。《论语》说了这样的话："叶公语孔子曰：'吾党有直躬者，其父攘羊，而子证之。'孔子曰：'吾党之直者异于是：父为子隐，子为父隐。直在其中矣。'"（《论语·子路》）这就是孔子在自己的价值体系内发生内在矛盾时所做的让步。可见，儒家思想内部一直存在着直言和顺从之间的紧张关系。而这种紧张关系的化解之法在儒家体系的内部除了婉言相劝，即所谓"见志不从，又敬不违，劳而不怨"（《论语·里仁》），就需要等待权威者自己的"吾日三省"来改正了。

---

[1]　特定的权威在当代中国也有过不正确的时，比如在 1949 年后的几次运动中，有一种说法叫作"资产阶级反动学术权威"。这种说法本身就意味着两种前提：一是提出这一概念的人是更高的权威，因此这一提法无论现在看如何荒唐，在当时都是正确的；二是本来这些学术权威一贯被认为是正确的，现在加上"资产阶级反动"这一限定词，构成了汉语语法中的一种具有政治和文化意义的偏正结构，就试图告诉人们不要畏惧这些权威，他们也是可以被打倒的。

通过以上讨论，我们大致可以从偏正结构中得到三个中国人表达性结构的预设：

（1）中国人在情境互动中总有寻求并确立中心人物的意向。

（2）中心的确定意味着权威性和正确性的确定，并可以建构出一种互动中的给面子模式。

（3）中国人的这种心理倾向可以用来确保结构上的或形式上的主导性和谐。

既然我提出的偏正结构无所谓宏观微观，我这里就打算将该模型放到中国社会的官僚主义上来展示。艾蒂安·白乐日（Etienne Balazs）曾从历史的角度指出，中国社会结构本身就是官僚主义[1]，并对组织官僚在此结构中所施展的具体做法进行了一番研究。我的研究将建立在我收集到的四个真实个案的基础之上。在研究中国人的过程中，我越发感到，以叙事的方式来看清中国人与中国社会的特点是一个比较好的方法[2]，许多深刻的道理无须多解释，其本身就足以将其中的运作逻辑自显出来。至于它们的涵盖性，我需要另写论文在方法论上加以说明，因为它们涉及研究者的体认与阅读、文本和社会认同（反响）等方面的问题（参见本书中《事实再现的文学路径》一文）。

选择这些个案，我有以下几方面的考虑：首先，这些个案的时间跨度从晚清到今天，大约有一百年之久，这就可以表明官僚作风在中国不是一个新问题，而带有传统性和连续性的特点。其次，为了分析、认清偏正结构是如何通过脸面运作来实现的，本文不重视此类个案数量的多寡，只重视它们的过程和事件之构成环节及其所体现的运作特点。当然这些个案本身将会兼顾城乡与高层、基层和不同的地区，以

---

[1] 艾蒂安·白乐日：《中国的文明与官僚主义》，黄沫译，台北：久大文化公司1992年版，第19页。

[2] 此处也可参见郝大维、安乐哲：《汉哲学思维的文化探源》，施忠连译，南京：江苏人民出版社1999年版，中文版序。

便说明这种构成关系并不局限于某一方面或某一层面。最后，由于这四个个案中有三个在中国社会产生过巨大影响，有的早已有了据此改编的小说、电视剧、地方戏等，有的至少是以公开出版物的形式在中国广为人知，已具有文学意义上的典型性。但因为受文献的限制，对这三个个案中的一些有价值的细节仍然无法弄清（但所有文字表述均整理于公开出版书籍，没有任何主观臆断之处）。为了对此有深入的了解，我对一个正面临相似问题的个人进行了访谈，以便用第一手资料来加以说明。

二、个案一：偏正结构的运作—— 一错到底与面子的挽回

我首先要描述的个案是发生于晚清的杨乃武与小白菜案。这个案子首先通过《申报》的披露而轰动全国，后又因为多种版本的小说、评弹、戏剧乃至现在的电视剧传播而在中国家喻户晓。目前关于该案的研究主要是从法律，特别是从司法的角度出发的，我也曾从社会学的角度对其中的关系运作做过分析。[1] 由于以往的文艺作品中多有虚构，因此真相并不明朗。现有学者根据档案馆藏的大量原始资料弄清了其中一些关键问题[2]，我整理后简述如下：

> 杨乃武为浙江省余杭县人，曾中过浙江省第一百零四名举人，生活上为小康家庭，家有新造楼房三间。小白菜本名毕生姑，幼年丧父，随其母改嫁来到余杭县城，十六岁时嫁给隔壁邻居、豆

---

[1]　参见翟学伟：《中国社会中的日常权威——关系与权力的历史社会学研究》，北京：社会科学文献出版社 2004 年版。

[2]　王策来编著：《杨乃武与小白菜案真情披露》，北京：中国检察出版社 2002 年版，第1—17 页。

腐房伙计葛品连。两人结婚时暂无房，便租下了杨乃武的新房一间。因葛品连早出晚归，小白菜则同杨乃武同桌吃饭，还向他学习读书写字，由此遭到邻里非议。一年后因杨乃武抬高租房租金，葛品连和小白菜从杨家搬出。

同治十二年（1873）十月九日，葛品连感到身体不适，呕吐，回家躺下后嘱咐其妻小白菜买药喝下。然而服药后，病情更加严重，改用其他疗法医治仍无见效后死亡。葛品连死的第二天晚上，口鼻流出血水，其义母等人怀疑是被毒死，要求官府来验尸。

余杭知县刘锡彤，时年七十，天津人，两度任余杭知县。正当他得报准备去验尸的时候，生员陈竹山正好来为他看病。由于两人平时交情甚密，陈竹山就把他在街头巷尾听说的小白菜与杨乃武的传闻告诉了刘锡彤，认为此事是因奸谋毒而死。来到现场，刘的两位手下在验尸时对是否下毒发生了争议，但因刘锡彤事先已经受了陈竹山一番话的影响，于是认定是中毒而死，叫人将小白菜带来审讯。经过一番严刑拷打，小白菜支撑不住，作了假供词，承认同杨乃武有奸情。此时已深更半夜，刘的手下来到杨乃武家，强行将他带到县衙。审问中，杨乃武因心中有气，态度不好，刘锡彤越发要治他的罪。但因杨乃武是举人，不能用刑，因此刘锡彤第二天便呈报杭州知府陈鲁，又通过浙江巡抚将折子报到同治皇帝那里并获得了批准，革去了他的举人身份。十天后，所有的卷宗送到了杭州知府陈鲁手上。但里面缺了一份公禀，被刘锡彤私自压下了。这份公禀是杨乃武托人带话要家人亲友证明，在小白菜所讲的所谓交毒时间他根本就不在余杭城的说明。

被革去举人身份的杨乃武在陈鲁的大刑伺候下，实在熬不过去，承认了此事。陈鲁认为案情大白，让手下把卖毒的人抓来作证。由于此人名是杨乃武编出来的，因此刘锡彤又精心安排了药铺老板作了伪证。结果"铁证如山"，陈鲁做出"斩立决"的判决，报浙江按察使。按察使对此案心里生疑，找来刘锡彤，但刘一再保证没有问题，遂将案件报到了浙江巡抚杨昌浚的手中。杨也不放心，又派人做了暗访，刘锡彤得知后事先做了布置，结果同供词吻合，杨昌浚就将此案上报了朝廷。在此期间，杨乃武在狱中写了被屈打成招的申诉材料，交由其姐叶杨氏等去北京递交到了都察院，都察院接申诉后，下文给浙江巡抚要求复审，杨昌浚再将此案交陈鲁核实，结果维持原判。杨家不服，杨妻小杨詹氏再次筹款进京，将材料递到了步军统领衙门，后转交到同治皇帝手上。皇帝谕旨浙江巡抚亲自办理，结果杨昌浚交给了别的官员去办，而别的官员虽然觉得其中有问题，但碍于杨已做的结论，也就不了了之。这时又逢同治皇帝驾崩和其他国家大事，案子拖了下来。

这一期间，由于《申报》的记者对案情做了跟踪报道，在国内产生了不小的震动。刑部给事王中瑞上奏皇上要求复审此案，皇上钦命浙江学政胡瑞澜去办理此案，但还是维持了原判。由于全国都关心此案，户部给事中边宝泉上奏，认为胡瑞澜是杨昌浚的部下，有偏袒之心，不敢得罪杨昌浚，而且他本人也没有办案的经验，希望皇上将本案交刑部重审。皇上没同意，只要求刑部核查，结果在核查中发现疑点。这时，刑部、户部等部的十八位浙江籍京官联名向都察院提交呈状，要求不再让胡瑞澜审理此案，而是交给刑部来办，两宫太后批准了这一请求。刑部于是调集所有涉案人连同葛品连的尸棺一起押京再审。打开棺材，重新验尸，杨乃武和小白菜因奸谋毒案不成立。此案涉及的官员较多，有十几位被摘掉顶戴花翎。但杨乃武与小白菜因同食教经，不知避嫌，杨被杖八十，举人身份不能恢复，小白菜被杖一百。时年为光绪三年（1877），此案共经历了三年多时间。[1]

---

[1]　参见王策来编著：《杨乃武与小白菜案真情披露》，北京：中国检察出版社 2002 年版。

此案在偏正结构框架内值得讨论的地方有：首先，此冤案的制造者刘锡彤为什么要一错到底，是因为有人贿赂他吗？不是。是像小说上讲的，因为自己的儿子受到了牵连吗？不是。真实的档案中无此记录。那他这样做究竟是为了什么？其次，此案多次（七次）翻来覆去，在这个过程中，许多接触过此案的官员大都看出了案子的疑点，本来早就可以改正过来，但为什么他们要么撒手不管，要么维持了原判呢？是因为刘锡彤制造的伪证过于高明而瞒过了这些官员吗？显然不是，因为开棺验尸是每个查案的官员都可以做的。还有，当时中国城乡里的人命案多得很，错判、误判、逍遥法外的人命案也不少见，为什么十八位京官要专为此案联名上奏太后，将此案送京再审？根据档案记录，为什么明明是十八位浙江籍京官联名上奏，但皇上的谕旨和刑部的奏折中却变成了"十八位浙江士绅"？最后，当此案真相大白后，无辜的杨乃武与小白菜为什么还要被杖，杨乃武的举人身份为什么不能恢复？

其实答案并不复杂，这么多为什么都同面子的运作有关。首先，刘锡彤的错判表面上看是偏听偏信，似乎是个失误，而这个失误本来是很容易纠正的。他不愿纠正也不想纠正，不仅是因为杨乃武竟敢在公堂上顶撞他，或不把他放在眼里（杨乃武的女儿杨浚说她父亲在堂上怒斥刘凭空诬陷）[1]，而且其他历史资料还记载说，早在刘锡彤坐船到任的途中，地方县衙恭候他大驾光临，锣鼓喧天，给足了他面子，但他（因风水要求）故意走错了水路，差点同杨乃武的船相撞，杨当场有不敬的言语，让他当众下不了台。五年后，杨中了举人，其拜谒和宴请的官员中也没有刘锡彤，让刘很没面子。[2]因此，从动机上看，刘一听说杨有犯案嫌疑，就想定案，虽然他自己也心虚，但不惜为此

---

[1] 杨浚：《我父亲杨乃武与小白菜冤案始末》，载《文史精华》编辑部编：《近代中国大案纪实》，石家庄：河北人民出版社1997年版，第6页。

[2] 张兆丰：《酿成杨毕冤案的余杭知县刘锡彤》，载《文史精华》编辑部编：《近代中国大案纪实》，石家庄：河北人民出版社1997年版，第26—27页。

机关算尽。而为此案赔进来的官员胡瑞澜无形中成了他的同谋，他怕此案可能翻过来，竟然精心炮制了一份《招册》，里面一再否定杨乃武的申诉，而且不厌其烦地罗列杨的家属的不正当行为，以挽回局面。[1]所以，如果当时京审不采用开棺验尸的方法，而是再次审讯，此案是什么结果还不一定。再者，官僚组织中，一个木已成舟的结论要让前来复议的官员推翻重来，在脸面观上就等于说一个人自己打自己的嘴巴。所谓官官相护是说官场里的关系网络会来保护已成定局的结论。当然通过审阅奏章，我们必须承认官僚体制中也有直言相谏的官员，但他们处在偏位，成不了气候。可为了能成这个气候，竟然有十八位京官联名上奏皇太后。这是为什么呢？是因为他们都是正直的人吗？显然不是。道理很简单，这些京官都是浙江人，如此一个漏洞百出的案子出现在浙江，出现在一个浙江的举人身上，实际上是在给浙江读书人脸上抹黑。用杨浚的话讲，此案"事关两浙士林的声誉"[2]，于是他们就同仇敌忾地走到了一起。最后一点是，案子事实上判错了，朝廷内外动静都闹得那么大，不纠正不行了。但一纠正，就等于说朝廷错了，可朝廷怎么会错呢，这样一来朝廷的脸面往哪里摆？为了挽回朝廷的面子，首先把这十八位京官统统改成士绅，他们不是朝廷里的人，不过是他们的意见被朝廷采纳了而已，否则官告官，太不像话。其次，革去杨的举人身份的人是同治皇帝，如果恢复，就等于说皇帝错了，可皇帝怎么会错呢？所以不能恢复。另外，此案也不能便宜了杨乃武与小白菜，虽然朝廷命官对此案断得不对，但那是因为先有杨毕二人自己行为不检点。如果一个恪守男女有别，一个遵从三从四德，也就没有这些事，所以也要被杖，也就是说，杨毕二人到底还是错了。

[1]　王策来编著：《杨乃武与小白菜案真情披露》，北京：中国检察出版社2002年版，第45—49页。

[2]　杨浚：《我父亲杨乃武与小白菜冤案始末》，载《文史精华》编辑部编：《近代中国大案纪实》，石家庄：河北人民出版社1997年版，第10页。

三、个案二：偏正结构的中心问题——谁的面子最重要？

下面的个案发生在 1990 年，我并无意拿这个个案同上一个个案做一个衔接，但颇为凑巧的是，此个案的主人翁却把自己比作杨乃武。比如他在给时任总书记的上书中就有这样的话："如果总书记也不能解决和关怀，我将像杨乃武说的那样，'从今以后不再告官，忍辱含屈，虚度残年'！"[1] 当然，杨乃武本人是否讲过这句话，已无从考证，也许用的是电视剧中的杨乃武的话。事情是这样的：

> 刘建军，为保定地区轻纺局副局长，也是省里的特邀"内参"通讯员，他根据接到的一份民事诉讼状和自己了解的情况给省领导写了一封信。信中反映河北省一个地委书记的儿子酒后开车轧死了一名工厂女工，被判处两年徒刑还缓期执行，在此期间又当上了检察分院的批捕处的检察官，手持枪械到处抓别人。再有，这个地委书记的廉政典型是假的，他在背地里还大发牢骚，谩骂省里领导不让他当省委副书记等。这封信当时没有署真名。没想到信寄出之后落到了当事人手里，于是先有公安厅来人查笔迹，然后市纪委领导找他谈话，要他做好受处分的准备。刘建军不服，在处分做出前分别去市委和地委找了几位领导谈话，得到的回答基本上都是他这封信不该写，现在没有办法了，等候处理。几天后，处分决定下达了。决定上说：刘建军捏造事实，栽赃陷害 ××× 同志，挑拨省委领导内部关系，分裂省委领导，给省委领导和 ××× 同志造成了很坏的影响。经地委纪委研究决定，报请地委研究同意，给予刘建军开除党籍处分，建议行政撤销其地区轻纺公司副经理职务等。刘当时拒绝签字，而且认为此事没有

---

[1] 张玲、辛汝忠：《"官司"惊动中南海》，北京：法律出版社 1994 年版，第 7 页。

调查，但迫于办事者的压力（不签不合手续，交不了差），他在写完不同意见后签了字。事已至此，刘决定上访。他先去了省纪委，省纪委的有关工作人员说这个事情要找组织部，找到了组织部，部长说这事要找省纪委。刘知道他们在踢皮球，就自己去了省委领导那里，一连找了省委五位领导，都没有解决问题，只得到了"责成纪检来管这件事"这句话。刘建军又去了纪检委，负责人当时不在，再去，接待的人告诉他，已经汇报过了，纪检领导说他们不介入这件事。

处分的决定登在了地市级的报纸上，刘建军决定去北京上访。他在中南海门口徘徊了数十日。后在天安门广场遇到一位退休干部，建议他在开车轧死人上面做文章，可以找最高人民检察院。来到检察院，接待的人建议他去信访站。高检信访站的一位处长听完他的陈述之后说，汽车轧人的事他们要处理，但他的处分一事不归他们管。他经过多方努力，找到了一位政协领导。该领导让他去中央纪委，并在他的材料上批了一句话，签上了名。中纪委办公室的人看了材料说纪检工作是有程序的（不是看签字的），劝他回去找当地部门解决，并要他相信地方组织，相信邪不压正。在失望之际，他在住处遇到了一位老乡，此人声称自己认识一个人在中纪委工作，于是他终于跨进了中纪委办公大楼。里面的一位副处长听完刘的陈述后认为这件事情可以解决，让他回去等候。几个月过去了，刘建军检查身体时发现患了肝癌，他等不下去了，打电话询问中纪委那个副处长，回答是已把材料转给了省纪委，要他们尽快复查。刘便给省纪委打电话，回答是复查不复查由主要领导定或开会定，让他等等。刘说是中纪委让他打电话问的，对方回答说，可中纪委并没有向他们要结果。刘决定第二次进京上访，直接找了一位高级领导的秘书，秘书把他介绍给全国人大一位极有威望的负责人，负责人批评了这一现象，说要调查一下。几天后秘书回话，说该领导同地方通了电话，地方说刘是地方管的干部，决定是地方做的。刘无奈，从北京回来后，又有人说认识一个中央领导的护士长，可以去找，于是他第三次进京，材料是送进去了，但没有回音。回来后又有一位老干部介绍他去北京找几个重要的人物，他第四次进京。最终走到了中南海的西门口，一位同志来接洽，告诉他认真看了材料，并转到了河北省××部，要相信他们会重视的。刘在北京还见了新闻界的朋友，虽然没有答应开记者招待会，但接受了一个建议，即去法院的行政审判庭试试。法院告诉他，他们不办理这类事情，但答应转给纪检部门。他再次感到没有希望了。回到家后又去过北京一次找了过去的一位老首长，老首长要他坚持不停地找下去，哪怕找十年。受到鼓舞，他又开始在省里从这个部门找到那个部门，结果没有任何起色。刘也许看破红尘了，他拜气功大师，练起了气功，也想到了入佛门。在北京的一次气功报告会上，他见到了在中央工作的老乡，提起自己的事，对方建议他找中央办公厅，找书记处。

整个上访过程中，刘还不停地往北京的有关部门发了200多封信，仅底稿就重达40斤，约100万字。其中包括给党中央的，给国务院的，给全国人大常委会的，给中纪委的，等等。一天，刘建军等到了在中央工作的老乡的电话，让他去北京。他这一次终于顺利地进了中南海，在一间办公室里声泪俱下地讲了自己的遭遇，说到一半的时候，总书记碰巧进来，他抓住了这个千载难逢的机会。回到家后他又血书一封，寄到了总书记那里。于是，中纪委派人来到保定调查此事。调查过程中，凡被调查到的人都开始一边倒了，认为这个处分是错误的，而且还有不少人继续揭发了这个地委书记的其他问题。中纪委提出要纠正此案，但不好自己下文纠错，就要求省里落实，地区纪委下文。但省里有不同意见，认为这个处分是恰当的。中纪委没有办法，将分歧一起报到了中央领导那里等候裁决。近两年过去了，那个"廉政"的地委书记因为各种揭发材料属实已被罢免，但刘的处分因为省里顶着，还是纠正不了。中纪委只好同省地两级领导来回商量如何解决这个问题，最后决定将原来的开除党籍改成党内警告的处分。在此期间，刘一开始对此决定不服，说："要不是我命大早就窝囊死了，整了我两年多，还要给处分，某个领导的面子，某个组织的面子就那么值钱？"但有一位领导在给他做说服工作时说，整错了人，是集体研究的，希望他从大局考虑，不要得理不饶人，得罪一大片。为了维护上级形象，又觉得有这样的结果已经难能可贵，所以刘最终接受了这个处理意见。

一个省里的特邀通讯员，因为写信向省领导反映情况，就遭到打击报复。且在整个事件过程中，刘每到一处反映情况，领导也好，接待者也好，大都是一听就认为这样处理不对，但一遇到如何解决、如何纠正，就都认为没有办法，这是为什么？我们不能说中国的行政机构中还缺少一些相关的部门，其实刘跑的部门很全了。我们也不能说我们的规章制度政策法规不够。刘在上访信中，把自己的做法和法律、党章、全国信访会议文件、中共中央纪检委文件等都一一做了对照并加以说明，以证明他的行为符合这些规定，但他还是照样被处分，这是为什么？我们也不能说有关机构没有办事的程序。此过程中许多办事的人很负责任，不签名不放过他，还有人不按某领导人的签字办事，坚持按程序办事，但还是办错了，为什么？我们也不能说许多相关机构对这件事的调查不够。其实这件事在当地不用调查，人们也都知道怎么回事，连具体执行者也知道这样做不对，但还是要这样错办下去，这是为什么？这么多人都是为了自己的私利来办此事吗？显然不是。那么他们想从中捞到好处吗？也没有。地委书记有本事来"打点"从中央到地方有关部门的相关官员吗？也不可能。但这样的事情就是发生了，这是为什么？

其实，刘建军对我提出的这么多为什么已有他自己的回答："虽然我不办案，但我知道一般案子并不会有我的官司重。我想我的这封信，大概不仅仅是触及了一个人的利益，而是触及了有权人的肺管子，大大地伤害了人家的面子，越是当大官的，面子越值钱。因为树一个廉政典型如果是腐败典型，那他自己也没法给自己交代，在全省也太丢面子了！"[1]

而刘在被处分之前，被纪委找去谈话时，有一位领导也有一番肺腑之言："这件事情，我们是应该有倾向性的，×××许多做法确实不是清正廉洁，可你刘建军为什么伸着脖子让别人砍一刀呢？多少人都知道这事的内情，却没有人去说，你为什么偏去说？""不处分你，人家也不干，×××要求退党或辞职就不好办了。人家已经是典型了，你这家伙打击先进……肯定是要处分你的。胳膊能拧过大腿？"[2]

的确，"胳膊拧不过大腿"。中国相关的组织机构及其章程再完善，但如果依照偏正结构来运行，它们就很容易成为一种摆设（而摆设本身则意味着其脸面功能比实际功能要重要）。此个案中还有一个值得思考的问题是，这个有力的"大腿"是否就一定是最高组织部门或领导呢？显然不是。正如前文所说，偏正结构中的服从不是刚性的，而是一种配合面子运作的结构。可以想象，如果在此事件上高层和地方来争夺中心位置的话，我们虽不否认一定是高层最终能占上风，但从脸面的运作上讲，就会有麻烦。因为是让一个受处分的人恢复名誉重要，还是不得罪一批地方官员重要，这个利弊权衡是明摆着的。如果为了一个人的名声而毁了自己系统内部的官员的面子，那么结果将会延续

---

[1]　张玲、辛汝忠：《"官司"惊动中南海》，北京：法律出版社1994年版，第20页。

[2]　同上书，第26页。

到以后：下级不但用官僚技术对付下面，而且还会用其对付上面。所谓"上有政策，下有对策"，就是指下级本来就有敷衍上级的空间和手段。再加上上级得罪了下级，以后的工作就没法开展了。关于这一点，我后面还要从社会结构和场域方面来讨论。

四、个案三：挑战偏正结构——讲实话与不给面子

以上个案的结局都是让人欣慰的。如果说人间自有公正的话，那我们看到了这个公正是因为"关系"起了非常重要的作用。试想，如果单凭一个"理"字或一个"法"字就可以解决问题的话，事情怎么会那么曲折、那么不可预料？但我下面所讲的个案的结果就不太幸运了。[1]主人翁除了正直和敢讲真话以外，没有社会关系来保证他应有的公正待遇，于是无可奈何，被迫远走他乡。

> 李昌平，37岁，经济学硕士。1997年曾任湖北省监利县柘木乡党委书记。他上任不久在外地学习期间，该乡的一位农妇因农民负担过重问题同村干部发生口角，含愤服毒自杀。此事件正好发生在香港回归之前，中央领导对此事件做出了"从严从快"处置的批示。为了保住县、市及省的领导不受处分和牵连，县里一方面重金安顿死者，并让其子女当干部，另一方面找李昌平谈话，让他顾全大局把此事承担下来。李昌平答应下来，请求市委给予处分。一个月后，市纪委撤销了他党内外一切职务，但该决定一直没有送达他本人。两年半后，监利县委报请荆州市委同意，任命李为监利县棋盘乡党委书记，显然有事情已过去了、替他平反

---

[1] 李昌平：《我向总理说实话》，北京：光明日报出版社2001年版，第115—116页。

的意思。

在此任职期间，他为县里开会传达的精神和下面汇报的情况与农村实际情况相差极大而感到震惊。任职两个多月后，他终于决定给国务院总理写一封信。这封信对他所调查到的本乡社会经济行政等方面的危机状况做了实事求是的反映，并对改革的措施提出了自己的设想。国务院的领导对李的信做出了批示，并派农业部的两位处长前往暗查，结果他们提供的调查报告同李昌平信中反映的情况一样，国务院领导第二次批示要求湖北省领导高度重视这些问题。

国务院暗访的消息传到了县里，县领导当即要求调查组去经济条件比较好的乡镇看看，以挽回影响。国务院的调查组回去后，省、市、县组织了一个庞大的调查组做了重新的调查，他们不相信李的反映是真的，原设想通过调查来反击李昌平的信，可调查结果同李所反映的情况一样，只是一个地方有出入，就是关于乡里吃财政饭的人数，李昌平多写了两人，于是他受到了个别领导的批评，认为他向上面反映的问题不实事求是。接着，省里有领导说，监利怎么搞这种人当书记？监利县人民检察院开始调查他的经济问题。此时监利县委书记却荣升为荆州市副市长，而该副市长在一次领导会议上说，监利县形势大好，他的晋升就说明了省委对这个成绩的肯定，有人给监利县脸上抹黑，监利的干部和群众是不答应的。

李昌平给总理写信的事情在《农民日报》上登出后，省委领导十分重视，不但派了调查组进驻棋盘乡，准备搞农村改革试点，而且还亲自率水利厅、交通厅、财政厅等部门的领导来此调查。为了迎接这个调查，县领导做了一个多星期的精心准备和布置，对"乱说乱动"的人做了重点的布防，对各级汇报的材料进行了逐一审查，等等。其中出现的一个场面可以说明他们布置的周到。

一农妇因为欠村提留款，被司法所的人带到管理区地下室参加学习班，不交钱不让出来，结果精神失常，其家属想在路口拦车向省委领导告状。县委领导早有准备，一方面安排了县公安和乡里的干部看着他们，一方面安排了一个县领导假扮省里的领导当面表态要严肃处理责任人，使拦车告状事件化险为夷。

改革在棋盘乡拉开了帷幕。但作为乡领导的李昌平不同意省、市、县领导的改革思路，因为省市工作队关心的问题是，要用一个月的时间发卡到户，把 1999 年农民负担的 1382 万元减少到 589 万元。这样当国务院回访时就可以交代，而由此造成的其他问题他们不关心。县工作队关心的是抓住有限时间，多做"花架子"、表面文章，造成声势浩大的改革局面，至于是否有实效，并不重要，而余下来的复杂问题则由乡里自己解决。改革要求是一个半月，出效果是半年。就这样，在短短的时间内，"监利县改革经验"出笼了。由县委书记升上来的那个副市长在省委扩大会议上汇报了改革的巨大成果，得到了省委领导的赞扬。之后全省多家媒体做了正面的报道。

这时，李昌平以为自己被查出身患绝症，前往北京治疗。监利县的领导不放心，派人跟踪，认为李去中央电视台反映监利的情况，且《焦点访谈》要来采访。那个副市长立刻布置防范措施，棋盘乡村领导 24 小时严阵以待，后来发现是一场虚惊。然而，《南方周末》却在头版头条报道了李写信给总理的前后情况。一位在外地做生意的监利老乡看到后立刻买了 3000 份，连夜运回监利，那个副市长得到此消息后立刻出动公安拦截，扣下了车子，并连夜审讯了司机 12 个小时。后来发现做这件事的生意人竟然是他的老朋友，只好谎称不知此事，并托人道歉。也许更主要的原因是报上并没有发表什么不利于他的言论。

一面是在全省推广监利改革经验，一面是媒体方面支持李昌平。副市长住院了。市委书记在县领导会议上对李离职前的工作做了正面的评价，并责成市委组织部部长找李谈话，指出监利不稳定，棋盘是中心，而李昌平是不稳定的核心。为了顾全大局，维护稳定，提出对李的工作要做重新安排。

李自己决定辞职，离开了他工作了十几年的故土。

同前一个个案对比，李昌平并没有因为处分不公正而上访。他不过是给国务院总理写信反映了实际情况而受到他顶头上司的指责、刁难、跟踪和撤职。从常识上看，一个乡干部的信能够得到国家领导人的批示，他应该是能够成为当地的英雄或被推选到更重要的岗位上去的，至少也应该能理直气壮或感到有了靠山。的确，只要走出这个地盘，他就是一个敢为农民讲真话的现代英雄，还当选为《南方周末》2000 年的"年度人物"。但在他所管辖和被管辖的这个地盘上，在他所在的基层干部系统中，他却是一个同地方领导离心离德的人，一个给上级的工作造成被动或脸上抹黑的人，一个让地方干部的利益受损的人，一个需要"清除"的人。媒体再怎么宣传他，农民再如何拥戴他，在地方领导看来他也不过是一个为给自己争脸，而大面积地伤害了地方干部的面子的人。因此无论他在外面多么名声大振，他面临的还是他的组织领导要怎么处理他。在此个案中，我们还意识到，在偏正结构中不但看到了在面子上对付上级的技术，而且因为这种面子敷衍技术的出现，权力中心也存在潜在的争夺状态。

五、个案四：对偏正结构的再认识——错的也是对的

我下面提供的我自己访谈到的个案没有前面几个案例那样轰动，比较而言，它是平淡的。而正因为它并不曲折，我更感受到官僚作风

和技术的平常性和普遍性。试想，如果上文见诸报刊与文学作品的个案发生一起就报道一起，或者有的地方官员因为做得太过分而被报道的话，那我们反而认为这样的事情在中国实在也不多见。

F是一位离休干部。1945 年参加新四军，1947 年加入共产党，为抗日干部。1962 年在南京某医学院任党委组织部部员时，即为正科 17 级，享受县团级政治待遇。1976 年，调到苏北 L 市筹办省内首家以中药为主的市属中等卫校（归属市卫生局管），并任该校党委书记。1979 年邓小平关于重视教育，提高教师政治、社会地位等指示发表后，卫生部、教育部先后发文规定，中专学校一般应为县团级单位，重点学校可为地师级。在此背景下，L 市委于 1980 年发 90 号文决定，将包括该卫校在内的 4 所中专，从有关局划出，直属市领导。1982 年又以 2 号文件决定，在这 4 所中专建立党委，任命 F 为卫校党委书记。当时市委分管领导、宣传部部长代表组织同 F 谈话，指出按市委决定，卫校和卫生局一样都是正县团级，卫校党委和局党委是同级党委，都直属市委领导，由宣传部分管，此时 F 已为正处 15 级干部。1984 年年底，卫生局新领导趁该市实行市管县新体制之际，收回卫校领导权，并按副处级调整干部。F 只好退居二线。可是退居二线后，F 的待遇开始发生了变化。F 1986 年被降为副处级，1989 年离休时组织部分管领导再次重申 F 事实上为正处级。然而这一事实却被一副科长否定了，1995 年又通知他副处级再降低一档，前面多拿的工资部分虽不扣了，但从 1996 年开始按新的档次发放，每月扣发离休金 30 元，并告诫他不能上访，否则从头扣起。组织部分管老干部的领导深知此事办得不对，打电话说："有关同志对情况不了解，做得不对，现在收回。"然而因为下级的抵制仍无法执行。F 只好上访，他多次去找过市委组织部领导、信访局、老干部局、律师等，并给省委组织部的领导写过信，结果无非是推辞和不受理。F无奈，将自己写的材料托人在《新华日报》的内部通讯上发表了。这次L市委组织部有关责任人立刻做出了反应，以组织部的名义给报社写了完全不符合事实的回复，让报社的编辑认为F不过是在为自以为是的待遇鸣不平罢了。此事今天仍然没有结果，F不久前大病一场，晚送医院的话就有瘫痪或生命的危险。但他一出院还在坚持写申诉信，总认为此事应该得到纠正。

我问F，为什么一件原本可以按文件章程办的简单事情，而且前有市委的任命、后有组织部部长的谈话，组织部的个别人偏要从中阻拦呢？F告诉我："其实这个抵制在一开始是想当然的，也就是当时的一个组织部副部长在没有搞清楚的情况下，随口就说我的正处级根据不足，因为她本人主观上认定这个单位不可能是一个正处级单位。本来这个根据是可以查的，但她有了这样的想法，而且说出口了，或者说交代下面去办了，这时查根据就不重要了，重要的就是要千方百计地维护她说得没有错。她当时还兼任市人事局局长，按照她的职务和权力，事情就不可能改过来。"

我又问，为什么个别人的抵制就可以让其他人不再坚持组织原则过问此事呢？F说："其实一开始组织部的另一位副部长明确指出这件事办得不对，要改正，而且要查一查是谁这么不负责任地乱讲话。后来一问，是那个副部长讲的，他也就不好再说什么了。也许这里面有一个他们之间工作关系和如何共事的问题，不会为了我的事发生矛盾。"

我还问到，组织部门给报社的说明也会不尊重历史事实吗？F说："说来这事有许多让人费解的地方，首先是那份给报社的说明我本人没有见到，我是托了人才看到的。也就是说，似乎报社的做法是只要有组织部门的回复就可以证明他们对、我错，但回复了什么却不给当事人看，更不会给当事人讨公道的机会。也许组织部的人也知道这一点，就写了一份愚弄报社的说明，其中凡是历史上能证明我是正处级的地方统统拿掉，甚至荒唐到连我 1947 年入党的事实也不承认。你看，为了不承认我是正处级，我的政治生命都任他们涂改。总之，他们怎么做都是对的，我怎么做都是错的。"

六、对偏正结构中若干问题的探讨

通过这些个案的描述，我们可以清楚地看到所谓偏正结构的具体运作过程是怎样的了。但我对个案的选择也会带来一种疑问：难道中国组织中的官员就是这样当官的，就是这样处理问题的吗？显然，这不但在学术上有以偏概全之嫌，而且似乎有故意从其不当之处切入之嫌。其实，偏和正之间不总是构成一种对立的关系，因为也有大量甚至更有代表性的事例可说明偏正之间关系的和睦、协调、顺从与附和。可我之所以选择这些个案，原因就在于官僚作风和技术在和谐的关系中往往不易被看清楚，而需要在有冲突的过程中充分地暴露出来。从逻辑上讲，偏正关系的类型可以有四种，见表1：

表 1　偏正结构关系类型

偏正结构的类型		正　位	
		正　确	不正确
偏位	正确	类型一：协同推进	类型三：维护面子
	不正确	类型二：纠正错误	类型四：共同谋划

从表1的四种类型，我们可以看到：如果偏位正确，正位也正确，那么偏位当然遵从正位来协同推进；如果偏位不正确、正位正确，那么正位则批评或处理偏位，要求纠正错误；如果偏位错误（不正确），正位也错误，那么偏位执行正位的错误（把错误当正确执行或进行共谋）。以上三种关系在我看来，是一目了然的。无论各自是正确还是不正确，都反映了正位的权威和正确的不可动摇性，完全可以归属到一般行政方面的研究中去，在此不值得讨论。而本文的讨论点在于类型三：如果偏位置上的人正确（掌握着事实、原则、章程、规定等），正位置上的人不正确（歪曲、不执行或不落实政策或不按章办事），那么正位置上的人会以什么样的态度来面对这一局面，会如何理解和对待他人的正确，会用什么办法来确保他自己的权威性呢？虽然近来学术界的一种流行的讲法认为其中似乎存在一种博弈关系，但我认为这种博弈在许多情况下是不存在的（如何存在我在下文指明）。因为在偏正结构中，正位的权威性已经使得双方的博弈变得没有必要，处于偏位的人只有认输、认倒霉、认命的份儿。我相信，在现实生活中，许多偏位上的中国人的确也这样认了。我所描述的四个个案中的人物所具有的共同特点就是不认输。他们都认为自己是正确的，不正确的人恰恰是正位上的人。在他们看来，游戏（博弈）起码首先是按游戏规则进行的，而不能是玩游戏的一方在还没有开始玩时就先宣布自己只能赢不能输，否则就让"不知好歹"（中国俗语里面把这种行为叫作"在太岁头上动土"，或者叫"反了"）的一方为此付出沉重的代价。因此偏位上的人如果还想赢得这场游戏，他们首先具备的基本条件应该是：在性格上是一个抗争者，在价值观上是一个理想主义者，在行动上是一个百折不挠者，在结局上则是一个悲剧性的人物。因为这个结构上的正位者给偏位者的打击往往会影响其终生或是致命的，他们常用欺上瞒下、阳奉阴违、软硬兼施、攻守同盟或"压""拖""绕""推""转"等官僚技术操作告诫偏位者，他们是不可能翻过来的。正位者也许心里明明知道偏位者正确，但既然他们不在中心位置，因此这个正确也没有意义，是得不到承认的。

显然，我们从个案中看到的官僚作风及其技术运用既不是此方面的"全豹"，也不是说这些作风及其技术在中国社会中一定一成不变，因为各个地方的小传统差异会产生其他的技术[1]，也就是说它们未必具有代表性。我更为关心的问题是，无论研究方法上有多少不足，这些个案都仍然可以表明偏正结构是中国社会表达性结构的一个基本特征。中国组织中的官僚正是在这样的关系结构中灵活而策略地处理所遇到的各种可能发生的事情的。

现在的复杂性是，如果一种官僚结构的权力模式是命令式的，那么中心是可以确定的。可既然我前文认为偏正结构不同于主从结构，那么我们就需要讨论一下偏正结构的中心点究竟在哪里，也就是不同场域和情境中的中心问题。在中国传统社会，人们遵循儒家所提倡的"五伦"（父子、夫妻、兄弟、君臣、朋友）关系。表面上看，它们是社会学中所谓的角色对应关系，其实更合理地讲应该是角色偏正关系（唯有朋友可以看作准偏正关系），换句话说，它们之间的互动都有一种既定的主次关系。但主次关系不是主从关系。两者的区别是，从后者的框架很容易就可以推导出社会或国家中心地位往往就是一国之君主。的确，这点已经成为解释中国传统社会政治运行方式的基本框架，比如父权、绝对君权、专制主

---

[1]　比如，以下文献书中有许多对基层官僚技术的描述，它们都属于小传统中的操作：孙立平、郭于华：《"软硬兼施"：正式权力非正式运作的过程分析》，载清华大学社会学系主编：《清华社会学评论：特辑》，厦门：鹭江出版社 2000 年版；应星：《大河移民上访的故事》，北京：生活·读书·新知三联书店 2001 年版；张平：《天网》，北京：群众出版社 1993年版；张平：《法撼汾西》，北京：群众出版社 1993 年版。

义、王权主义、集权主义、新传统主义[1]等。不可否认，这些都同儒家的"孝"的治国理念有密切的关系，但我们也不要忘了，孝除了"无违"之外，还有"扬名于后世，以显父母"（《孝经·开宗明义章第一》）的意思，从而也给个体自身的才智施展提供了很大的余地甚至自主性。由此我倾向韩格理（Gary G. Hamilton）的观点：

> 中国的政治组织应与西方上下层级的关系有所不同，在我们思索时，应使其顺应中国人对权力与服从的见解，对中国人而言，和谐与秩序是其首要的原则。用更具体的词汇来说明，中国对支配所抱持的现象学式之标准乃是基于"孝"的观念……笔者假定中国人关于权力的概念化建构，并非基于握有权力的人的绝对意志，而这在西方乃是国家权力之基础所在。相对而言，中国人的权力观乃植基于为达成秩序而在和谐中运作的角色项，以及由礼所界定的角色关系。……笔者称此种政治组织为"身份层级"（status hierarchy）。此组织是由具有层级化排列的角色组合所构成，这些角色组合大体言是自我维持的，而并没有与明显的命令结构有所挂连。[2]

韩氏的这一观点也许并不贯穿中国历史的不同朝代，但至少同中

---

[1] 有关研究情况参见卡尔·A.魏特夫：《东方专制主义：对于极权力量的比较研究》，徐式谷等译，北京：中国社会科学出版社1989年版；刘泽华：《中国的王权主义——传统社会与思想特点考察》，上海：上海人民出版社2000年版；A. G.华尔德：《共产党社会的新权威主义》，龚小夏译，香港：牛津大学出版社1996年版。

[2] 韩格理：《天高皇帝远：中国的国家结构及其合法性》，载韩格理：《中国社会与经济》，张维安、陈介玄、翟本瑞译，台北：联经出版公司1990年版，第115—116页。

国近代以及目前的中国组织格局比较相似。[1] 韩格理根据他对中国国家结构的理解做出了图1，表明了不同层级中的中国人都有自我维持的角色系统，在不同的层级中，各自的维持方式是不同的，但总的目标又是相同的，即都是为了和谐与秩序。

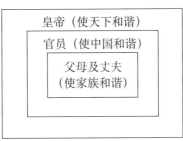

图1　传统中国国家结构 [2]

从图1中，我们可以看到偏正结构的中心是多元的。换句话说，从极端上讲，即使皇帝处在家庭的范围内，他也不能肯定自己就是家庭结构的中心，但这又不排除他仍然是国家层级的中心。由此我们可以看到，中国人在思维方式上会在不同的情境中寻找不同层级中的不同中心。由于中国社会的运作在很多情况下都是处在我上文所列的类型一、二、四的偏正结构中，因此多中心的问题不易暴露出来。然而，一旦组织官僚技术运作到类型三，就会出现中心之间的争夺。中心的争夺在很大程度上就是权力的争夺，布尔迪厄曾经以文学和艺术场域为例，用一个同图1非常相似的图来表明这种场域之间的斗争，见图2。

---

[1]　王绍光、胡鞍钢：《中国国家能力报告》，沈阳：辽宁人民出版社1993年版，第162—170页。

[2]　韩格理：《天高皇帝远：中国的国家结构及其合法性》，载韩格理：《中国社会与经济》，张维安、陈介玄、翟本瑞译，台北：联经出版公司1990年版，第116页。

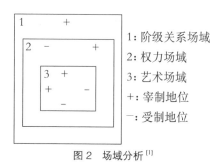

图 2　场域分析 [1]

　　依照他的理论，艺术虽有自己的自主性，但也受更大范围的政治和经济场的支配。斗争的输赢由场域中的地位占有、权力和资源分配来决定。[2] 我们在上文的个案中清楚地看到地方官员往往是争夺的胜方，为什么呢？因为在中国社会，地方官员掌握自己场域的权力分配和地位占有的分布，也有自己的非制度的运行逻辑和规则，其他中心进入其间进行争夺，即意味着他们不顾各场域共同恪守的信仰——和谐与秩序（稳定），所以即使更高层级介入某一场域也不能违背甚至破坏这一信仰。于是，和谐与秩序便成为不同场域斗争者共有的合法性外衣。也许这就是各级官员在类型三发生时都把"要顾全大局""要维护领导的权威"等话语挂在嘴上的原因。此话语既可以抵制地位更高的中心的介入干预，也能让偏位上的人承担不顾全大局或有损领导和地方组织形象的风险。从中我们还可以看到，中国人总是能够比较清楚地界定本土和外来的势力差别（所谓"强龙压不过地头蛇"）；"谁的地盘谁做主"的观念远远强于谁的地位高谁是中心的观念。这也是十八位京官提出杨乃武一案再怎么路途遥远也要进京重审，和今天许多无法就地解决的问题需要越级上访、换个地方评理，而许多更高一级领导（在信访中）仍然坚持要将问题转回到地方解决，进而导致问

---

[1]　邱天助：《布尔迪厄文化再制理论》，台北：桂冠图书公司 1998 年版，第 126 页。

[2]　同上书，第 122—126 页。

题还是不可能解决的缘由。所以，许多中国的地方官员深知自己在当地始终处于场域的中心。

现在我们还需要讨论的是，偏正结构既然总是让正位正确下去，那么是不是说偏位就没有机会同正位抗衡，或者没有办法来证明自己比正位更正确呢？也就是说，在什么情况下才会出现偏正之间的博弈呢？从大原则上看，偏位上的个体如果不采取非常性策略，要想同正位博弈几乎是不可能的。为了翻案，总结上述个案，这样几种策略是最常见的：

第一，调动社会网络资源。这是一种在中国社会最为常见的做法。杨乃武一案和刘建军一案都能得到一定程度的纠正，在很大程度上是关系运作的结果。关系在中国社会运行中意义重大，因为关系可以让偏位进入正位，也可以让本来正位上的权威有时不得不看在另一个人的面子上而（部分）放弃自己的面子，但也要让他能下得了台。因此，中国人一旦遇到解决不了的问题，大都知道与其用原则同正位"硬干"，不如托人、找关系来解决。

第二，借助大众传媒。以上四个个案中有三个都借助了大众传媒。大众传媒可以让社会形成舆论并对官僚施加压力，使维护面子的人因为媒体曝光而不得不改变自己的官僚策略和技术。杨乃武一案如果没有《申报》的追踪报道，不会引起朝廷的重视，甚至一些京官也是因为社会上传得沸沸扬扬才上奏的。但李昌平的个案也说明舆论影响也未必就一定能博弈成功。

第三，以死抗争。中国有句俗话叫"人命关天"，说明中国无论哪个层面对官僚作风导致的人命都是非常重视的。也正因为人命重大，因此许多情况下，当事人自己也不会轻易拿生命同对方博弈。人命抗争主要发生在民告官不成之际，比如李昌平当时管辖地的一位农妇含愤服毒自杀，引起了从中央领导到地方的高度重视，问题解决的速度之快、尺度之过分（子女当干部）也是惊人的。

第四，集体上访或闹事。这是一种以人数、规模和声势同官僚者博弈的方法。此法在我的个案中没有出现，但诸社会报道和我本人的亲眼所见使我相信，中国人近来越来越多地倾向采用这种方法，包括离退休的国家干部、乡村教师、下岗工人、农民等。但也需要承认的是，这种方式至少因为其规模效应很容易催生不合理的要求。

此外，还有人事调动、宏观政策或制度（包括信访站的设立）变化、整顿、领导个人特征等不确定因素也会给偏位制造机会。看起来形成博弈的机会还有一些，但是仔细研究这些策略，我们会发现，在中国，一个挑战官僚主义的事件，或最终被登在媒体上报道，或偏位者以性命来逼迫官僚承认错误，或引发集体行为等，都说明偏位者已走到了万不得已的地步。就目前而言，中国各级政府正在加大治理的力度。这样一来，关系仍然显示为其中最有效、最安全的方法。即使能上媒体，也可能意味着关系（互联网的出现正在改变这一格局）。但要真正走通关系，还有太多复杂现象和问题需要讨论。[1] 另外我们也应该看到，博弈机会的出现并不意味着取胜，没有什么经验材料能够证明，如果采用这些方法就一定能够博弈成功。

七、结语：分析中国社会运作的一个框架

在中国社会结构的解释框架中，以往的中央集权的解释模式在汉学或社会学研究的影响下开始被各种国家与社会的研究取向所取代。[2] 在这个大框架下，我们发现了地方利益、小群体利益和民众利益在其

---

[1] 参见翟学伟：《中国社会中的日常权威——关系与权力的历史社会学研究》，北京：社会科学文献出版社 2004 年版。

[2] 参见赵文祠：《五代美国社会学者对中国国家与社会关系的研究》，载涂肇庆、林益民主编：《改革开放与中国社会：西方社会学文献书评》，香港：牛津大学出版社 1999 年版。

间所发挥的作用。比如，我很认同的一项研究表明：中国官僚体系中的胥吏为了自己的利益往往在行政管理中起着暗盘操纵的作用。[1] 近来还有学者在研究当代中国乡村时提出，在国家权力、乡村干部和村民之间的权力结构中，原来代表国家权力的乡村干部为了自身的利益，已经消解或背离了国家的权力。[2] 而"地方保护主义"概念及其操作在中国社会也已经快成为常识。但我认为，用将社会作为可以同国家博弈的框架来解释中国社会还为时尚早。中国社会至少从近代以来基本上还是一个偏正结构的社会，当然不同的历史时期，比如三十多年的计划经济时期，似乎在此结构中比较凸显了主从结构的一面。

这就意味着偏正结构虽然包含主从结构，但我们也看到了，该结构除了可以确保获得周围的归顺之外，由于具有了往中心者脸上"贴金"的功能，反而在很大程度上使主从关系打了折扣，造成"顺从"不是主从结构意义上的臣服，而可能是面子上的敷衍，即呈现为一种脸面观的运作。从以往的历史资料和本文里的个案来看，正位者也许明知这一点，也仍要维护其形式上的权威性和正确性，而且往往是不计成本和不惜代价的，我们从中似乎看不到经济利益上的合算性考量。可见，它依然是中国官僚作风及其技术的重要特点。官僚主义是中国传统政治的一个基本特征，也叫官僚政治[3]。1949 年以后，中国政府不是没有意识到它的负面影响，曾经多次通过运动的方式进行过整顿。比如，1951 年年末开展的"三反""五反"中就有反官僚主义；1957年 5 月中共中央又在贯彻"双百"方针时再提反对官僚主义；1983 年整顿党风中还提到了官僚主义的危害；从 1996 年起，中共中央在县级

[1]　Richard L. A. Sterba：《帝制中国官僚体系中的暗盘管理》，载黄光国编：《中国人的权力游戏》，台北：巨流图书公司 1988 年版，第 169 — 185 页。

[2]　刘传海：《权力缺席到权力多元》，载谢晖、陈金钊主编：《民间法（第二卷）》，济南：山东人民出版社 2003 年版，第 298 页。

[3]　参见王亚南：《中国官僚政治研究》，北京：中国社会科学出版社 1981 年版。

以上干部中开展了为期三年的"三讲"（讲学习、讲政治、讲正气）活动；现在中共中央正在开展树立执政为民思想、以人为本、加强执政能力建设；等等。但几十年的反官僚主义磨炼出了什么样的中基层官员呢？他们中的一些人在作风和技术上懂得，搞什么运动不过是听听报告、表表决心或再翻新几句口号罢了。现代民谣中所谓"轰轰烈烈走过场"算是一个通俗的表达。也就是各层级都知道为了满足偏正结构的需要，在面子上做得很好看就足够了。例如，我所调查的F在"三讲"期间又一次去解决问题，结果还是被拒之门外，理由竟然是搞"三讲"期间不办理这些事情。

偏正结构和脸面的运作在中国各个层级中持久而广泛地存在着（"非典"流行初期政府隐瞒不报、"孙志刚案"的发生、许多地方不切实际地大搞形象工程、许多行业的霸王条款以及教育界一直存在的阻碍科学进步的"师道尊严""一言堂"现象等，都是对我这个模式的一次次验证）。这也许是本文的研究意义所在，它也是研究中国社会从近代至现代的宏观结构和微观过程的一个有效的视角和分析框架。

人情、面子与权力的再生产

——情理社会中的社会交换方式

中国社会是一个讲人情与面子的社会。众多的研究成果和文化比较研究已证实了这一点 [1]，亦有越来越多的学者在研究中国社会时开始使用"人情"与"面子"这两个概念。但由于大部分学者对它们各自的含义、彼此的关系及其在中国社会如何发生作用等，都还缺少理论的推演和概念上的逻辑整合 [2]，因而也就很难获得对中国社会关系运作的解释。近年来，受西方诸多理论和概念，特别是社会交换理论、社会资源理论及社会网络理论的影响，有些学者逐渐倾向将人情和面子作为一种关系资源，附加在西方的相关理论框架内进行研究或建构模型。看起来，后面这种研究思路似乎使前者的不足得到了解决，但如果认真追究便可以发现，这种附加方式在把中国人的社会交换方式硬套于西方有关理论的同时，已迷失掉了其概念自身所具有的运作方向。其实，中国人运作关系的策略和思路同西方社会理论中的旨趣和指向有诸多不同，需要我们认真而细致地一一加以区分和讨论。

---

[1]　参见翟学伟：《中国人的脸面观》，台北：桂冠图书公司 1995 年版。

[2]　我的论文题目看起来近似黄光国的《人情与面子：中国人的权力游戏》，但实际上关注的不是同一个问题，而且由于他没有界定"人情"和"面子"，因此做出来的模型的伸缩性和包容性都很大。有关批判详见本书中《心理学本土化之我见》一文。

一、什么是情理社会？

在本研究展开之前，我首先将中国社会预设为一种"情理合一"的社会，从而使此种社会中发生的人情与面子全然不同于西方人那些看上去相似的心理和行为。在中国社会，我们在经验中便可以发现，大多数人的办事和处世原则既不会偏向理性，也不会偏向非理性，而是希望在两者之间做出平衡与调和。为了说明这一点，我的研究先从这一预设开始。

回溯儒家经典，中国先秦时期的"情"不同于我们后来所讲的"人情"，前者的含义是人之常情和性情，诸如：

> 此孝子之志也，人情之实也，礼义之经也，非从天降也，非从地出也，人情而已矣。（《礼记·问丧》）

> 孔子曰："夫礼，先王以承天之道，以治人之情，故失之者死，得之者生。"（《礼记·礼运》）

> 故礼之于人也，犹酒之有糵也，君子以厚，小人以薄。故圣王修义之柄，礼之序，以治人情。故人情者，圣王之田也。修礼以耕之，陈义以种之，讲学以耨之，本仁以聚之，播乐以安之。（《礼记·礼运》）

从这些议论中，我们可以看到，早期儒家所讲的"人情"同心理学里所讲的情绪和情感没有什么区别[1]，其原意是指人的天然和自发

---

[1]　这种划分同西方心理学的划分没有什么不同，比如行为主义创始人华生就认为，人一生下来，就有三种情绪：恐惧、愤怒和爱。参见 J. P. 查普林、T. S. 克拉威克：《心理学的体系和理论（下册）》，林方译，北京：商务印书馆 1984 年版，第 131 页。

的感情，即"何谓人情？喜、怒、哀、惧、爱、恶、欲，七者弗学而能"（《礼记·礼运》）。但是，伴随着儒家对人伦的规范及其影响作用，中国人后来所讲的"人情"已不再指人的本能情感。或许儒家认为这种意义上的"人情"会随心所欲，没有节制或放肆胡来，而有仁心的"人情"，必须在一种符合社会之义理的路线上来表达和控制，进而实现了人情的内涵从心理学认识向社会学认识的重要转化。

一个人如何让这些感情在生活中从心所欲不逾矩呢？儒家认为其间需要有一套做人的规则，这个规则在儒家看来就是"礼"。所谓"克己复礼"就是要人克制自己的欲望，让自己的感情不要随意发泄。关于这一点，我们从"礼"字的起源可以看出一点端倪。礼（禮）字最早的意思是祭鬼神的器皿[1]，后由此发展出庄严肃穆的祭祀节目和仪式之义，以表达顺天承运的使命感。《礼记·礼运》上说：

> 是故夫礼，必本于大一，分而为天地，转而为阴阳，变而为四时，列而为鬼神。其降曰命，其官于天也。夫礼必本于天，动而之地，列而之事，变而从时，协于分艺。其居人也曰养，其行之以货力、辞让、饮、食、冠、昏、丧、祭、射、御、朝、聘。故礼义也者，人之大端也，所以讲信修睦而固人之肌肤之会、筋骸之束也；所以养生、送死、事鬼神之大端也；所以达天道、顺人情之大窦也。

因此儒家在构思"礼"的时候，是用它来连接天人之间的关系的。在"天理人情"的说法中，"理"是指天的运作规则，这个规则是自然规则，人不能改变，也不能反抗，因此是命定的；而原初的"情"又是个人化的，能改变的，随意的。在连接这个不变与变的过程中，先

---

[1]　周何：《说礼》，台北：万卷楼图书公司1998年版，第12页。

王（圣人）承天之道制定了"礼"，就是以天的名义规范人的七情六欲，也就是想以"人情"顺从"天意"。但规范也罢，顺从也罢，它们都不是制裁，不是消灭。所谓存天理灭人欲，不是儒家的初衷。在儒家看来，只要人情能够顺应天意，就应将立足点放在调适过的人情上。比如"孝"，它本来不过是作为生物性的后代对生养者之自然感情的流露，可是儒家却把它变成一种义务和伦理化的原则。如果一个人能对自己父母有这样一分感情，然后将此感情再弥漫到长辈乃至君王身上，最后就可以达到尽心知天命的境界，最终便可以达到天下之大治。从这里，我们看到，"天理"偏重秩序（道），而"人情"偏重个人情绪。"天理"作为一种自然的自身运化，具有普遍主义的色彩，而"人情"则带有无数的个人差异，具有特殊主义的特征。只有"礼"一方面讲究秩序，另一方面又照顾到个人的特殊性，才能将特殊主义和普遍主义糅合到一起。[1]这样一来，"天理"与"人情"这两个原先分开来讲的概念，在"礼"的作用下就逐渐简化为"情理"的说法[2]，而这一提法暗含了这样的意味：中国社会对普遍主义和特殊主义不做二元对立的划分，以期待人们做人办事的时候两者都不偏废。

于是，这样的社会对做人、做事及其判断不是单从理性的、逻辑的思维和条文制度规定的角度来考虑的，而是从具体的、情境的和个别性上来考虑问题。所谓"合情合理""入情入理""通情达理""酌情处理"和"情理交融"或"于情于理如何如何"，都是希望人们做人做事时在情和理上都要兼顾，在其中取得平衡。"得理不饶人"是不对的，

---

[1] 余英时在中国人的价值层面上也认为："礼"虽然有重秩序的一面，但其基础却在个人，而且特别考虑到个人的特殊情况。参见余英时：《从价值系统看中国文化的现代意义》，载《文化：中国与世界》编委会编：《文化：中国与世界（第一辑）》，北京：生活·读书·新知三联书店1987年版。

[2] 据日本学者沟口雄三的研究，"人情""情理""天理人情"等概念是在清朝之后开始流行的。参见沟口雄三：《中国的思想》，赵士林译，北京：中国社会科学出版社1995年版，第35页。

太感情用事也是不对的。虽说理是整体的、普遍存在的，情是部分的、个别的、特殊的，但这两者之间这种整体和部分的关系没有孰轻孰重的意思。

我国学者在研究中国传统法律时注意到，"情理法兼顾"或"合情合理合法"这两个常用语正表达出一个十足的中国式观念：情、理、法三者合起来，通盘考虑，消除互相冲突处，才是理想的、真正的法律；但三者中的任何一者，却不可以作为完整意义上的法来理解。此即三位一体。[1] 日本著名学者滋贺秀三通过对明清案件的研究，对中国人的这种"情理"也有很好的领悟。他说：

> 所谓"情理"，简单说来就是"常识性的正义衡平感觉"。这里不得不暂且借用"正义衡平"这一在西洋已经成熟的概念。但什么被感觉为正义的，什么被感觉为衡平的呢？当然其内容在中国和西洋必然是不同的东西……概言之，比起西洋人来，中国人的观念要顾及人的全部与整体。也即是说，中国人具有不把争议的标的孤立起来看而将对立的双方——有时进而涉及周围的人们——的社会关系加以全面和总体考察的倾向；而且中国人还喜欢相对的思维方式，倾向于从对立双方的任何一侧都多少分配和承受一点损失或痛苦中找出均衡点来，等等。这些说法大概是可以成立的。因此，所谓"情理"正确说应该就是中国型的正义衡平感觉。无论如何，所谓情理是深藏于各人心中的感觉而不具有实定性，但它却引导听讼者的判断。[2]

---

[1]　范忠信、郑定、詹学农：《情理法与中国人——中国传统法律文化探微》，北京：生活·读书·新知三联书店 1987 年版，北京：中国人民大学出版社 1992 年版，第 26 页。

[2]　滋贺秀三：《中国法文化的考察——以诉讼的形态为素材》，载滋贺秀三等著，王亚新等编：《明清时期的民事审判与民间契约》，王亚新等译，北京：法律出版社 1998 年版，第 13—14 页。

这段话里面有两点值得我们注意。一是如果情与理处在二元对立的关系中，那么任何一种对理的放松和退让都意味着理不再为理，而受到了情的干扰。因此，如果一个社会要重视理的作用就得排除情的干扰，同一切非理（情）的因素划清界限。史学家唐德刚对此感慨道："'法律'最讲逻辑，律师则尽是逻辑专家，而他们在社会（西方）中的地位更是了得。哪像我们传统的中国人，最瞧不起所谓写蓝格子的'绍兴师爷'和'狗头讼师'。'我们的"仲尼之徒"一向是注重"为政以德"的。毫无法理常识的"青天大老爷"动不动就来他个"五经断狱"。断得好的，则天理、国法、人情、良心俱在其中；断得不好的，则来他个"和尚打伞"，无法（发）无天，满口革命大道理，事实上则连最起码的逻辑也没有了。西方就适得其反。西方的律师，诉讼起来，管他娘天理、人情、良心，只要逻辑上不差，在国法上自有"胜诉"。因而他们的逻辑，也就愈加细密了。'"[1] 在中国，人们认为得理还做了让步，那才更加合理，也合乎人性。

二是，平衡的含义是一种主观的感受和分寸，并没有一种客观的尺度。它属于一种个人心理上的掂量（所谓中国人假设因人心本善而具有的良心），或者是中国老百姓喜欢讲的"人人心里都有杆秤"。表面上看，这句话中包含一种公道自在人心的意思，而实际上这杆公平秤是由情谊或亲密的程度来决定的，也就是说它成为"公秤"的可能性最小，成为"私秤"的可能性最大。因为作为公秤，我们或者要有一种公共的正义感或者要有一套大家必须公认的法规条例。可遗憾的是，这种正义感不是法律制度，而是天理。天理却又只能回归到人的主观认定上来。由主观到主观，大大增强了平衡性上的情理合一与个人感受。假如儒家所谓的"仁"的本质是等差之爱，社会关系是差序格局，生活单位是家族、宗族，那么这个客观的基础就很难找到了。

---

[1] 转引自梁治平：《法意与人情》，深圳：海天出版社1992年版，第161页。

因此中国人所讲的"人情"，更多的是一种私交状态下的感情，即人们常说的"交情如何"或"私交如何"。当然，中国社会在礼的潜移默化下也不会全然不顾天理，更不会轻易伤天害理。因此无论什么情况发生，在情与理之间总是存在着回旋的余地。

那么，公共的情感在中国社会是否完全不存在呢？也不是。我认为，它的存在基础就是由个体的将心比心而来的同情心。同情心是推己及人的结果，即是将自己的"徇私情"合理化为"哪个都免不了有求人"的时候之共同感情。所以，中国人在为自己的私情辩护时往往会说"谁不会遇到点难事""谁都有难处""谁都有落难的时候""谁都有在别人屋檐下的时候"等，一种将心比心的方法获得了普遍主义，进而使中国人的人情总是以特殊性始而以普遍性终，以实现用自己的私情换来他人的同情。有趣的是，即使以上这种从特殊到一般的推论本身，在知识社会学上也得接受符合情理的演绎方式，而非一种纯粹学理的严密逻辑可以推导出来。

二、人情交换的含义及其类型

当人情中含有了理和义的成分后，人情的意思就发展成了中国人的主要交往方式。人情中特殊主义和普遍主义相结合而产生的原则就是《礼记·曲礼》中所说的："大上贵德，其次务施报。礼尚往来，往而不来，非礼也；来而不往，亦非礼也。"但如何把握这个原则，则要根据不同的人、不同的事、不同的情况来定了。而且在不同的人、不同的事、不同的情况下也没有什么一定的原则。杨联陞说："中国社会中还报的原则应用交互报偿于所有的关系上，这原则在性质上也可被认作是普遍主义，但是这个原则的行使却是倾向于分殊主义，因为在中国任何社会还报绝少只是单独的社交交易，通常都是在已经建立个别关系的两个个人或两个家庭之间，一本由来已久的社交收支簿上又加上一笔。"[1]这一笔是多少，我们姑且不论，但有一点可以肯定，就是人情的运作期待不是直接利益最大化，而是互惠的最优化，即里面有许多非（直接）利益上的考虑。直接利益最大化是以"理性人"和"经济人"为假设的社会所追求的目标，而以"性情中人"和"社会人"为假设的社会，追求的是另一种目标。[2]

比较"理性人"和"性情人"这两种人性假设的不同点，我们发现："经济人"所追求的最大利益化是可以预期的，从一个人投入的精力、技能和资本中就可以预计获得多少回报；情理社会中的人情往来虽能预期应该会得到回报（这是理的含义），否则这在伦理和道理上是说不过去的，可复杂性在于，一个人无论投入多少，也不能预计会获得多少回报（这是情的含义）。但关键问题在于，情理社会的人虽不直接追求利益最大化，但不能把人情交换理解成非理性，以为他们的人情交换中没有利益，只有情感。其实，人情交换过程的委婉和迂回更有利于获得比理性计算多得多的回报，也比赤裸裸的利益谈判更具人情味。否则，中国市场中出现的大量人情投资便没有必要。当然，由于它不可预计，因此也不排除回报较小或一无所获的可能，这也是造成当今中国社会在市场经济下传统交易方式失灵的原因之一。显然，这种人情交换中的利益大小是由回报者根据人情的具体认定来实施的，无法一概而论。中国社会的人情交往中之所以发生这样的不确定性，是因为人们在根本上认为"情义"是无价的（但也可以根据情况定价），"回报"也不过是一种心意而已，而不能被理解成一般性的交易。

为什么说人情交换不是一般性的交换呢？提到社会交换，人们通

---

[1] 杨联陞:《报——中国社会关系的一个基础》，载王钟翰、姚念兹、达力扎布编校:《洪业 杨联陞卷》，石家庄：河北教育出版社1996年版，第874页。

[2] 这里的"社会人"的假设源自霍桑实验提出的一种人性假设。

常想到的是交换者之间在社会资源上的等价交换关系，其最典型的表现形式是通过所谓一报还一报，即"礼物的流动"[1] 来实现。抽象一点讲，"礼物"就是交换的货物。西方人类学家长期以来将研究礼物的流动方式、馈赠方式作为重点；而西方社会学家归纳出可以交换的资源除了货物外，还有地位、感情、服务、信息、金钱等共六种。[2] 受西方社会资源理论的影响，中国学者根据中国社会的特征将关系本身也当作一种资源，即关系资源 [3]，相当于我们比西方人多了一种交换资源。而下面的故事似乎也证明了这一点：

> 9 世纪前期的一个宰相崔群以清廉著称，以前他也曾担任考官，不久以后，他的妻子劝他置些房产以留给子孙，他笑着说道："我在国中已有了三十个极好的田庄，肥沃的田地，你还要担忧房产做什么？"他的妻子很奇怪，说她从未听说过。崔群说："你记得前年我任考官时取了三十个考生，他们不是最好的财产吗？"他妻子道："如果这样说，你自己是在陆贽底下通过考试的，但你任考官时，却特别派人去要求陆贽的儿子不要参加考试，如果说考生都是良田的话，至少陆贽家的地产之一已经荒废了。"崔群听了这话，自觉非常惭愧，甚至几天都吃不下饭。[4]

---

[1]　参见阎云翔：《礼物的流动：一个中国村庄中的互惠原则与社会网络》，李放春、刘瑜译，上海：上海人民出版社 2000 年版。

[2]　参见 E. B. Foa, and V. G. Foa, "Resource Theory of Social Exchange," in J. W. Thibamt, T. T. Spence, and R. C. Carson(eds.), *Contemporary Topics in Social Psychology* (Worriestown, N. J.: General Learning, 1976)。

[3]　参见陈俊杰：《关系资源与农民的非农化——浙东越村的实地研究》，北京：中国社会科学出版社 1998 年版。

[4]　转引自杨联陞：《报——中国社会关系中的一个基础》，载王钟翰、姚念兹、达力扎布编校：《洪业　杨联陞卷》，石家庄：河北教育出版社 1996 年版，第 875 页。

在这个故事中，崔群当时要求陆贽的儿子不要考，是怕人说他徇私情。可见，崔群的确可以被认为是个清官。可当他对妻子说他有三十个极好的田庄时，我们终于发现，清官虽然表面上可以两袖清风，但他们仍认为只要有了关系资源，就等于有了一切。这个故事似乎在告诉我们，关系在中国的确是一种资源，但这样的理解实际上是有失偏颇的。

中国人所讲的人情中固然有利益交换的一面，但其更为重要而根本的原因却是由报恩推动的，或者说后者的实现才能达成前者的实现。前文中这个故事的真正含义不在于崔群同考生有师生关系，就可以让学生的资源流动到他那里，而是在于这三十个考生的资源是崔群给他们的。在中国人的逻辑思维中，如果没有崔群这个"伯乐"，就没有考生这些"马"。而这些学生也深知自己能有今天，幸亏有了崔群，既然如此，还有什么不能用来报答崔群的？这才是崔群可以不置田产的根本原因。基于此种报恩式的人情，假使崔群过分一点，告诉妻子他还想要更多的田产，他的学生即使心存不满，也仍无法拒绝。这就是报恩的力量。从妻子对崔群的责备中，我们也可以看到崔群在做清官和谙熟人情交换法则之间的内心纠结和徘徊，并为自己的前后行为冲突感到惭愧。回到我们前文的假设中去，如果我们对人情交换的讨论只围绕着资源来进行，就等于假定中国人的人情资源是可以计算的，也等于将无价的恩情或报恩转化成了有价的资源交换。

由此我们可以得到这样的认识，即恩情的本质含义在于一个人因有社会资源，且为他人解决了人生难题而导致的他人理应持有的感激及回报。其中的价值之所以不可计算，是因为中国人不希望就事论事，而希望受恩者能理解这一事情的意味和用心。价值计算是理性的，而恩情报答是情理交融的。情理社会在人情往来上所构成的非对等性，导致其间产生的交换关系不能一次（或若干次）性地完结，或结束一次新生下一次，只能是发生了一次之后就得连续性地循环下去。从理性上讲，资源交易需要在价值上得到衡量，甚至于诉诸法律来解决，包括精神赔偿、人身保险等都可以换算成价格。但人情来往上的失败，诸如知恩不报或恩将仇报，却是没有什么价格可谈的。比如，一个女人是否忠贞或一个人有没有背信弃义，在传统中国人看来都不是价格或赔偿的问题。因为在中国人的价值观念中，有些东西不能折算成货币，却要诉诸道德谴责或付出生命代价，比如让一个无情无义之人在舆论或良心谴责中一辈子心理不安，在众人面前一辈子抬不起头来或以命相拼来保全自己的名声。传统中国人喜欢道德，不喜欢法律，主要是因为法律裁决具有感情无涉的或换算价格的特征，而中国人在任何情况下都要将感情强烈地带入。电影《秋菊打官司》就表明了中国乡民在传统的情与现代的法面前产生的困惑。

中国人的人情交换大致可分为三种类型。一种是"感恩戴德型"，即某人在遇到危难或紧急关头时得到了他人的帮助，这在人情交往中属于"恩情"的范畴，而对此困难提供帮助的人叫"恩人"。第二种是比较有目的的"人情投资型"，通常也叫"送人情"或"送礼"。"送人情"会导致接受方有亏欠或愧疚感（也是中国老百姓常讲的"不好意思"），造成双方构成一种"人情债"关系，以迫使当送礼的一方提出要求时受礼的一方不得不按其要求给予回报。第三种是一般性的"礼尚往来型"，也就是熟人之间的有来有往的请客或过节时的送礼行为等[1]，以加强彼此的感情联络。

感恩戴德也好，人情投资也好，礼尚往来也好，它们总是同"欠"相联系的。比较而言，恩情中的"欠"最具中国特点，即无价可以衡量。如"欠"可以计算清楚，那便回到理上来，且可以用马上结清的办法来了清彼此的关系。可见，中国人关系中的"欠"字不在理上，而在情上。比如，甲救过乙的命，或在乙饿得不行的时候甲给过他一

---

[1]　有关人情交换的研究，参见阎云翔：《礼物的流动：一个中国村庄中的互惠原则与社会网络》，李放春、刘瑜译，上海：上海人民出版社2000年版，第6章。

碗汤，我们不能问乙回报多少价值的礼物才算够，更不能问一碗汤值几个钱[1]，这样的问法都是不通人情的。因此，甲和乙唯有构成恩情关系，才符合中国人的关系交往法则。自此，当甲有任何需要时，乙都义不容辞地去满足，才算报答了甲的大恩大德。同样，即使有目的的人情投资，或一般性的送礼，也并不出于对等原则。等值回礼在中国的意思就是不想欠人情。费孝通对此有过很好的见解：

> 亲密社群的团结性就倚赖于各分子间都相互地拖欠着未了的人情。在我们社会里看得最清楚，朋友之间抢着回账，意思是要对方欠自己一笔人情，像是投一笔资。欠了别人的人情就得找一个机会加重一些去回个礼，加重一些就在使对方反欠了自己一笔人情。来来往往，维持着人和人之间的互助合作。亲密社群中既无法不互欠人情，也最怕"算账"。"算账""清算"等于绝交之谓，因为如果相互不欠人情，也就无须往来了。[2]

三、人情引起的权力再生产

大体说来，中国人如此看重人情是因为人情可以给个人生活带来正向便利和改进，比如个人的成长和发迹、家族的兴旺和发达等都需要人情来打点和疏通。其运作背景同中国社会自身的构成及运作——以家乡共同体生活和互相支持、儒家伦理和中国传统法律对个人义务的规定等——紧密相连。可其中还有许多问题需要深究，而尤为重要

---

[1]　中国人的谚语中有"一饭之恩，千金以报"的说法。这个说法也不表示千金毕竟是有价格的，而是说一顿饭是无法用钱来衡量的。参见文崇一：《报恩与复仇：交换行为的分析》，载文崇一：《历史社会学：从历史中寻找模式》，台北：三民书局 1995 年版，第 219 页。

[2]　费孝通：《乡土中国》，北京：生活·读书·新知三联书店 1985 年版，第 75 页。

的问题是人情与权力的关系。因为在中国，上述种种社会支持莫过于权力的支持。"靠山""撑腰""走后门"和托人、求情已成为中国人司空见惯的日常行为。这些行为看起来纷繁多变，但其核心不外是人情与权力。我们知道，在中国人的政治运作中，往往是权力不受约束，而职位受约束。权力被理解为（或被赋予）可以在一特定位置上对其所管辖资源做任意的控制和分配，其中既有（事在）人为的意思，也有情理不分、公私界限不分之义。假如权力的界定不能由权力者任意定夺，就说明该社会的权力操作是在制度的规范中运行的，而官员也就成为制度的执行者，而非弄权者。这样的社会自然也就不会成为一个官本位的社会。钱穆说："中国人称'权'，乃是权度、权量、权衡之意，此乃各官职在自己心上斟酌，非属外力之争。故中国传统观念，只说君职、相职。凡职皆当各有权衡。设官所以分职，职有分，则权自别。"[1]正因为权力在中国社会存在任意性（当然也不能胡来），因此操作权术本身就是合情合理的，进而用人情攀上权贵就可能在其任意的一面获得权力的转让，实现权力的再生产[2]，我曾称这一现象为中国社会中的日常权威。[3]前文中提到的三种人情交换方式都有可能成为权力的再生产。比如，李佩甫小说《羊的门》中的呼家堡当家人呼天成为什么能四十年不倒，呼风唤雨，傲视其他大小官员呢？原因十分简单，就因为他在"文化大革命"期间帮助过一位落难的北京首长。后来该首长官复原职，自然对他感激不尽，所以就会有求必应。人情

---

[1]　钱穆：《中国历史研究法》，载《钱宾四先生全集》第31卷，台北：联经出版公司1994年版，第27页。

[2]　这里的再生产用法受布尔迪厄理论的启发，但权力的再生产同布氏的含义有区别。布氏的再生产主要指社会制度，尤其是教育制度及其权威形成了文化、社会和教育系统自身的再生产，而我这里的权力再生产则因人情和面子的运作而生，所以它不但是超越制度的，而且不表现为用权力促使其他方面再生产，而表现为其自身变成了再生产的对象。

[3]　参见翟学伟：《中国社会中的日常权威——关系与权威的历史社会学研究》，北京：社会科学文献出版社2004年版。

与权力之间的交换关系显然不是指权力的正式移交，也不是指有权者正式授予此人该权力，而是说因为有了人情或私交，便意味着，一个原本无权者也可以行使与有权者类似的权力。他可以越过各种规范，不受制度管辖或者指使他人按自己的意愿办事，让他人在想象的空间和关联逻辑思维中认为，相关者的意愿就是权威者的意愿，或反过来说，得罪了相关者就等于得罪了权威者。

在中国，欠了别人的人情意味着受惠人有义务为投入者提供服务，或者受有恩于他的人的指使。中国谚语"拿人的手短，吃人的嘴软""无功不受禄""受人钱财，与人消灾""滴水之恩，定当涌泉相报"，以及"您的大恩大德，我就是做牛做马也要报答"等说法之共同点就是，日常生活中扯不清的恩惠将导致相关权威者义务性的介入。总而言之，所谓权力的再生产可表述为，一种正式的权力通过关系的联结或运作，可以让原本没有权力的人因关系的联结而拥有权力，从而导致权力在关系中蔓延。从人情交往的类型来看，送人情和礼尚往来是许多人连接官场的常见手段，而真正发挥作用的则是感恩戴德型。

可是按照儒家的忠恕原则，我们能否将人情的交换做另一种方向的思考呢？比如，一个人做事不喜欢求别人，那么他能不能同样推出别人做事也不要来求他，或者说一个人做事不喜欢求人，不喜欢欠人情，他能不能同样也要求别人像他这样呢？金耀基似乎对此持肯定的态度，比如他说："'不可欠人人情'几乎是中国最重要的社会格言或教训。"[1] 但这话充其量是因担心还不起人情债（因为无价）而劝人不要轻易地欠人情的意思，它绝构不成中国社会关系的基础。单纯而孤立地抽离出忠恕原则来看，也许前文的反向推论是讲得通的。但如果将其放回到儒家的社会脉络里面来看，便讲不通了，因为儒家思想和

---

[1]　金耀基：《人际关系中的人情之分析》，载金耀基：《中国社会与文化》，香港：牛津大学出版社 1993 年版，第 27 页。

中国家族生活实践都不会给个人这样的思考余地。在中国人看来，且不论个人的交往方式如何建立，单是一个个体的出生这一事实本身就已经包含了父母的养育之恩，也就是说一个人的生命已拜父母所赐，那么这个人该怎么回报其父母呢？回报是天理，而如何回报，就看人情了。这也是每个人都不得不欠人情的理由。但我们能否认为，一个人可以欠父母的，但不用欠别人的，父母的养育之恩怎么可以同社会上的人情往来同日而语呢？然而，中国的事情就是这么复杂：赋予人生命在中国往往可以等同于救人一命（后者叫"再生父母"），一旦有了"再生父母"这样的例外，我们就有理由让人情交往有更多的例外。其实对制度的运作而言，人情本身都是例外。

理解了人情的施报关系不可用理性计算，并且以个人关系为纽带后，那么我们再看一下林语堂讲给我们的 20 世纪 30 年代的事例，就能体会更多：

> 在这种气氛中产生的恩惠，它来自当权者和需保护者之间的私人关系。然而，它可以取代法律，事实上也往往如此。一个中国人被捕了，或许是错捕，他的亲戚本能的反应不是去寻求法律的保护，在法庭上见个高低，而是去找长官的熟人，去求他的"恩典"。由于中国人非常重视个人关系，重视"情面"。这个去求恩典的人如果"面子"足够"大"，他的说情往往能够成功。这样，事情总是很容易，比那耽延时日的官司花钱要少得多。于是，在权势者、富人、有关系的人与那些不太幸运的、没有关系的穷人之间产生了一种社会的不平等。
>
> 几年前，在安徽有两位大学教授，不小心说了几句不当说的话，其罪责微不足道到荒谬的地步。就这样，他们冒犯了当局，被抓去监禁了起来，亲戚没有什么好法子，只得到省会去向该省的最高军事长官乞求"恩典"。另一方面，同一省里的一些年轻

人，因赌博被当局抓获。因为他们与省里某一有势力的团体有关系，他们不仅获释，而且还到省会去要求解雇那些抓他们的警察。两年前，扬子江畔某大城市的警察搜查了某鸦片馆，并将其所截鸦片没收。然而，某地方要人的一个电话，警察局就不得不为自己的失礼而道歉，并且在警察的护送下将鸦片送回。一位牙医曾为一个很有权势的将军拔了一次牙，将军大悦，授了一个头衔给他，所以他的一生就可以享受一点将军的荣誉。有一次，某部的电话员请他接电话，直呼了他的姓名，而没有称呼他的头衔。他来到部里，找到那位电话员，当着军事参谋部成员的面，扇了电话员的巴掌。1934 年 7 月在武昌，一位妇女因为天热穿短裤睡在户外而被捕，监禁几天之后便死去了。这位妇女原来是位官太太，那位警察于是被枪毙了。诸如此类，不一而足。[1]

四、人情与面子：权力再生产的不同方式

现在我们涉及了与人情概念密切相关的面子问题。人情同面子的相关性，使得我们很难区分它们之间的差别，至少目前在学术界尚没有人做过这样的努力。可我认为，这两个概念之间虽然存在许多模糊地带，但各自的侧重点还是有所不同。

"面子"这个词在我看来是人头部所谓颜面、面目的一个转喻。本来，颜面和面目就是指一个人的面孔。可是转喻之后，其含义则大放异彩，变成了中国人的思维与行为模式上的一个重要特点。在中国社会，个人是家族链条上一个摆脱不掉的分子，因此他的言行举止、为人处世、事业功名、做官掌权的问题不仅是他个人的问题，而且是整

---

[1]　林语堂：《中国人（全译本）》，郝志东、沈益洪译，上海：学林出版社 1994 年版，第 201 页。

个家族期待并因此可以沾光的问题。如果一个人做的事业符合家族众人的期待，那么不仅他自己感到非常荣耀，他的家人也会为他感到骄傲，并因此能分享他的荣誉和资源；反之，如果他做的事业或选择违背了家人对他的期望或虽然努力了，但以失败而告终，那他就会感到羞耻，也就是丢脸的意思，无法回到其家人群体中去，这时的表达是"以免让家人羞辱"或"让家人在当地感到无地自容"。这就是"有脸见""无颜见""羞见"及"有何面目见"的最初含义。因此，在中国社会，许多事情不是个人想不想做的问题，而是家里人想不想他做以及他做了后会给家人带来什么后果的问题。这样我给"脸""面目""颜面"等在社会学和社会心理学层面上的定义是："脸是一个体为了维护自己或相关者积累的，同时也是一个社会圈内公认的形象，在一定的社会情境中表现出的一系列规格性的行为。"[1] 后来我又把这个定义修改为："脸是个体为了迎合某一社会圈认同的形象，经过印象整饰后表现出来的认同性的心理和行为。"[2] 由此比较脸面和人情的区别便可以发现，"脸面"是一个辐射性或推广性的概念，它的动力和行为方向都是以与相关者的共享为特征，即同所谓光宗耀祖、光大门楣、沾光等心理和行为相联系。否则，"脸面问题"只成了欧文·戈夫曼（Erving Goffman）理论中的个人"印象整饰"（impression management）问题，而失去了更深层次上的动力源或众望所归的行动方向。关于面子的分享性导致的权力问题，中国台湾社会学家文崇一做过专门的研究。他说：

> 在中国社会，特别是传统中国社会的政治体系中，亲属和权力表面上是两个不同的范畴，实际却是在一个范畴中运作。所谓一个范畴是指，有时候家族支配权力，有时候又反过来，权力支

---

[1] 翟学伟：《中国人的脸面观》，台北：桂冠图书公司1995年版，第90页。

[2] 翟学伟：《脸面观的同质性与异质性》，载翟学伟：《中国人行动的逻辑》，北京：社会科学文献出版社2001年版，第76页。

配家族。家族与权力之间一直是互相支援，形成一种特权。这种特权，通常都在地位上表现出来。有权的人，除了自己享受特权外，还会把权力分享给关系密切的家族和姻亲，由近及远；家族和姻亲也会联合起来分享权力，或要求分享权力。这已经变成一种习俗或社会规范，因为有些法律条文也承认这种分赃式的瓜分权力。这种透过家族和姻亲关系获取或保障既得利益的手段，是权力关系中一种非常奇特的现象，我们通常把这种情形叫作裙带关系。中国人做了官或发了财，如果不给亲戚朋友一点好处，那才叫不懂人情世故。一个不懂人情世故的人，在中国社会是很难立足的，不要说为自己的事业打天下了。这就是权力分配在中国社会结构中的关键地位，它跟亲属结构有着不可分割的关联性。[1]

我认为，在中国社会，单凭自己的目标和兴趣干一番轰轰烈烈的事情，或表现得知书达礼、彬彬有礼，不能算真正的脸面行为，这不过表明个人奋斗成功或行为得体而已。其实，中国人讲究的脸面总是倾向把相关者的有关心理和行为考虑进来，因此具有层层辐射出去的作用。而"人情"则是一个相对排斥性的或封闭性的概念，它主要表现在有形和无形资源的交换上。显然，有交换关系或恩惠关系才有人情关系，没有交换关系就没有人情关系。一个人不同另一个人进行人情交换，不能说他同此人有人情关系。可见，人情的封闭性表现在，人们彼此之间可以分清谁欠谁的人情或谁不欠谁的人情。而在脸面方面，一个家族或家乡里出了一位名人，家族和家乡的人们根本不需要这位名人的首肯，就已经沾到他的光了。

---

[1] 文崇一：《亲属关系与权力关系：结构性的分析》，载文崇一：《历史社会学：从历史中寻找模式》，台北：三民书局 1995 年版，第 246 页。

因此，单靠人情同权力的关系可以发生交换关系，比如钱权交易、徇私情，即所谓的寻租。但脸面则不同，它涉及的是个人的资源无论自己愿意与否都会有他人来分享。比如，"争脸"和"争面子"的意思是一个人获得了令人羡慕的学识、人品、才华、德性、情操、职务之类，或有了当地人认同的行为和事迹，结果那些没有这些成就的人只要同此人有特定的关系，就可以分享这些特征。再比如，"给面子"就含有让那些相关的他人分享自己的荣誉、名声以及由此而来的物品、财富、地位、权势等的意思。总体上看，脸面作为一种扩散性资源，是以他人正面的评价作为回报的。比如，他人对施与资源者的接受、感谢、感激、颂扬等会让有脸者同时感到自己有了面子。可见，有脸者用人情与相关者共享因脸产生的资源，就是在赏脸给他，而他所要的回报，有时不是物质帮助，而是多多的恭维、抬举和捧场。所谓给他人面子就是对他人重要性的承认，也就是对他人的成功、德性或善举的肯定、羡慕、欣赏、尊重、敬佩等。如果一个人虽有物品、财富、地位等脸面资源，但在他想找人分享时，别人都表示出轻蔑、不愿搭理或拒绝要他的东西，那就叫不给他面子。在中国，一个人不给面子，最有可能的原因是涉及道德问题，要么他或她过去可能伤害过此人的感情或自尊心，要么人们不认同他或她的资源的来路。比如，一个人靠偷盗得来钱财，即使他再富有，也仍然没有面子。更为严重的是，这种没面子的行为的影响也同样会波及他或她的相关者，如他们的家人、家族、同乡，最后他或她只能退出或逃离其为之奋斗过的群体。这样我们就知道了，面子是在脸出现后而获得的他人的评价。从理想上讲，它经受着一个人的脸是否被某一群体或社会圈承认的检验和考验。由此，面子是一个为脸活着、为脸奋斗的人最想得到的东西，当然比金钱和财富更为重要，因为是它赋予了金钱和财富以社会和文化的价值和意义，也使奋斗者感受到了为之奋斗的幸福感。这样，我给"面子"下的定义是：面子是由个体在做出脸的行为后带来的他人判定而在他人心目中形成的序列地位，即所谓心理地位。所谓他人评价或判定及其在他人心目中的序列地位，也就是心理地位。[1] 因此，面子在根本上是一种个人表现出来的形象类型导致的能不能被他人看得起的心理和行为。[2] 费正清对此有相当的见地。他说：

> 中国式的人文主义包括关心个人尊严的问题，但那是从社会的观点来关心的。"面子"是个社会性的问题。个人的尊严来自行为端正，以及他所获得的社会赞许。"丢面子"来自行为失检，使别人瞧不起自己。人的价值，并不像西方所认为的那样是每个人固有的品质，而是需要从外界获得的。[3]

从这一点来看，面子虽然以他人评价为皈依，但因为它是从脸的表现出发的，所以它是有"里子"的。不过，这是把脸和面子从中国文化中抽离出来分析的结果。如果把这个分析再放回到我们上文所讨论的中国人的关系中来看，特别是介入关系的辈分、孝悌、忠恕，我们就会发现，这些关系运作让中国人的脸开始式微，而面子开始突显。也就是说，辈分高的、地位高的或在伦理上应当受到尊重的人都有一个共同的特点，即无论自己的德行（脸）如何，都希望他人给他面子。而按照忠恕原则，如果他这样做了，当他人出现同样的情况时，他也会给别人面子。由此一来，无论对方是否表现出色，"给面子"都是最重要的。据此，中国社会发展出了一套很成熟的恭维他人的言辞。伯特兰·罗素（Bertrand Russell）曾说：

---

[1]　翟学伟：《脸面观的同质性与异质性》，载翟学伟：《中国人行动的逻辑》，北京：社会科学文献出版社 2001 年版，第 90 页。

[2]　详见本书中《个人地位——中国日常社会学理论的建立》一文。

[3]　费正清：《美国与中国》，张理京译，北京：世界知识出版社 1999 年版，第 125 页。

外国人对中国人的"要面子"觉得很可笑。殊不知只有这样才能在社会上形成互相尊敬的风气。每个人，都有面子，即使最卑贱的乞丐。如果你不想违反中国人的伦理准则，那就连乞丐也不能侮辱……

……中国人的生活，即便是最现代化的人，比起我们也要有礼得多。这当然影响效率，但同样（更重要的是）也影响了人际关系的真诚。[1]

总之，人情偏向的是交换上的一种一对一关系，因此它的回报方式就不是正面评价的问题，而是实惠和实质性的帮助；而面子偏向的是赋予交往关系以价值判断。两者的相关性在于，平时多做人情，就会得到较大的面子，平时不讲人情，就得不到面子。

但人情和面子能够在中国社会混合使用，也表示它们的确有共同之处，这主要是在不考虑第三方的情况下体现的。比如，A 和 B 之间建立了人情关系，这时 B 对 A 说"看在我的面子上"，也可以说"看在我们的情分上"，这里的"面子"和"情分"在 A 和 B 之间是没有区别的，即人情就是面子，面子就是人情。但如果在 A、B 和 C 三人之间，A 和 B 之间有人情关系，B 和 C 之间也有人情关系，A 和 C 之间没有人情关系 [2]，那么 A 和 C 之间本来是不会因为 B 分别同两人有人情关系而建立共同的人情关系的。但我们在中国社会的经验中发现，A 和 C 之间事实上也有人情关系，这是为什么呢？因为面子在中间起了连接的作用。比如，C 因为同 B 的关系，对 A 说"看在我的面子上"，通常 A 不会给 C 面子；但如果 C 对 A 说"看在 B 的面子上"，A 就会因为要给 B 面子而给 C 面子。所以在中国社会，办事的关键不是看事

[1] 罗素：《中国问题》，秦悦译，上海：学林出版社 1996 年版，第 161—162 页。

[2] 如果三者之间都有人情关系，就是一个交换上的平衡问题了，详见本书中《中国人关系网络中的结构平衡模式》一文。

情本身好不好办或能不能办，而是看由什么人出面。

现在我们将权力的问题带进来讨论。假如在上述 A、B、C 三者中，A 是一个权威者，当他自己的权威介入同 B 和 C 构成的网络时，这个权威如果只同 A 和 B 之间有人情交换，那 A 和 B 之间只是一个徇私情的问题。这点在中国、西方都有，只是中国社会可能更严重罢了。但如果 A 的权威也能被 C 借到，那么 B 就成了传递权力的中间人，而这个传递的成功是通过面子实现的。同理推出，如果 C 同 D 有私交，C 也可以成为中间人，再将权力借给 D，那么网络之间的日常权威不但形成且流通起来。当然，离权力源头越远，日常权威的威力也就越弱。有一点需要表明，在许多情况下，权威的流通未必需要那么多中间人的人情串联。如果脸面概念本身就包含个人不但是为自己，而且是为家族和乡里等相关者争取的话，那么除了脸面获得者 A 以外，其他的相关者就都是 B。所谓"一人得道，鸡犬升天"讲的就是这个道理。当然，这种辐射出去的相关者最终会有一个边界或一个定义。边界或定义之外的人如果想借到 A 的权威，只能向这些"鸡犬"求情。

五、结　语

从以上分析中我们大致可以看出，人情、面子如此受到中国人的重视，是因为它的运作方式同情理社会相契合。这种社会中的人在行事的时候总是力图在情理上找到一条平衡的中间路线，并通过同情心实现特殊主义向普遍主义的过渡。可以设想，在一个偏重以法规、制度和理性构建起来的社会里，人情、面子即使想发挥作用也没有多少用武之地。因此，当"人情"和"面子"作为一对概念进入西方人的视野时，他们（不包含人类学家）所能理解及衍生出来的理论不过是个人印象整饰的策略 [1]（或人际沟通的一种话语策略 [2]，通俗地讲似乎是一种礼貌用语的策略），因为他们实在意识不到它所具有的一种巨大无比的社会能量。回到中国自身，虽然有的中国学者看到了这一点，但由于受到社会交换理论、社会资源理论等的影响，倾向把关系作为一种交换资源，进而不可能发现，中国人的交换行为因情和理的共同作用而不可预期和不可计量。这种不可预期和不可计量一方面使得交换关系潜在的回报价值更大，另一方面也很容易实现对制度和权力的再建构，并使参与交换者得到原本无法具备的支配力量和威力。另外需要澄清的是，在中国社会，人情和面子同权力的勾连是有差异的。人情是在报和欠的过程中获得的权力，是交换的结果（比如送礼），具有封闭性的特点，而面子是在关系的关联中获得的权力，是无交换的结果（比如沾亲带故）。但它们彼此之间的联系之处是，无论它们如何运作，其结果都是建立与他人的特殊关系（有私交和交情），并将社会生活的意义寄托于此。就这一点而言，我们可以笼统地认为，中国人在情理社会中借助人情和面子的运作，放弃的是规则、理性和制度，得到的却是不可估量的社会资源、非正式的社会支持和庇护及以势压人的日常权威。

---

[1]　参见欧文·戈夫曼：《日常生活中的自我呈现》，黄爱华、冯钢译，杭州：浙江人民出版社 1989 年版。

[2]　参见罗纳德·斯考伦、苏珊·王·斯考伦：《跨文化交际：话语分析法》，施家炜译，北京：社会科学文献出版社 2001 年版。

社会运作理论篇

"土政策"的功能分析

——中国地方与组织领导的权力游戏

一、土政策的含义及其显功能

"土政策"这一概念经常出现在报刊上和人们的言谈之中，但其含义却不是很清楚。查阅有关的工具书，上面并没有这样的条目及界定。为了搞清楚它的来龙去脉，我们只能先回到"政策"本身的定义上来。政策，在中国的政治、经济、文化、劳动、人事、教育、日常生活等各个社会领域中起着相当重要的作用，以至于我们怎么估价它在中国政治、社会和组织人事以及日常生活中的意义都不过分。特别是当法制本身还不健全以及人们对现有的法的意识还有待增强，或者人们尚不习惯对其加以遵从时，人们主要会寻求及按照现有的政策办事，或期盼一些新的政策出台。

"政策"在多数工具书上一般是指"政党或国家在一定历史时期为实现一定的纲领和任务而做出的关于行为方向和准则的指导性、规范性的规定，是遵循一定的政治路线和思想路线，根据国内外政治、经济、文化等各方面形势及其变化而制定的"[1]。但关于它的体现形式，说法略有不同，如上述词条接着认为它"以决定、决议、规章制度、

---

[1] 彭克宏主编：《社会科学大词典》，北京：中国国际广播出版社 1989 年版，第 415 页。

国家法律、法令、条例等为体现形式"，而其他词条解释认为"一些政策是法律的渊源之一"。[1] 我认为后者的观点更接近中国的实情，因为"政策"和"法律"是两个不同的概念，其中一个并不能包含另一个。由于政策具有相当的阶段性、针对性和灵活性，因此它在一定程度上正好同法律的特性相对。只有政策被长期地稳定下来之后，它才有可能成为法律的一种来源。在西方社会科学词典中，"政策"（policy）有三层含义："一是指人们在社区里交往时的意图，二是审时度势和决定采取适当行动，三是获取和投放资源。" [2] 中国的政策定义比较接近西方定义中的第二层意思，而且带有国家总政策的含义。但从社会学的角度看，我认为第三层意思更符合中国一般政策的含义，因为任何政策的制定和实施在根本上都是同特定的利益相联系的，尤其是某一领域、某一方面的具体政策总是意味着对某一类社会资源的控制与分配。故在社会学意义上，所谓落实政策总是意味着相关人员可以按照一种规定来对照自己是否为其中的资源获得者。

政策之前加上"土"字，从政策的分类上看，在学理上或许表示它同公共政策相对，也就是说，它通常不具有广泛的适用性。从上层机构来看，"土"字也可以表示最高机构下达的政策在一定意义上只是一个方针性的政策，由于考虑到下层单位的复杂性，一般不可能给出一套非常具体的、明确的和可直接操作的政策。而当它被传达到地方性机构时，方针也好，政策也好，开始在这里进行细则化，以便个体成员实际执行。而从地方上看，无论是接受上级的政策，还是基于本地区某一方面的需要（包括合理和不合理），都必须有一套结合本地情况的规范性策略，而任何一种为适合当地情况所制定的政策，都称得上是"土政策"。由此我们可以看出，虽然土政策种类繁多，制定

---

[1]　张光博主编：《行政学词典》，长春：吉林人民出版社 1988 年版，第 685 页。

[2]　A. Kuper, and J. Kuper, *The Social Science Encyclopedia* (London: Routledge & Kegan Paul, 1985), pp. 605-606.

和实施的范围非常广泛，但其共有特点是：（1）它不是上级传达的政策本身，而是由这些政策派生出来的且针对本地实情而形成的政策。（2）"土"表示它只用于本地方，对其他地方不起作用（但可以参考借鉴）。（3）这一层面上的政策是可以灵活掌握的，并随时可以根据本地区或组织的实际状况增减或取消，而非规章制度那么固定或必不可少。（4）如果必要的话，可以在没有上级政策下达的情况下根据自己的需要制定。总之，土政策可以说是在上级政策不具体或无法具体或还没有形成的情形下应运而生的。

这时，如果我们要给"土政策"下个定义的话，那它是指地方或组织根据上级的方针性政策或根据自己的需要，结合本地区或组织的实际状况和利益而制定的一套灵活、可变、可操作的社会资源的再控制与再分配准则，而这套准则对其他地方和组织没有效果。

从以上定义中，我们可以看出中国地方上制定土政策的目的是十分明确的，其社会功能表现在：（1）它是最高一层的方针和政策在地方上的具体化和操作化，其制定的起因通常是同高层次的政策相适应。正如我国的工具书在提及政策与具体政策的关系时所说的："政策有总政策和具体政策之分，具体政策是适用于某一领域或某一地方的行动准则，它受总政策制约并服务于总政策。"[1]（2）更好地指导或调整地方或组织内部的利益需要，具有引导、改善和维护当地或组织中成员的工作和生活的作用。（3）对个体的行为具有一定程度的规范作用，以调动他们的积极性，实现其地方或组织目标。（4）补充法规和没有出台的政策之不足。

土政策的这四个功能是显而易见的。由于它们体现了土政策决策者和被管辖成员所期望达到的目标，因此被看成它的显功能（manifest function）。但功能分析方法的倡导者，美国著名社会学家 R. K. 默顿

---

[1]　张光博主编：《行政学词典》，长春：吉林人民出版社1988年版，第685页。

（R. K. Merton）明确指出：如果社会学家"只限于研究显性功能，他的工作算是什么呢？如果真是如此，他所要做的就是看看为了某种目的而建立的行为模式，实际上有没有达到这个目的。……如果社会学家只限于研究显性功能，他们的研究就被从事实际事务的人（工厂管理员、工会领袖或纳瓦若的酋长等等）所左右，而不是为理论问题所引导。但理论问题却是社会学的核心。如果社会学家的主要工作是研究显性功能，其关键问题则是：人们有意设立的行为方式或组织有没有达到它的目标？那么社会学家就变成一个日常行为模式的记录者。'评估'一词的意义就被从事实际事务的人和不懂理论的人所提出的问题所限定"[1]。由此可见，社会学研究不能不注意显功能，但不能局限于对显功能的分析，其更为重要的任务是发现和探讨不为目标制定者和执行者所发觉，而事实上已产生结果或客观效果的潜功能（latent function），即研究社会行为的非预期的后果。

二、土政策：普遍主义抑或特殊主义？

如果说土政策意味着决策者根据上级指示和本地的情况而对社会资源重新加以控制和分配的话，那么就存在用什么方式和标准来加以制定、实施的问题。这就自然会涉及土政策在"特殊主义"和"普遍主义"这对概念中的定位问题。依照这对概念的建构者 T. 帕森斯（T. Parsons）的观点：前者"凭借的是与行为者之属性的特殊关系而认定对象身上的价值的至上性"，而后者是"独立于行为者与对象在身份上

---

[1] 罗伯特·金·默顿：《论理论社会学》，何凡兴等译，北京：华夏出版社 1990 年版，第 157 页。

的特殊关系而制定的规则"。[1] 由于帕森斯受到 F. 滕尼斯（F. Tönnies）关于"乡土社会"（Gesmeinschaft）和"法理社会"（Gesellschaft）之划分的影响，将这对概念放在社会系统的模式变量中来看待，因此这对概念也意味着对传统社会与现代社会的划分：特殊主义构成了传统社会的特点，而普遍主义构成了现代社会的特点。受此划分的影响，美国现代化研究专家 M. J. 莱维（M. J. Levy）对这对概念做了更细致的划分，他认为，在普遍主义－特殊主义的范畴中包含两个要素。一是切合性，即指某个标准定的是否切合该成员关系的基本目的或这种关系所要协调的那种活动；二是社会排斥：指某人被拒绝参与某种成员关系是因为一些与他能力和成就毫不相干的社会分类原因。[2] 在许多西方社会学家眼里，中国社会是一个特殊主义的社会，原因在于，从切合性上看，中国制定的规范制度的标准同其组织成员没有什么对应关系，如基本工资的定级标准是工作年限或岁数等，而非工作表现与成绩；从社会排斥上讲，中国社会的家族取向会阻碍人们对能力和成就的重视，如以亲缘关系或人情关系对成员进行分类。

但西方社会学家的这些观点遭到了一些中国学者的反对。其中较具代表性的观点由余英时提出，他想证明的是这对概念不适于用来划分传统与现代或中国与西方，因为它们在任何社会都是并存的。他说："以实际情形言'特殊主义'和'普遍主义'是任何社会中都同时存在的现象，美国、英国同样有个人关系发生决定性作用的实例。以文化价值言，中国和西方都有最高的普遍原则，适用于一切个人。这在西方可以'公平'（Justice）为代表，在中国则是'仁'（后来是'理'）

---

[1]　T. Parsons, and E. Shils, *Toward a General Theory of Action* (Cambridge: Harvard University Press, 1950), p. 82.

[2]　丁学良：《现代化和不同社会的结构》，《读书》1985 年第 8 期，第 109 页。

的概念。"[1] 其实从学理上讲，余英时的实例并不能驳倒一种模式或取向，因为在价值层面上来看，以中国的"仁"来对应西方的"公平"，我们看到的恰恰是仁的理念是特殊主义的，即是要求人讲究等差序列的。另一种较有影响的观点是由郑也夫提出的，他接受帕森斯的这种二分法，但对特殊主义的内涵进行了挖掘和辩护。[2] 不过上述这些争论均是思辨性的，而特殊主义和普遍主义在帕森斯那里指的是社会行为模式变量，因此它更宜于在制度和行为规范的层面加以识别。而中国社会的中基层单位如此地热衷于制定土政策，就是一种很好的识别方法。

土政策再"土"，也是一种政策，是上级的方针政策或指示具体化和操作化的结果，这就决定了它带有超越行动个体的形式性特征，即普遍主义特征。但是，土政策之所以"土"，也有另一层含义。土政策总是基于当地的或某些人的特殊性而制定的，总是当地的领导层把上级传达下来的政策和本地实际相结合的产物或基于本地需要的产物，所以在土政策的形成过程中就起了一种很重要的变化，即当他们把某种经过他们之手的政策变成一种根据其自身的需要来再制定的政策时，它同时就具有了特殊主义的含义。基于这一认识，我们大致可以按照它们各自的不同程度把中国中基层的土政策分为三类。

（1）基本贯彻型。它是指地方或组织的决策者以上级下达的政策为主，根据本地区或组织的情况，将其具体化和操作化，以便让其管辖下的成员对照执行。由于它不大考虑本地区和单位的具体情况，故土的成分不够，政策性很强，因而普遍主义的成分较强。

（2）混合型。它是指决策者在制定政策时既不违反政策的基本精

---

[1]　余英时：《从价值系统看中国文化的现代意义》，载《文化：中国与世界》编委会编：《文化：中国与世界（第一辑）》，北京：生活·读书·新知三联书店1987年版，第67页。

[2]　郑也夫：《代价论——一个社会学的新视角》，北京：生活·读书·新知三联书店1995年版，第41—56页。

神或含义，也要照顾到他们要考虑进去的那些人，这里的考虑对象既可以包含他们自己，也可以是工作中那些被其器重的人员，或者是其不敢得罪的人员，或者是有靠山的人员，或者是同决策者有特殊关系的人员，或者是给予决策者好处的人员，等等。在这一类型中，如果决策者一定要让政策照顾到一部分特殊人员的利益，他们可以从这些人身上找到更多的特点来当作条例，这样的条例越多，带进来的人就越少。还有另一种考虑是决策者有意识地照顾那些社会资源相对匮乏的人，或对他们表示同情，并在符合政策精神的条件下，将政策向其倾斜。

（3）自得利益型。它是指中基层的决策者在贯彻上级的政策或制定地方政策时，基于自己的或特定个人的切身利益来规定条例，而政策的变化也是随着其自身条件的变化而变化。这种类型的特殊主义色彩很强。

在分析土政策的类型时，不宜用政策中是否有硬性条件来衡量上述两种成分的多少。因为无论哪种类型的土政策，通常都要含有一些硬性的标准，而这些硬性标准的设定也都会有两种可能：一是如果这个标准是切合性的，那它是普遍主义；二是如果这个标准不切合，那它是特殊主义。如学校评职称时，教学科研成果质量这个标准就是切合性的，年龄或工作年限这个标准就是不切合性的。但在中国，通常的情况是这些标准既有特殊主义成分的先赋性的（ascribed）特征，也有普遍主义成分的获得性的（achieved）特征。如在上文评职称的例子中，这两个特征都重要。故无所谓标准的切合性和社会排斥性的问题，也无法看出特殊主义和普遍主义的成分多少。再者大凡有硬杠杠的地方，就会配有另一套特别条例，有通用的，就会加上例外的，以便把应被切出去的但又不能切出去的人员作为特殊考虑的对象。

更值得注意的是，在现实社会中，当土政策开始实施时，它所设定的条件和标准在对标了既得利益者的同时总会带进另一部分条件相符的成员，进而让人们无法判断决策者的动机是利己的，还是利他的，也使得该土政策在实施中难以明显地表现出它属于哪种类型。因此，我认为土政策作为一个完整的制度所体现的特点既不是特殊主义，也不是普遍主义，而是把两者巧妙地糅合在了一起。它避开了西方社会学家对中国与西方社会做的特殊主义和普遍主义的二分法比较，成为很具中国特点的一种"你中有我我中有你"（圆通）的模式。

三、土政策的潜功能

从上文的分析中，我们可以看出，中国的地方性政策如果按照普遍主义和特殊主义的二元划分，在理论上讲本是可以有两种倾向的。一是基本上按照普遍主义的原则实施，形成第一种类型。这种类型在功能上也最有可能和上级政策保持一致，呈现显功能的一些主要特征。但这一类型在现实中会受到地方和组织排斥，因为这种宁缺毋滥的做法既不符合结合本地实际的宗旨，也会对本单位利益有所损害。另一种是基本按照特殊主义原则进行的，形成第三种类型，但这又是同政策的本质和上级的政策完全相违背的，并极易造成上级的查处和下属的反抗。因此，中国的土政策在从制定到实施的过程中尽可能地体现为混合类型，它们或相辅相成，或名实分离，或貌合神离，或以特殊主义始、以普遍主义终，更重要的是混合型还具有包含另外两种类型的特征。这意味着，土政策中所体现的特殊主义和普遍主义不表现在它的切合性和社会排斥上，而表现在它们糅合之后所发挥的不同作用上。这种类型的特征表现为"普遍主义（参照上级政策）→特殊主义（本位主义的考虑）→普遍主义（表面公正）"的完整过程。

首先，地方或组织决策者从上级那里或从本地的需要出发，获得建立土政策的机会，并维持大方向上的一致性。在不违背这一出发点的前提下，在这种普遍主义的保护下，地方或组织决策者根据他们所圈定的那些人的特点制定政策。这就造成该政策总是对团体中的少部分人或特定范围内的人有利，它在使那些同决策者意图相关的人获得资源的同时，让另一部分人产生相对剥夺感。但无利可享的成员也并不会因此而不满，因为他们认为既然它是一种政策，又不是哪一个人说了算，那就必须承认它的合理性、公正性和至高无上性。最后产生了形式上、表面上的公正，即形式主义。

如果我们上面的分析可以成立的话，那么它就会引出一个权力限度的问题。只要上级下达的一种方针政策不必直接贯彻，需要经过中基层组织领导之手重新制定才能操作，或者他们可以直接制定政策，那么其权力就会扩大。根据 P. 布劳（P. Blau）的社会交换理论，权力的形成如果依赖甲方拥有乙方需要的资源，而这些资源是乙方获取的唯一渠道 [1]，那么就会导致甲方对乙方拥有权力。假如地方或组织在处理政策问题上的功能是以贯彻和执行为主，那么这种权力就会被限制。如果因上级的政策不够具体或无法具体或没有产生，要求各地方或组织结合本单位的实际情况来制定和落实，这便导致上级的政策只能提供资源，而由地方或组织决策者来控制资源，结果便是地方或组织的权力急剧扩张。这里产生了一个重要命题：政策制定中的普遍主义原则导致权力的有限性，而特殊主义原则导致权力的扩张和泛化。也就是说，当上级的一种政策需要地方或组织的领导来重新界定时，其权力就会上升；而当上级的一种政策只需要地方或组织的领导传达并执行时，其权力就会下降。因此，一旦他们希望强化和提升其权力，他们就会倾向尽可能多地使用土政策中的特殊主义成分，而减少普遍

---

[1] 彼德·布劳：《社会生活中的交换与权力》，孙非、张黎勤译，北京：华夏出版社1988年版，第140—146页。

主义成分。再者，就土政策的含义而言，其可变性、临时性等都使它在操作上不像法规那么边界清晰，即土政策允许存在一定的模糊性，或出现一些模糊的边界，但这种模糊性对决策者来说是相当有利的，因为这样一来他们就拥有了对自己制定的政策的解释权，从而表现为文字上的普遍主义和解释上的特殊主义。他们可以针对不同的对象做不同的解释，而他们越解释，他们的权力也随之越大。结果，土政策造就的通常是一手遮天的"土皇帝"。

随着这种地方权威主义的扩张，土政策的性质开始发生变化，其特点是它已经从无论如何都是所谓的"政策"转移到了无论如何都是"土的"上来。这时的"土"字含义也更加丰富，除了前面的意思外，还有三层意思：（1）表示在形式上土政策可以是贯彻上级的指示和精神，但实际上是运用当下的权力对社会资源做灵活的处置；（2）土政策在形式上和实质上发生分离后，对上已成为一种只求可以交代过关的程序，而事实上成为一种对应于上级政策的对策，即所谓"上有政策，下有对策"；（3）就下属成员而言，其内涵均由政策的掌握者来加以诠释，诠释的结果便是"说你行，不行也行，说你不行，行也不行"。

土政策在制定和实施过程中导致的权力的形成或上升会引起下属的反抗心理或行为，因此这种无限扩大的权力仍需要合法化。布劳认为，权力的合法化主要是通过社会赞同来实现的。[1] 但我这里提出的地方性权力扩张同社会赞同关系不大，因为这种权力是自上而下的，而非自下而上的。因此，地方或组织权力的合法化在土政策的制定与实施过程中，可以通过三种策略得以实现：（1）用土政策具有的形式上的普遍主义成分来确立权力上的合法性；（2）用政策里含有的特殊主义成分让那些具有反抗或不满倾向的人获得资源；（3）用平衡性原

---

[1]　彼德·布劳：《社会生活中的交换与权力》，孙非、张黎勤译，北京：华夏出版社1988年版，第26页。

则 [1] 让没有获得资源的人感到资源人人有份，不过是个时间问题，或资源的种类略有差异的问题，而不是得到得不到的问题。由此造成处于土政策管理之下的成员要么形成巴结权威、搞关系式的人格，要么形成逆来顺受型的人格。[2]

由此可见，土政策的潜功能可以表现为：（1）对政策中涉及的相关资源进行有力的再控制和再分配，使原有的政策含义发生变化，社会资源的流向可能和政策本身的要求不符，只同制定土政策者的意图相符，导致地方或组织权力的扩张。（2）形成和上级政策相对立的"对策"，即成为一种地方性策略，它既能对上级部门交代过关（形式主义），也对自己有利（本位主义和地方保护主义）。（3）地方或组织决策者在当地具有至高无上的权威，而成员也认识到只有无条件地顺从权威，或同他们形成良好的人际关系，他才可能获得一定的利益。在土政策中产生相对剥夺感的成员一般只会认为自己先赋性或获得性方面的条件不够，而不怀疑该政策中具有的特殊主义策略，形成"认倒霉"或忍受型的人格。（4）造成许多社会成员曲解国家政策，导致个人同国家政策之间的对立情绪。

毫不夸张地说，在当今中国社会，在很多地方，只要决策层有方针政策出台，就会很快在各个地方或组织中产生相应的五花八门的土政策，计划生育、结婚登记、办理城镇户口、农民进城打工、住房分配、离退休待遇、教师待遇、入党提干、选拔人才、报考研究生、出国进修、就近入学、毕业填报志愿、生老病死、设路卡、摊派等莫不如此，更不用说一些上级还没有出台而下面已经定出的土政策了。如果我们假定土政策对社会资源的控制和日常生活的制约是全方位的，

---

[1]　参见翟学伟：《中国人际关系网络中的平衡性问题：一项个案研究》，《社会学研究》1996 年第 3 期，或本书第三部分中的第一篇文章。

[2]　参见翟学伟：《中国人的面具人格模式》，《二十一世纪》1995 年 12 月号，或本书第二部分中的第一篇文章。

那么也就意味着地方和组织的权威是扩张的、泛化的和无处不在的。它为决策者提供了各种社会交换的可能性。[1]

四、土政策功能需求的社会类型

中国的土政策能够如此地大行其道，从政策的出台方式来看，是由于中国需要治理、调整和完善的地方太多，而且法律又不健全，所以不但暂时需要政策来补充法律，而且需要众多的政策来解决许多当务之急。但各领域的最上层决策者在决策过程中又会感到中国的中基层社会太复杂，把政策搞得过细恐怕会适得其反，因此倾向宜粗不宜细，希望中基层单位根据本地的实际情况来落实执行。但这不过是土政策形成的一个契机，并不是出现这一现象的根本原因所在。

从宏观社会控制力的角度看，土政策盛行的根本原因在于，目前中国人的生活处于"两头小、中间大"的格局之中，即国家政府和个人小，地方或基层组织大。也就是说，中国人基本上是依赖他的单位或地区来维持生计的，而非依赖国家和自己来维持生计。对于国家制定的各项法律、法规、法令、方针、指示，哪怕是具体的规定等，中国的老百姓均有"天高皇帝远"的感觉。人们可以借助各种大众传媒了解它们，但这只表示自己关心国家大事或大政方针，并不依此行动。更何况中国人更相信的是"县官不如现管"，并认为如果没有基层组织单位，那自己就一无所有。因此对中国人的现代生活而言，最为重要的就是他依赖终生的地区和工作单位给他的各种待遇如何。对于在这种社会格局中生活的人，土政策的作用是怎么强调都不过分的。

---

[1]　参见张宛丽：《非制度因素与地位获得——兼论现阶段中国社会分层结构》，《社会学研究》1996 年第 1 期，第 67 页。

如果我们用此社会格局来同计划经济体制下的社会格局做比较，就可以发现计划经济体制的社会格局是中央集权性的，即"一头大、两边小"。大的一头是中央政府，它基本上将所有的社会资源和生产资源都集中在手中，然后根据计划分配给个人，从口粮到布匹，这时的地方组织基本上只起一个"二传手"的作用，它本身是没有什么力量来控制资源或出台自己的土政策的，所以它的职能是完全地贯彻和执行上级的各项指示、路线、方针及政策等。同时，人们的思考方式也是由大到小："国家→集体→个人"。而在一个完全市场化的社会，其社会控制力导致人们的生活格局是"两头大、中间小"，小的一处是地方机构和工作单位，大的两头是国家和个人。在这种社会里，在国家制定法律或政策后，个人的活动空间非常大，具有很强的自主性和流动性。他们依据的是政府条文（法律或公共政策），依赖的是他们自己的能力，而非他们所在的单位，没有了这种对地方或组织的依赖性，土政策也就没有了意义。

可见，在中国社会由计划经济向市场经济转型的过程出现后，社会格局开始由"一头大、两边小"的模式转变为"两头小、中间大"的模式。后者在形式上有点接近梁漱溟曾经对传统中国社会所做的分析。梁漱溟认为中国传统社会重视家庭生活，而缺乏团体生活，个人因此融入家庭生活，形成一种"两头小、中间大"的图式，而西洋社会重视集团生活，个人在其中和集团相对立，却不重视家庭生活，因此形成一种"两头大、中间小"的图式。[1] 见图1：

---

[1] 梁漱溟：《中国文化要义》，载《梁漱溟全集》第3卷，济南：山东人民出版社1989年版，第80页。

图例：（1）以字体大小表示其位置之轻重；（2）以箭形线一往一复表示其直接互相关系；（3）虚线则表示其关系不甚明确。

图 1　中国与西洋对照图之一

　　如果以梁漱溟的这一观点来看今天中国社会与中国人的变化，那么中国人的生活的单位结构虽然在形式上与梁氏的图式很相像，但在内容上却有了本质的变化。此时的家庭单位经过中国四十多年的改造与发展，已没有了过去那么多重要功能，但这些功能却让给了基层机构和工作单位，而原先在传统社会相当重要且发达的乡规、宗规、族规、家法等也相应地变成了地方和组织中的土政策。总之，在中国人的生活单位由家庭转变成街道、乡镇、工作单位后，原先农耕社会中家族的规矩也就相应地转化为了土政策。而这样一种转变在文化的深层结构上同中国人的传统生活方式存在相当程度的吻合性，因此中国人也能适应这样一种社会构成方式，反倒是不太能适应"一头大、两边小"的计划经济模式或"两头大、中间小"的市场经济模式。

　　很多中国人之所以在价值判断上把土政策看作一种不好的社会现象，是因为他们在此政策下产生的相对剥夺感。但由于它在深层结构上体现了被框定在这种社会格局中的人反过来对现实社会的需要，结果人们在事实上离不开这种随意性、灵活性、临时性较显著的行为准则。因此，土政策，无论其功能上的显性和潜性等，都将同传统的道德观念和现代的法律意识一起，各自对地方和组织的生活与工作秩序起着规范、控制与维系的作用，而就目前的社会格局而言，土政策在此方面的作用或许还会超过另外两者。

五、结　论

通过以上分析，我认为，土政策本源于对上级政策的具体化和补充。但由于它在制定和实施的过程中采取了将特殊主义和普遍主义两种成分相混合的策略，因此使得地方或组织的政策制定者的权力在合法化的同时，非但没有受到限定，反而随之无限地扩张。结果，地方或单位的权力越大，国家政府和个人的能力就越小。在这种权力的控制下，土政策在内涵上可以被转化为一种"对策"，具有上对付上级、下对付下属或百姓的功能，并能消解掉由此引起的反抗心理或行为，形成社会成员的人情式的或忍从性的行为方式。而这一切又同我国经济体制转型时所处的宏观社会背景相契合，显现了个人对处于一种"两头小、中间大"的社会格局中的社会需要。总之，土政策的制定和贯彻的过程就是一个地方或组织的领导者扩大或滥用权力的合法化的过程。

最高层的决策在任何时候都是为完成特定的目标而确立的，它需要具体的贯彻落实，但如果它造成地方、部门和组织能依此无限扩大自身的权力，形成种种对策，就会在相当的程度上偏离或破坏目标的实现，在产生表面繁荣的同时，引起社会整体性的失范。当然，由于土政策作为政策中的一种类型，本身又对本地区或组织具有控制力，因此这种失范也具有潜在性，它只有在遇到一定的机会时才会表现出来。这或许是土政策诸种社会功能中所隐含的最值得我们重视的问题。

中国人在社会行为取向上的抉择

——中国人社会行为变量的考察

近百年来，中国人社会行为的取向及其特征一直是有关中国人心理与行为研究中的一大难题。无论是过去还是现在，西方学者大都在用其所建立的比较社会学或跨文化心理学的理论和方法对这一问题做多种解释，比如 M. 韦伯（M. Weber）侧重的西方清教伦理和儒家伦理的比较[1]、T. 帕森斯（T. Parsons）提出的西方普遍主义与中国特殊主义的划分[2]、H. C. 特里安迪斯（H. C. Triandis）进行的关于西方个人主义和东方集体主义的一系列研究[3]以及许多西方学者从事的中西文化中的自我、成就动机等研究。无论这些西方的理论模式有多少差异，其基本公设都假定中国人的社会行为取向是集体主义的。然而当一些受过西方社会学、心理学和文化人类学影响的或留学西方的华人学者涉足

---

[1] 参见马克斯·韦伯：《新教伦理与资本主义精神》，于晓等译，北京：生活·读书·新知三联书店 1987 年版；马克斯·韦伯：《儒教与道教》，洪天富译，南京：江苏人民出版社 1993 年版。

[2] 参见 T. Parsons, *Social System* (New York: Free Press, 1951)。

[3] 参见 H. C. Triandis, "Collectivism vs. Individualism: A Reconceptualization of a Basic Concept in Crosscultural Psychology," in C. Bagley, and G. K. Verma (eds.), *Personality, Cognition, and Values: Crosscultural Perspectives on Childhood and Adolescence* (London: Macmillan Press, 1987); "Individualism vs. Collectivism: Crosscultural Perspectives on Selfingroup Relationships," *Journal of Personality and Social Psychology,* 54, 1988, pp. 323-338。

这一问题时，观点就开始有了分歧。他们从各自的学科角度入手，对这一问题进行了一些准本土的研究，并在一定意义上提出了自己的模式。其中较有影响的是众多学者归纳的"家族主义"[1]和"利己主义"[2]，尤其是费孝通的"自我主义"[3]、梁漱溟的"伦理本位"[4]、许烺光的"情境中心"[5]等概念影响深远。若将中西各自建构的理论相比较，准本土的理论似乎比前者有较大的说服力。

但这里存在的一个较大的问题是，中西方之间和华人之间的各种理论在结论上往往大相径庭，乃至完全相反。也就是说，这些见仁见智，甚至有天壤之别的结论非但没有让我们弄清中国人社会行为上的特征，反而增加了认识上的难度。就总体而言，由于受西方理论与方法的训练或影响，更多的中国学者依然全盘相信并接受西方学者用其理论、方法得出的中国人为集体主义的结论，而且还采取一系列的定量方法对此做了进一步的验证工作。

以上有关研究中出现的这一局面既同西方学术所占据的主导性地位有关，也同中国人社会行为本身具有的复杂性有关。关于前者，借用余英时的话说，"中国知识界似乎还没有完全摆脱殖民地的心理，一切用西方的概念为最后依据。甚至'反西方'的思潮还是来自西方，如'依赖理论'、如'批判学说'、如'解构'之类"[6]；而关于后者，

---

[1] 参见杨懋春：《中国的家族主义与民族性格》，载李亦园、杨国枢主编：《中国人的性格》，台北：桂冠图书公司1972年版，第113—167页。

[2] 参见李树青：《蜕变中的中国社会》，台北：里仁书局1982年版。

[3] 详见费孝通：《乡土中国》，北京：生活·读书·新知三联书店1985年版。

[4] 梁漱溟：《中国文化要义》，载中国文化书院讲演录编委会编：《论中国传统文化》，北京：生活·读书·新知三联书店1988年版，第134—138页。

[5] 参见 Francis L. K. Hsu, *Americans and Chinese: Reflections on Two Cultures and Their People* (New York: Garden City Press, 1970)。

[6] 参见康丹：《文化相对主义与普遍主义》，《二十一世纪》1991年12月号。

从法国结构主义哲学家罗兰·巴特（Roland Bathes）比较了西方和日本文化后，对中国文化所表现出的困惑上也可以略见一斑，那就是：在中国，可以反映文化特点的"能指"符号过于稀薄[1]。但我认为，尽管中国人的社会行为特征比较于其他文化而言有许多复杂的因素，但进行理论上的概括并非不可能。要想实现这一目标，应该将其建立在两个必要的前提之上：一是对西方的理论要能进得去，也能出得来。所谓进得去就是要充分了解西方的理论模式；所谓出得来就是知道它们的局限性及其问题在哪里。众所周知，以往华人学者在近现代对中国社会与中国人的研究中有一种强烈的依赖西方理论、方法和研究工具的心理。随着研究的深入，一些学者已越来越深地感受到了这一点，如杨国枢和文崇一在20世纪80年代初就提出："我们所探讨的对象虽然是中国社会与中国社会的中国人，所采用的理论与方法却几乎全是西方的或西方式的。在日常生活中，我们是中国人；在从事研究工作时，我们却变成了西方人。"[2]

事实上，近二十年来，在人文及社会科学界，一批国内外的华人学者已先后在人文及社会科学本土化方面达成了共识。随着研究的深化，如何认识中国人的社会行为取向也越来越成为研究的重心，并产生了诸如何友晖的"集体主义取向"与"关系取向"[3]、杨国枢的"他

---

[1]　张石：《"中心空虚"的日本文化》，《读书》1992年第10期。

[2]　参见杨国枢、文崇一主编：《社会及行为科学研究的中国化》，台北："中研院"民族学研究所1982年版。

[3]　参见D. Y. F. Ho, "Psychological of Collectivism: With Special Reference to the Chinese Case and Maoist Dialectics," in L. H. Eckensberger, W. J. Lonner, and Y. H. Poortinga (eds.), *Crosscultural Contributions to Psychology* (Lisse, Netherlands: Swets & Zeitlinger Press, 1979)；何友晖、陈淑娟、赵志裕：《关系取向：为中国社会心理方法论求答案》，载杨国枢、黄光国主编：《中国人的心理与行为（一九八九）》，台北：桂冠图书公司1991年版，第49—66页。

人取向"与"社会取向"[1]及黄光国的"人情与面子模式"[2]等具有
一定说服力的理论模式。但这些理论仍没有摆脱中国人在社会行为取
向上是不是集体主义或其他什么主义的纠缠。例如，1988年，杨国枢
赴美参加由十几位教授发起的"中国、日本、印度之人格观念讨论会"
的月会，被问道：如果西方的心理学完全不存在，而由中国学者自行
发展出一种现代心理学，那会是一种什么样的心理学？杨国枢当时的
应答是：可能是一种偏向集体主义的心理学。[3]可时至1992年，在"中
国人的价值观国际研讨会"上，本土化的倡导者之一杨中芳却正式开
始发难："中国人真是具有集体主义取向吗？"[4]她在文中列举了不少
世界著名学者对这一命题所持的反对意见与论证，并提及有的学者直
接以中国人为个人主义相对之。可见这一问题的敏感程度。以上这些
"应答"和"疑问"不但表明了本土化研究者对中国人社会行为取向
这一核心问题的关注，而且其中还隐含一个"明摆着"的事实，即在
以往众多中外学者的有关研究中，中国人的行为取向有向集体主义一
边倒的严重倾向。杨国枢进而还认为，杨中芳在该篇论文的结论中所
列举的中国人价值取向的特点，仍具有集体主义的色彩。

　　本文欲图再次探讨这一问题，并同时对中国人的集体主义取向或
个人主义取向这种二元分法进行质疑。鉴于杨中芳提及的一种观点，
即至少到目前为止，我们还没有发现用哪种实验方法和测量工具可以

――――――――

　　[1]　参见杨国枢：《中国人的性格与行为：形成及蜕变》，《中华心理学刊》1981年第23期；
《中国人的社会取向：社会互动的观点》，载杨国枢、余安邦编著：《中国人的心理与行为：理
念及方法篇（一九九二）》，台北：桂冠图书公司1993年版，第87―142页。

　　[2]　详见黄光国：《人情与面子：中国人的权力游戏》，载黄光国编：《中国人的权力游戏》，
台北：巨流图书公司1988年版，第7―56页。

　　[3]　参见杨国枢：《我们为什么要建立中国人的本土心理学?》，《本土心理学研究》1993年
创刊号。

　　[4]　参见杨中芳：《中国人真的具有集体主义取向吗?》，载中国人价值观国际研讨会论文集，
1992年版，油印本。

有效地帮助我们准确地理解中国人的社会行为是什么取向 [1]，本文在此先尝试着提出一种理论模式和一系列假设，其目的是先使我们从各式各样的"主义"，尤其是集体主义和个人主义二元划分的困惑中摆脱出来，并以一种新的分析框架来看待中国人的社会行为取向以及它和集体主义或个人主义的关系。在此之前，我曾从中国国民性角度对有关问题做过纲要性的论述 [2]，而我这里所要建构的是一种本土理论模式，它将对中国人的社会行为取向做更加完整而系统的解释。当然我在此无意否认上述每一种结论中都有其合理的一面，只是认为已有必要产生一种更具解释力的理论来修正、涵盖或统领它们。这一模式的建立将有助于我们设计出一套属于中国人自己的研究策略和方案。至于今后如何能有效地在此理论假设的基础上进行经验研究，我将在结论中提出一些设想，以期将来能对这一理论模式中的若干命题加以验证。

一、问题之症结：各执一端与"泥沙"之争

中国人在社会行为取向上的特征具有或不具有集体主义倾向的讨论，发端于中国人国民性的研究。然而，中国人"国民性"的根本特征历来是个悬案，答案远不如西方人为个人主义或日本人为集体主义那么干脆。其种种结论往往是盘根错节，相互矛盾，甚至自相矛盾，以至于难以清理。但为了叙述的方便，我还是将以往研究中关于中国

---

[1]　参见杨中芳：《试谈中国实验社会心理学的本土化》，《广州师院学报（社会科学版）》1989 年第 2 期；杨中芳、赵志裕：《中国受测者所面临的矛盾困境：对过分依赖西方评定量表的反省》，《中华心理学刊》1987 年第 2 期。

[2]　参见翟学伟：《"泥"与"沙"——为中国"国民性"之症结求答案》，《二十一世纪》1994 年 4 月号。

人的社会行为取向是集体主义或个人主义的对立要点排列如下：

(1) 个人和集体（社会），哪个优先，哪个为重？

(2) 自我取向还是他人（社会）取向，重自我还是重他人？

(3) 人格及其行为表现是受到尊重，还是受到抑制？

(4) 个人是自主性的，还是依赖性的？

(5) 是个人利益高于集体利益，还是集体利益高于个人利益？

(6) 地位等级观念弱还是强？

(7) 人际关系是倾向理性还是倾向感情？

由于相当多的学者认为中国人社会行为的特点属于以上七点中的后者，因此中国人属集体主义。在我对这一问题进行分析之前，先来看一看几个著名学者的不同意见。如费孝通在提出他的著名的"差序格局"时指出：

> 在这种富于伸缩性的网络里，随时随地是有一个"己"作中心的。这并不是个人主义，而是自我主义。个人是对团体而说的，是分子对全体。在个人主义下，一方面是平等观念，指在同一团体中各分子的地位相等，个人不能侵犯大家的权利；一方面是宪法观念，指团体不抹杀个人，只能在个人们所愿意交出的一分权利上控制个人。这些观念必须先假定了团体的存在。在我们中国传统思想里是没有这一套的，因为我们所有的是自我主义，一切价值是以"己"作为中心的主义。[1]

这里的关键问题不是自我主义究竟是什么，而是中国人并非集体主义，因为中国人并没有一个固定的集体，他们所有的就是以己为中心的而又各自不同的并不断变化的社会圈层。因此，"私"是中国人社

---

[1] 费孝通：《乡土中国》，北京：生活·读书·新知三联书店 1985 年版，第 26 页。

会行为的核心。

关于中国人的价值层面，余英时则认为：

> "礼"虽然有重秩序的一面，但其基础却在个人，而且特别考
> 虑到个人的特殊情况。从这一点说，我们不妨称它为个人主义，
> 不过这里所用的名词不是英文的 individualism 而是 personalism，我
> 认为前者应该译作个体主义。……"礼"或人伦秩序则要求进一
> 步照顾到一个具体的个人。这一形态的个人主义使中国人不能适
> 应严格纪律的控制，也不习惯于集体生活。这种精神落实下来必
> 然有好有坏。从好处说是中国人爱好自由，但其流弊便是"散漫"，
> 是"一盘散沙"，自由散漫几乎可以概括全部中国人的性格。……
> 一个具有自由散漫的性格的文化绝不可能是属于集体主义的
> 形态的。[1]

T. A. 墨子刻（T. A. Metzger）是在中国人的自我层面上来讨论中国
人的集体主义问题的。按照一般通行的观点，中国人的自我是萎缩的，
不受重视的。但从下面的一段话中，我们可以发现墨子刻旨在表明中
国人的自我确认与自我满足的方式同西方人不一样，但这不意味着因
此可以把中国人的价值体系简化为集体主义。他写道：

> 然而，即使儒家自我确认的范式排除了对……家族主义或集
> 体主义的任何简单化的强调，它仍然明显地区别于被唐君毅和大
> 多数学者视为与儒家伦理相对立的"个人主义"。由于我们西方人
> 很难想象一种缺乏个人主义，却一直强调自我确认的社会制度，

---

[1] 参见余英时：《从价值系统看中国文化的现代意义》，载《文化：中国与世界》编委
会编：《文化：中国与世界（第一辑）》，北京：生活·读书·新知三联书店 1987 年版。

某些学者便简单化地把中国文化当作集体主义的和缺乏对个人重要性的任何强调的一种文化来加以描述。[1]

从以上这些研究结论中，我们可以看出费孝通对中国人的"己"和"私"的观点对前文的（1）、（2）、（3）、（5）中的后者都有所否定；余英时对中国道德中个体的特殊性阐述对（4）、（6）、（7）中的后者等有所否定；而墨子刻的"自我确认"对（2）、（4）中的后者有所否定。因此，我们完全有理由来怀疑，集体主义和个人主义很可能不是一对用来分析中国人和西方人（或中国人内部）的相反取向的框架，也有充分的理由来怀疑集体主义是否能代表或概括中国人社会行为的总体特征。总之，我们在上述七点中看不出中国人非此即彼的特点。

通过以上讨论，我认为，在中国社会文化中，用"集体主义"和"个人主义"（自我主义）这对概念来说明中国人的社会行为的特点，存在明显的简单化的倾向。这无疑在一定程度上会限制住我们对中国人社会行为复杂性的理解。为此，我们一方面要尽可能地避免甚至舍弃对这两个概念的关注，另一方面还要建立起一种新的概念构架来理解中国人社会行为的取向。而这个概念构架寄希望于我准备将社会行为作为一个结构系统来分析。

为了建立这样一种新的概念构架，我们这里还需要先下沉一步，对以往学者的"泥沙"之争做一番回顾。所谓"泥"有"凝结起来"之义，表示中国人的合群，有"凝聚""团结""合作""尚情""无我"等说法（尽管其意义并不完全相同）；"沙"有"散散漫漫"之义，表示不合群，有"内耗""内斗""内讧""窝里斗""不团结""不合作""一盘散沙"等之义。由于泥沙之争其实是集体主义和个人主义之争的具体化和延

---

[1]　墨子刻：《摆脱困境——新儒学与中国政治文化的演进》，颜世安等译，南京：江苏人民出版社1996年版，第43页。

伸，因此在上述这种各执一端的讨论框架中，通过对泥沙之争的回顾也可以使我们看清问题的症结在哪里。

在中国近代史上，泥沙之争大概是由梁启超先挑起的。他在 1902年发表的《新民说》中集中讨论了中国人关于"群"的道德观念。他指出："合群之义，今举国中稍有知识者，皆能言之矣。问有能举合群之实者乎？无有也。"[1] 自五四运动以来，这一观点开始成为在中国文化和政治上及关于中国社会之未来讨论的一个焦点。如孙中山在《三民主义》里对此作了呼应，点出中国人是"一盘散沙"；陈独秀在《卑之无甚高论》一文中认为"中国人民简直是一盘散沙……人人怀着狭隘的个人主义，完全没有公共心"；而鲁迅除了在众多的杂文中提出了类似的思想外，还写了一篇杂文，篇名就叫《沙》。20 世纪 40 年代后，费孝通的"差序格局"可被视为对这一观点的理论概括，意指每一个中国人都处于一个一层层大套小的同心圆的中央，而那些大小不等的圈层都表示他人同那个位于中心的个体的不同关系，而个人和他人群体的关系就是一层层地把他们牺牲掉的关系：

> 我们一旦明白这个能放能收，能伸能缩的社会范围，我们可以明白中国传统社会中的私的问题了。我常常觉得："中国传统社会里一个人为了自己可以牺牲家，为了家可以牺牲党，为了党可以牺牲国，为了国可以牺牲天下。"[2]

中国人可以这样一圈圈地牺牲他人是为了最后保住自己。因此，费孝通的结论是中国人当然是自我主义。这一路线上的思想被中国台湾作家柏杨传承下来。细读他的影响甚大的《丑陋的中国人》一书，

---

[1] 梁启超著，宋志明选注：《新民说》，沈阳：辽宁人民出版社 1994 年版，第 104 页。

[2] 费孝通：《乡土中国》，北京：生活·读书·新知三联书店 1985 年版，第 27 页。

说来说去，中国人最丑陋的地方还是"窝里斗"或"不团结"。

但上述命题自出现以来，就在学术界、文化界和政治上受到强有力的反击。梁漱溟一马当先，在《东西文化及其哲学》中认为：

> 西洋人是有我的，中国人是不要我的。在母亲之于儿子，则其情若有儿子而无自己；在儿子之于母亲，则其情若有母亲而无自己；兄之于弟，弟之于兄，朋友之相与，都是为人可以不计自己的，屈己以从人的。他不分什么人我界限，不讲什么权利义务，所谓孝弟礼让之训，处处尚情而无我。虽因孔子的精神理想没有实现，而只是些古代礼法，呆板教条以致偏倚一方，黑暗冤抑，苦痛不少，然而家庭里，社会上，处处都能得到一种情趣，不是冷漠、敌对、算账的样子，于人生的活气有不少培养，不能不算一种优长与胜利。[1]

梁漱溟的意思是说，中国人一向不讲自我，而处处以他人为重，因而家庭和社会都是和谐与友爱的。没有个人主义，当然也没有争斗。后来他把中国人的这种特征概括为"伦理本位"，以突出中国人的和谐特点。在钱穆的观点中同样也可以找到这一思想。钱穆认为：

> 故西方有个人主义而中国无之。依中国观念，亦可谓先有家，乃有己。先有国，乃有家。先天下，乃始有国。先有一共通之大同，乃始有各别之小异。故各别之小异，必回归于此共通之大同，乃始得成其为一异。西方人则认为先有异始有同。先有己始有群。群纵有同，而己之各别之异则更重。然则使无人类共通之群，何

---

[1]　梁漱溟：《东西文化及其哲学》，北京：商务印书馆1987年版，第153页。

来而有此分别各自独立之小己乎？[1]

　　钱穆的这一观点和费孝通的差序格局可谓针锋相对。他力争道，由于中国人讲"和"，故总是把"群"放在首位，没有"群"在先，便没有"我"可言。近年来，杨国枢通过对中国人行为取向更系统的考察，提出了中国人"社会取向"的理论模式。在对中国人的社会行为进行了较完整的分析后，他最终把中国人归结为集体主义。[2] 可以毫不夸张地说，认为中国人有集体主义倾向并带有"合群"或"和谐"的特点的观点，几乎是现代海内外学者关于中国国民性研究的共识。

　　对于这一令人困惑而又费解的难题，美国华裔人类学家许烺光有他自己的看法。他在著述中一方面对有关的概念做了调整，提出了一个"情境中心"的概念来让中国人的"集体主义取向"之界定变得模糊一些，另一方面又专门对中国人的"泥"与"沙"的特征进行了一次切割，即以中国宗族为界，宗族内为"泥"，宗族外为"沙"。他说：

　　　　与此同时，必须指出的是，中国非亲属组织的缺乏导致了孙中山博士所指的中国人像一盘散沙。然而本书的读者会认识到中国人绝非一盘散沙，尤其在亲属关系和地方组织中，中国人彼此在一起的力量比黏土还紧。至于一盘散沙的中国人性格，只有在主要亲属以外的团体关系中才会出现。[3]

　　许烺光的这一切割似乎给上述僵局打了个圆场。但我们不禁要问，

　　[1]　钱穆：《现代中国学术论衡》，长沙：岳麓书社 1986 年版，第 44 页。

　　[2]　杨国枢：《中国人的社会取向：社会互动的观点》，载杨国枢、余安邦编著：《中国人的心理与行为：理念及方法篇（一九九二）》，台北：桂冠图书公司 1993 年版，第 87—142 页。

　　[3]　Francis L. K. Hsu, *Americans and Chinese: Reflections on Two Cultures and Their People* (New York: Garden City Press, 1970), p. 379.

以亲属组织为界来分割中国人的国民性是"泥"是"沙"，是否比以上分析更合理呢？答案基本是否定的，因为以上两方都有理由认为，他们的结论是对中国人的各种群体而言，并没有什么亲属上的内外差别。中国的社会现实也完全能证实这一点。但许烺光的观点无形中给了我们一个启发，即解决这一难题的关键是了解中国的家族主义究竟有什么内涵。梁启超、孙中山、陈独秀等认为中国人为"沙"，是因为中国家族主义太发达；梁漱溟、钱穆、杨国枢等认为中国人为"泥"，也是因为中国人很强调家族主义。

这样，家族主义显然成了解决这一问题的突破口，而突破的关键却不在于以家族为界做内外的分割方面。这就意味着，我们不能停留在对家族主义的笼统理解上，而应该对其内部结构做一些深入的了解。

二、研究视角与方法

以上所涉及的种种结论无疑都是东西方文化比较的结果。虽然这种方法越来越不太被社会学和心理学家所重视（而为人类学家所强调），但它的有效性正体现在定量研究所不易达到的更一般的层次上，而且关于社会中的人的行为取向如何，其本身也是比较而言的。即使是实证研究，若没有比较，我们还是无法确定这种行为在一般层次上的类别与方向。这足以说明，文化模式的比较无论在什么时候对于我们揭开这一谜底，都是十分必要的。但同时需要指出的是，以往的文化比较中所存在的主要问题就在于，人们没有很好地区分出东方文化模式中的中国文化和日本文化之间的差异，因为当我们把西方人的社会行为作为我们研究的参照系时，我们或许会承认中国人的社会行为多少有集体主义的倾向，但如果当我们把日本人的社会行为作为我们研究的参照系时，我们又会认为中国人的社会行为不怎么具有集体主义的倾向。这意味着，西方学者认定中国人具有（或部分中国学者认定中国人不具有）集体主义取向的结论，是在同他们社会行为取向的比较中得出的。但这种结论无形中把中国人等同于东方人，把中国人等同于日本人。而作为中国人或日本人自己，很多人都会清楚地认识到中国人不同于日本人，甚至日本人的集体主义取向对我们来说也是陌生的。显然，通过比较两种文化模式下结论，最容易犯的错误是基于二元对立来考察不同文化模式的特征。一旦我们再加入另一种文化模式的比较，便可以不再做非此即彼的简单推论。

本文的文化模式比较采用目前为部分学者所越来越重视的家庭模式上的跨文化比较。从目前的研究成果来看，这种比较的最大优点是可以深入一个社会文化的核心位置，因为家庭模式上的差异可以反映出文化价值的差异，而一种文化价值之最常见的传递模式在任何社会都主要体现在家庭中。从家庭模式看文化模式，不但比从价值本身看文化模式更真实，而且更具普遍性。例如，每一个中国人都知道家的重要性，但不是每个中国人都知道儒家的重要性；每一个中国人都受家的影响，但不是每个中国人都受儒家的影响。其他社会在自己社会伦理和家庭上的关系亦然。比较家庭模式的另一个优点是，家庭结构是指家庭成员关系的构成方式。这种方式本身不但是生成个体社会行为的原初条件，而且是一种持续和稳定的条件。在这一层次上做比较研究，我们一方面可以回到对个体行为的分析上去，另一方面又可以延伸到对群体行为的分析上去。因此，可以断定，对不同文化中的家庭模式进行比较是比较文化研究中的一种有效途径。当然，采用这样一种途径并不意味着要贬低各社会间的文化价值比较，而是要说明家庭模式对其文化价值的影响力，即文化在很大程度上是通过家庭来实现其传承的。借用许烺光的观点来说，那就是家庭中的父子两人关系结构在前，而孝的价值观在后，重要的不是孝的价值观和其他文化有什么不同，而是父子关系和其他文化有什么不同。[1]

作为一种研究方法，强调以家庭结构为基点来比较不同文化模式的学者，比较系统的论述大概要数许烺光了。他从理论上提出了不同文化在家庭结构上的差异，并以此作为其分析不同文化中的人之心理与行为的公设[2]，推导出了这一文化中的人在社会行为上的种种特征。这种研究方式在他对中国人和美国人的比较研究中得到了成功的运用，然后又在比较日本人和印度人中发展得更加成熟。许烺光在家庭比较中较早地提出过这样一个重要的观点：

> 我曾经排除了平均继承制对于中国社会发展的重要影响。……现在我不得不收回我在这方面的观点。因为恰与中国相反，日本普遍习俗是单子继承制，这种继承制于中国和日本社会组织的某些基本差异有直接的关系。[3]

由于许烺光的比较在总体上是围绕他的中国人的"情境中心"说展开的，所以他只发现了中国的亲属组织形式对中国人社会行为的意义，但并没有意识到中日继承制上的区别同其社会行为取向的形成有何关系。在这一问题上，中国台湾人类学家陈其南的观点同许烺光十分相似。他在此基础上得出了美国、日本和中国因家庭影响，而在企业组织上有各自的特征的结论。他说：

> 本文的比较研究指出典型的欧美企业组织是偏重于"契约的

---

[1]　参见许烺光：《文化人类学新论》，张瑞德译，台北：联经出版公司1983年版，第112页。

[2]　同上。

[3]　Francis L. K. Hsu, *Americans and Chinese: Reflections on Two Cultures and Their People* (New York: Garden City Press, 1970), p. 287.

关系"与"市场规范"的经营方式，此种特征很清楚地植根于西欧传统家族制度的个人主义和契约关系的成分。相对的，日本式的企业组织则承袭其传统"家"制度所特有的经济共同体观念和垂直的"亲分子分"之结构特质，我们称之为"身份关系"与"共同理念"的经营方式。透过对于中国传统家族制度的研究，我们也理出了中国人的系谱观念和家庭经济单位的构成法则，进而论证这些系谱中心主义的理念、态度和团体意识如何呈现于"中国式"的企业组织形态和管理方式，我们称之为"差序关系"导向的纯营利经营方式。[1]

陈其南的家庭制度比较，已涉及了家庭结构和个人主义、团体意识的关系，但就出发点而言，他也没有看出这种家庭结构和中国人社会行为取向的关系，因为他和许烺光所关注的焦点都是中国的家庭结构对中国工业化及其社会组织的影响如何。但至少就经济发展和企业组织的经营方式而言，不同文化中的家庭模式所起的重要作用是可以被证实的。

然而，我们如何来证明家庭模式对社会行为取向的重要作用呢？美国社会学家林南（Nan Lin）沿循这一思路，提出了一种家庭资源转移理论。此理论认定家庭资源转移的内容和对象是对家庭和社会运行有决定性影响的要素。家庭资源可分为权威(authority)和财产(property)两大类。不同的社会对这两类资源转移的重点不同，故它们可以作为两个重要的变量，用来考察一种社会的家庭注重哪项资源转移和这两项资源转移的一致性如何。同上述比较研究相比，该理论注重权威和财产两项因素，从而避免了单从财产的分配和继承方面进行考察的不足。

---

[1]　陈其南：《文化的轨迹》，沈阳：春风文艺出版社 1987 年版，第 88 页。

林南认为，虽然西方（Anglo-Saxon）、日本和中国在家庭结构中都存在权威和财产两项的转移，但各种家庭结构中这两项转移的方式不一样。日本和西方在这两项转移上具有一致性，其中日本家庭在转移权威的同时把财产也转移给同一个继承者，西方家庭在把财产转移给继承者的同时附带转移了权威。尽管这里面暗含了西方和日本的家庭结构不尽相同，但它们在家庭资源转移上都选择了一致的方向，即在家庭制度上保证了把两项资源一同传给同一个继承者。这个继承者在日本通常是长子，而在西方则不确定，可以包括女性。但中国家庭在这两项转移的方向上呈现出了不一致。中国家庭偏重权威转移，一般是由长子继承，财产则由诸子平分。根据中国家庭的这　特点，他推导出中国社会具有　（1）权威集中，（2）家源和血缘为重，（3）以小单位方式运行，（4）以感情为主，而排外性较强等特点。[1]

结合许烺光和陈其南的观点，我现在要把问题集中在中国家庭资源转移的一个重要特点上来，这就是得到家庭权威的长子，因家庭资源转移的不一致性而不能得到更多的财产，反之，得到等量财产的诸子却不能平分权力，失去了权力抗衡，这究竟意味着什么？它会对中国人的社会行为产生什么样的影响呢？

三、四项因素的提出及其关系

这里我首先要假定的是，家庭资源转移上的一致性足可以使社会行为运行简单化，因为它们之间构成了一种互为保证的关系。换句话说，获得其中的一项资源就等于无形中获得了另一项资源。反之，家

---

[1]　详见 Nan Lin,"*Chinese Family and Social Structure*,"《"中研院"民族学研究所集刊》1988 年第 65 期。

庭资源转移上的不一致性却使社会行为复杂化，因为资源转移上的相互分离使家庭成员一方面本可能因资源均等占有而具有权力抗衡性，但另一方面又因不能形成这样的均衡性而必须服从权威者，进而导致这两项资源之间构成一种张力。在这种社会中，单靠这样的张力来化解紧张似乎是不可能的。为了使权威得到保证，需要另一种因素介入进来，以强化权威的力量，这就是儒家伦理。它成为维持权威的有效手段。在西方社会，家庭资源转移上曾有过不一致，也出现过借助其他因素的情况。美国社会学家丹尼尔·贝尔（Daniel Bell）在研究中指出：

> 当资本主义通过垄断家族把财产和权势合为一体来延续统治时，它的确拥有历史的力量。后来，在资本主义内部发生了第一场深刻意义上的结构变革，即家族财产同管理权力相互分离，从此资本主义丧失了通过权贵血脉延续统治的可能。如今的经济决策权掌握在"机构"手里。这些机构的首长无法把权柄传给其后代——因为财产不再私有（而是公司集股化了），决定管理职位的不再是财产，而靠专门知识……[1]

从这里，我们可以看出，当权威和财产相分离时，无论哪种社会都会寻求第三种，甚至第四种因素来适应或维系人们原有的社会关系或组织运作（而当两者不分离时则不需要附加其他变量）。所不同的是，现代西方社会面对这一相似的现象，增加的是"专门知识"，并形成了相应的管理阶层。而传统中国社会却选择了"儒家伦理"，其主要特征是维持纲常名教之士大夫阶层的产生。儒家学说在中国传统社会备受

---

[1] 丹尼尔·贝尔：《资本主义文化矛盾》，赵一凡、蒲隆、任晓晋译，北京：生活·读书·新知三联书店1989年版，第38页。

重视，也正是因为它直面了这一系列问题。中国人的伦常体系固然复杂，但无论多么复杂，其核心就是"孝"。孝所要表达的含义就是对权威性的服从。

当这一概念在家庭结构中被深入贯彻时，其操作的界线也大致被确定，这就是血亲。因为中国伦理系统所要规范的重点是家庭继承制以内的成员，而不是那些分享不到财产的人。总之，一种给予权威又不给予相应财产，而给予财产又不给予权威的家庭结构，会造成社会互动中的两种格局：一是就家庭内部而言，在不能以财力为保证的权威者和有同等财产但无权威的继承者之间，会产生一种伦理性的协调和控制关系；二是就家庭外部而言，财产分配上的均匀性使人们也不倾向离开其家庭去另谋生路，而仍然注重血缘、家谱及亲情等。由此形成中国人社会行为中四项不可缺少的重要因素：

（1）权威地位（包括对身份、年龄、地位、等级及辈分的重要性的强调）；

（2）道德规范（以"亲情""孝忠"和"重义轻利"为核心）；

（3）利益分配（包含对经济、社会和心理上获得平均性和均衡性的计较）；

（4）血缘关系（包括真正的、扩大的或心理认同上的血缘关系）。

这四项因素所具有的共同含义都表明，中国人在社会生活中首要的任务就是对复杂人事关系的处理。因此，本理论的基本前提就是：中国人在社会行为上确实存在注重关系的倾向。但值得注意的是，具备这一前提只是告诉我们研究中国人的社会行为的基点在哪里，而非结论是什么。中国人倾向在"关系"（而不是人格或群体或其他方面）中选择行动路线，并不表明中国人只是关系取向，因为"关系"二字不但不能表明中国人社会行为的特征究竟是什么，而且从社会学角度上看，任何社会中的人都是以关系结成的，差异只是中国人在总体特征上更加"讲究关系"而已。如果我们认可这一点，那么我们研究社会行为取向的关键就不是在"关系"本身，而是在如何"讲究"上。提出这种细节上的差异可以使我们认识到，中国人的社会互动不但复杂，而且有重计策性的一面。

现在，我从下往上来分析这四项因素及其关系。第一，正如许烺光所说，中国人的他人取向一般只体现在血缘关系范围内，当然有时也会延伸到更广大的认同范围内，比如我们有着同一祖先，我们是自家人。第二，这一范围内的权威者必须在这一群体内实施均等的资源分配，即中国人常说的"一碗水端平"。然而，要想摆平各成员之间的关系是件很难操作的事。这意味着中国家庭中的权威者在无法用财产来维持其权威性的情况下，只能选择用儒家的宗法伦理来进行规范，因此这种价值体系也必然具有集体主义性质。如果没有这点做保证，那么中国人也就维持不了凝聚力。这也是中外学者从价值层面分析出中国人为集体主义取向的原因。显然，血缘关系的亲密性和儒家思想的规范控制，使中国人的群体中出现了"和"的局面。但我们这时可能会忽视另一个重要问题，也就是平均分配的原则一直在深刻地影响和牵制着中国人的这一行为走向。它表现在，儒家伦理的实施不但建立在血缘关系上，而且还建立在诸子平分原则上。如果这一原则发生了动摇，那么血缘关系的亲密性和宗法道德所具有的制约性也将跟着出现动摇。而即使回到价值层面上看，分配不均现象本身也是违背儒家伦理的。由此，在很多情况下，权威者无论是从价值、制度还是从现实出发，都不会放弃这些原则来考虑个人能力和品德的差异，比如中国人不会因为其家庭成员中有败家子、无赖或"废物"而剥夺他的财产继承权或平均分配财产的权利。正因为平均分配原则的重要性，所以单纯地认为用儒家伦理就可以控制人的行为实在是太过理想化了，或者说，儒家所倡导的绝对服从权威只是一种价值上的要求或理想上的期待，但在实际操作中是有条件的。夸大伦理道德的作用而忽视平均分配的作用，会造成对中国人的社会行为方式产生误解。

其实，较为合理的解释框架是：中国家庭在权威和财产转移上的分离导致了权威者和其下属成员之间存在一种双向的依赖关系。权威者在没有均分财产的情况下，除了强化道德规范外，往往也有向下属妥协或讨好下属的倾向，而下属则因为在此群体中可以获得均等的资源也愿意归属、依附该群体及遵从权威，最终导致集体主义倾向。相反，如果没有实施家庭财产均分，那么集体主义倾向也会随之消失，由此所带来的个人主义将不同于西方个人主义的含义。其含义是，由于血缘关系及认同的作用，个人主义并不导致该群体解体，只导致钩心斗角、见利忘义、阳奉阴违等内耗性行为，以便夺回个人认为其该得的那一份。可见，中国家庭和社会结构中存在的权威危机不是近现代化对传统的冲击[1]，而是根植于这一结构本身。

以中国群体的这一特点来与日本群体及西方群体相比较，我们可以发现以上四项因素在他们那里有的是多余的。第一，日本的单子继承制，权威者的权威性可以由财产来做后盾，而不必强调伦理道德的作用。如果再在这种情况下强化集体主义的价值体系，那么集体主义倾向是明确的，因为没有成员会要求获得资源的均等性。第二，对于那些没有得到而想得到权威和财产的家庭成员来说，他们也不会再归属或依附该群体，而是选择离开去寻求另一个群体，如做婿养子或加入社会组织乃至于外出游荡或者出家。由此，由中国输入日本的"孝"一直是被转化为"忠"来使用的，日本人更看重认同的群体，而非血缘群体。许烺光认为：

> 在日本的一子继承制中，非继承人必须要脱离他所出生的家族，加入或者组成其他团体，在这类集团中，由于他们的评判标

---

[1]　参见 L. W. Pye, *The Spirit of Chinese Politics—A Psychocultural Study of the Authority Crisis in Political Development* (Massachusetts: The M．I.T. Press, 1968)。

准是成员关系而非家属关系，所以其范围扩大到地区或者全国。这类区域性和全国性组织起着一种有效的基础结构作用，当日本陷入来自西方的紧张压力时，这些团体起了促进日本现代化进程的作用。[1]

以上问题对西方人而言，则会变得更加简单。在家庭财产继承性上的个人意愿以法的形式被确定后，契约是社会互动的最有效原则，因此它导致了社会行为取向上的个人中心。以上分析可见表1：

表1 中国、日本、西方社会行为中的四项因素情况

类型	权威地位	道德规范	利益分配	血缘关系
中国	强	强	强	强
日本	较强	较强	弱	弱
西方	弱	不同	不同	弱

表1中含有两种不同的比较：一种是程度上的差异，我用"强""较强""弱"来体现；一种是性质上的差异，我用"不同"来体现。在权威地位和道德规范上，中国和日本属于强，但西方较弱，而西方的不同点则是偏向契约而非道德。中国人在利益分配上不同于西方，表现为中国的平均分配制和西方的财产继承制在性质上的差异。日本人在血缘关系上的程度弱于中国人，原因在于中国人的血缘关系是从"真正的血缘关系"扩展到"认同的（拟）血缘关系"，而日本人更偏重"认同的（拟）血缘关系"。

---

[1]　Francis L. K. Hsu, *Americans and Chinese: Reflections on Two Cultures and Their People* (New York: Garden City Press, 1970), p. 287.

四、中国人社会行为取向中的内在机制

现在，我们越来越清楚地认识到仅仅基于中国的儒家价值观或所谓的权威主义（人格）来说明中国人的社会行为取向存在重大的缺陷。从比较现实的观点来看，中国人在社会群体中非常重视利益分配上的均衡性，这是导致中国人社会行为上具有集体主义或个人主义走向的杠杆。但值得注意的是，资源分配上的均等性不是单指经济上获得等量的利益，而是一种综合性的指标。它既包括经济学意义上群体成员对财产的平等性获得，也包括心理学意义上权威者在认知上对谁更器重，在情感上与谁更亲密或相反，以及在社会学意义上各成员因年龄或资历而占据的地位是否合适，向上流动的速度是否一样，占有的社会资源是否持平，等等。以上这些在操作上的难度是可以想象的。但无论做到这些多么困难，努力去做是必需的。孔子说：

> 丘也闻有国有家者，不患寡而患不均，不患贫而患不安。盖均无贫，和无寡，安无倾。夫如是，故远人不服，则修文德以来之。既来之，则安之。今由与求也，相夫子，远人不服，而不能来也。邦分崩离析，而不能守也。而谋动干戈于邦内。吾恐季孙之忧，不在颛臾，而在萧墙之内也。（《论语·季氏》）[1]

孔子在此看出了利益和道德之间的一种紧张关系，并想从道德上让人懂得均的重要性，即做到见利思义，把中国人拉回集体主义的轨道。但我要讨论的关键问题是，在实际操作中达到综合指标上的均衡性是否可能？

---

[1]　清代学者俞樾在《群经平议》中认为，这句话中的"寡"和"贫"字在传写中互换了位置。

《说文》释"均"为"平也"。可见"均"字兼有"平均"和"均平"的含义。"均平"的意思可以在《诗·小雅》"我马维骃，六辔既均"中略见一斑。这里指的是六匹马在各自的方向上均等地使用力气。这样一来，我们就有必要界定"均"究竟对中国人而言是什么含义了。我认为，"均"这个字在中国社会的分析框架中是一个很特别的概念。首先其本身不具有集体的意味，也不具有个体的意味，而表示可以向不同方向变化。"均"在中文中既有平均（以同求和）的意思，又有均衡(和而不同)的意思。平均不一定均衡，均衡也不一定平均。根据"均"的这两种含义，平均一般和中国人的个人私利有关，它假定个人总是期望自己的社会资源和其他社会成员得到的一样多；而均衡一般和群体的稳定性有关，它假定群体之中没有矛盾和冲突，成员间达成了协调的关系。可见，上面两层含义正好构成一种相反相成的关系。其中，平均的含义在中国人的群体中具有个人的方向性，而均衡的含义带有集体的方向性。当我们再回过头来认识中国人在社会行为取向上的这两种方向时，我们就可以发现中国的家庭结构模式企图通过保持两者的一致性，来实现个人主义和集体主义的并举。换句话说，就是试图通过维持个人在私利上获得和他人相同的利益，来达到彼此关系上的和谐。总之，中国人是想借助道德把利益分配中出现的不同取向合而为一，把原本可能相反的东西转变成相成的东西。进而，当这种价值模式构成时，它既为个人也为集体。它想解决的问题是，在农耕社会，以个体能力来保证生存是不现实的，也是不可取的。个人再有谋生的本领也要归属自家人群体。但群体不去考虑各个体的利益的等量性也不行，因为只重视个别成员的能力与回报而忽略分配上的均等性，会造成该群体分崩离析。结果只能是既要让能者多劳，又要讲利益均沾，以实现群体内的平衡性和稳定性。以上这种均衡和平均相结合的结构模式所体现的运行方式是：一方面，群体成员因自己对群体资源的平均占有而不轻易离开他的群体，另一方面，平均分配在操作化上的难度极易造成群体成员的不满，从而导致中国人既不愿意脱离自己的群体，又会产生面和心不和的局面。

以上这四项因素的作用也使中国人在社会行动中具有整体性的思维，即不把个人和集体对立起来。而对于日本人及西方人而言，其群体的均衡性都正好建立在个人财产分配不平均的基础上。在日本，集体主义的建立所体现的是，只要个人归属该群体，那他就不能计较个人的得失，反之，对于那些计较的人来说，他们只能选择公开分裂的道路，去组合为另一个群体。日本人类学家中根千枝指出：

> 许多集团发展到相当阶段时，就发生裂变，这已被认为是当然的。这种情况被称作温良裂变，因为待其下属积聚起相当的力量而希望独立时，这种裂变无论对于领导或是下属都是意料之中的。然而，分裂出来的小集团跟原有的中心不一定永远和睦相处。[1]

日本人群体中的这一分裂倾向贯穿于老式家庭、店铺和次子、养子以及仆人甚至新式职业互动中。在西方，群体的结合方式更为简单，成员和成员之间的关系是合伙的契约关系。这种群体对个体而言是满意就加入或留下，不满意则退出，而群体的均衡性只能在契约的规范下才能得以实现。

追究以往学者的不同观点，我们可以看出，主张中国人是集体主义的学者看到的是中国人既有对血缘关系的注重和认同，同时又注重儒家伦理道德的强化和规范作用。一言以蔽之，他们看到的是中国人同姓则同德的一面。而主张中国人是个人主义的学者看到，中国人一旦结合在一起就会各怀私利，互相倾轧，即看到了利益分配和道德间的紧张关系。前者的结论基于本文提出的四项因素中的服从权威、儒

---

[1] 中根千枝：《日本社会》，许真等译，天津：天津人民出版社1982年版，第47页。

家伦理、分配平均和血缘亲密；后者的结论则基于权威危机、道德失范、利益冲突和同室操戈。可见，在中国社会，任何社区、组织、群体和个体在实际中采取何种行为取向，将由四因素的配比来定。

到此为止，我们可以从家庭结构在权威和财产转移上的特点中引申出以下三个重要问题：第一，作为儒家文化圈一员的日本，其家庭结构中的分配机制并不类似于中国，而是类似于西方。第二，西方家庭不重视权威转移而更重视财产转移，和西方的个人主义价值观是相通的；而日本家庭注重权威转移而不注重财产转移，和日本的集体主义是相通的。这也意味着，个人主义导致的人际关系只重视契约，这极易构成费孝通所谓的"团体格局"[1]或许烺光所概括的"俱乐部"群体[2]；集体主义导致的是群体成员对权威服从的重视，这易于构成很多学者都认为的东方社会中那种严格的"辈分等级制"和"孝忠"思想。前者的权威转移包含在财产转移中，后者的财产转移包含在权威转移中。第三，由于中国家庭在这两项资源转移上的不一致性，因此有可能导致一种既不属于个人主义，也不属于集体主义的价值倾向。一方面，中国人强调对权威的遵从而带有集体主义的倾向；另一方面，中国人强调个人在群体中对财产的平均占有和分配的计较而兼顾了中国式的个人主义倾向。由此，权威集中导致的集体主义和平均分配产生的个人主义之间形成了一种张力。其力度上的差异，既可能把中国人拉向个体对权威的忠诚，也可能把中国人引向权威对个体平均分配的妥协。马克斯·韦伯认为，西方的清教伦理与外部世界处于一种强烈而严峻的紧张状态之中，而中国的儒教所体现的则是对世上的万物采取一种随和的态度。[3]从这种推论出发，西方的工业化就是由这种紧张性所致，但所谓中国的"亲社会性"中是否也有紧张性呢？我认

---

[1]　费孝通：《乡土中国》，北京：生活·读书·新知三联书店1985年版，第22页。

[2]　参见许烺光：《宗族·种姓·俱乐部》，薛刚译，北京：华夏出版社1990年版。

[3]　马克斯·韦伯：《儒教与道教》，王容芬译，北京：商务印书馆1995年版，第257页。

为仍然是有的，只是它不是体现在社会与自然之间，而是体现在社会结构孕育出的各要素之间。可见，这四项因素在中国社会结构中从来都是共同发生作用的。

五、四项因素的配置及其命题

通过以上分析，我们可以清楚地看出，研究中国人社会行为的取向应该将权威地位、道德规范、利益分配、血缘关系等四项因素做通盘的考虑。任何的偏颇，都会得出不同的结论。如果我们把这四项因素做一理想型的排列，就可以产生以下列表，见表2：

表2　中国人社会行为中四因素理想配置表

四项因素	中国集体主义	中国个人主义
权威地位	↑建立	↑瓦解
道德规范	有效	失效
利益分配	平均	不均
血缘关系	亲密	冷漠

表2说明：中国人在同他人以及在社会群体中进行社会互动时，都会对这四项因素做不同的组合，以确定其社会行为的方向。中国人是否走向集体主义先要以血缘关系及其认同性来决定，而后要看各种社会资源在成员间的分配是否均等。如果均等或能达成各成员间的均衡性，那么他们则接受该群体的道德规范，最终遵从权威，走向合群、团结、友爱、克己奉公、以他人为重的集体主义。如果中国人在进入血缘关系后，发现社会资源分配不均，则会违背道德规范，进而瓦解权威，产生内讧、窝里斗、冷漠、自私、嫉妒等所谓中国式的个人主义。

表 2 中的配置方式是两种最极端和最理想的配置途径。但在现实社会中，这四项因素的配置方式并非总是如此清晰。它们按多变量矩阵会组合成 16 种方式，而这些方式中有 8 种方式比较容易出现。为此，我们可以对这四项因素本身、八种配置的可能性及其关系等提出以下若干命题。

命题 1. 中国人的任何社会行为都包含这四项因素。

这一命题不但在中国人稳定的社会互动中存在，而且在初次社会互动的一开始就表现出来了：一旦社会交往发生，互动的双方便开始确定彼此的身份与地位，因为身份和地位中隐含着一个人的权威性。如果在接触过程中不明确对方的身份和地位的话，便很容易冒犯对方，常言"有眼不识泰山"就是这个意思。与此同时，为了保证不冒犯对方，双方互动的规范性则体现在相互的礼让行为之中。而初次社会互动中的交往利益和血缘关系表现为，试探彼此的利益回报（考察对方对自己有没有用）和拉入自家人范围的可能性（比如见面先问对方是哪里人）。

命题 2. 中国人社会行为的取向由这四项因素的配置情况而定。

这一命题是说，中国人的社会行为取向性并不是确定的，它的方向性由四项因素的内在变化来决定。如果这四项因素分别为建立、有效、平均、亲密，那么其行为取向一定是集体主义。如果这四项因素分别为建立、有效、平均、冷漠，那么因第四项因素的作用，行为取向虽然有所弱化，但仍趋向集体主义。如果这四项因素分别为建立、有效、不均、冷漠，那么后两项因素的作用会让取向导向个人主义，又因前两项因素的作用，仍然能维持住集体主义，但这时的集体主义已和"抱怨""忍"并存。如果这四项因素分别为建立、失效、不均、冷漠，那么取向性因权威的维持只是表面集体主义，而实质是个人主义。中国人常言"对权威的架空"就隐含了这一点，即集体主义取向已名存实亡。如果这四项因素分别为瓦解、失效、不均、冷漠，那么一定是个人主义。如果这四项因素分别为瓦解、失效、不均、亲密，那么因第四项因素的作用，行为取向趋向个人主义。如果这四项因素分别为瓦解、失效、平均、亲密，那么后两项因素，特别是平均因素的作用，可以在一定意义上取代道德因素的作用，使个人主义潜伏或压抑，从而维持住了集体主义。如果这四项因素分别为瓦解、有效、平均、亲密，那么从表面上看权威者的无能会导致个人主义，但由于后三项因素已经制约住了个人主义，因而产生了实质的集体主义，如常言有领导不力或儒家的无为管理思想。从总体上看，权威集中因素和其他三因素的任何可能的配置都能趋向集体主义，哪怕是表面的集体主义；而利益分配不均因素和其他三因素的任何可能的配置都会趋向个人主义，哪怕是隐含的个人主义。这也是中国人的个人主义不同于西方人的个人主义之处。

命题 3. 利益分配的平均与否是导致两种相反行为取向的杠杆。

这一命题是由命题 2 推出，也就是说，中国人在四项因素的配置中，以利益分配的导向性为社会行为取向定位的关键因素，它直接影响权威、规范和血缘三因素的正走向是否有效，或这三因素的负走向是否可能。

命题 4. 平均性是一系列综合指标，涵盖物质利益分配上的等量、社会资源分配的均衡和社会情感投入的均匀。

这一命题是说，中国人不会单把获得等量的物质利益看作实现了平均分配，而倾向把平均分配看成一个综合的指标。它包括社会地位上的安排与升迁的速度，上级对下属能否一视同仁或是否偏心，也包括下属对上级对待各个成员的方式是否满意。而集体主义取向意味着每一个成员都相信在经济、社会和心理上受同等待遇，以及上级在提拔某下级时要对其他同级成员做令人较为满意的说明或对不满的成员进行安抚，还包括掌握"和稀泥"和"各打五十大板"的本领。一言以蔽之，权威者能摆平各成员之间的关系。而个人主义取向则是这一综合指标的失衡。

命题 5. 中国人的个人主义取向不是导致公开分裂或自立，而是表现为内耗。

之所以有人看不出中国人社会行为取向上的个人主义，是因为他们不易看到中国人在社会群体中公开分裂。这一方面是血缘关系在起作用，即中国人在血缘关系上无论是亲密的还是冷漠的，中国家庭的纵向的特点都导致中国人对同一祖先的认同；另一方面，中国人在社会群体中分配原则上的等量性导致人们对共同利益分配的关心，以及对自己认为应该得到的而又未得到的那部分的牵挂，从而表现出内耗心态，即"我不行，也叫你行不起来，我得不到，也叫你得不到"。从理论上分析，真正发起公开分裂的是在分配中以不平均分配为原则。在这一原则的支配下，个体对利益分配的无望会导致他选择分裂的方式来获得他的利益。这种现象发生在日本，表明日本人非但不是个人主义，反而仍然是集体主义取向的结果。而个体对集体关系的脱离和另谋他路（自立）则是西方人的个人主义。

命题 6. 中国人在价值体系中强调的是个人与社会的整体性、过渡性和统一性，而非对立性和先后性。

建立在中国家庭模式之上的儒家思想体系并不看重是社会优先还是个人优先，而只想体现个体对集体和集体对个体的相互依赖性。为了强调这种依赖性是相互的，儒家一直不忽视个人的地位，认识到修身的重大意义，也不忽视群体与社会，认识到个人的修身可以促使社会和谐、有序、稳定。因此，"道"既是个人的德性，也是社会的秩序。内圣与外王之间的关系是相辅相成的，而非哪个为先，或者说哪个为先并不重要，重要的是不能外王但不内圣或内圣但不外王。

命题 7. 中国人社会行为的紧张性表现为利益分配与道德规范之间的冲突与调适。

在儒家思想的发展中，伦理道德的作用越被强调，义利之间的紧张性也越显重要。由于中国人社会行为的取向是同时受四因素决定的，所以道德的制约性在本质上是相对的，而不是绝对的。当中国的道德因素在社会行为中被突显出来时，中国人对私利的需求不是不表现，而是以扭曲的或以间接的形式表现出来，这是日常谋略在中国社会发达的主要原因。

命题8. 中国人的社会行为取向具有很强的变通性（情境性）。

由于中国人的社会行为的取向要由四项因素来决定，因此中国人的社会行为带有很强的变通性（情境性）。原先不是自家人的人可以成为自家人，原来摆不平的事可以摆平，原来的冲突关系可以变得和睦，原来的不服从可以转为唯命是从，或相反。中国人在社会行为取向上四因素配置的结果很容易导致对场合的重视。一切社会行为可以随场合的变化而变化，因为四因素中的每一因素也都带有不同的方向。中国人在社会互动中从占陌生人的便宜到"大水冲了龙王庙"，再到利益上的互相推让，足以说明这种变通性有多强。

命题9. 中国人际关系结构为纵向与横向并存式。

以往的学者认为中国人际关系具有纵向的特点，也就是父子结构和孝的关系。但从家庭模式的比较中，我们可以清楚地看出，真正的纵向人际关系只有在权威和财产转移方向一致的日本社会才有可能出现，因为它们只维系主干，但不顾分支。而在中国人际关系结构中，纵向的意思是说，横向的亲缘关系是由父子关系带来的，这是一种分支和同根的并存关系。以往的观点过多地强调了其中的权威这一项因素和规范与血缘等部分因素，也就是说，这种分析框架只重视身份和地位的研究，包括道德中孝的一面。其实，中国人在道德规范上不但重孝，也重悌，在关系结构上不但重视父子关系、君臣关系，也重视夫妻关系、兄弟关系与朋友关系。如果我们再考虑到分配因素，就可以很清楚地看出中国人在互动中不像日本人那样忽视横向关系。由此，日本人际关系上的纵向的特点导致集体主义，西方人际关系上的横向的特点导致个人主义，而中国人际关系的特点则是上面两者都不能概括的，因而也是两种取向并举的。

以上九项命题都是由中国人社会行为的四因素的配置以及四因素之间的关系纠葛所催生的。它们可以使我们更深入、更系统地解释和理解中国人的社会行为，而不是简单地把它们归结为无论何种意义上的集体主义或个人主义。

六、结　论

基于以上研究，我认为，要想看清中国人在社会行为上是什么取向，必须摆脱中国人究竟属集体主义或个人主义这种对立性思维。不仅如此，更重要的是还要摆脱西方学者在研究中设置的二元对立的范式。在本文的研究中，我们可以看出，"集体主义"和"个人主义"对于解释日本人和西方人的社会行为取向是很有说服力的，但用这两个概念来解释中国人都存在明显的不足。因为，中国人社会行为中的这四项因素，日本或西方并不同时拥有它们，更不会出现彼此之间相互配置的可能。因此，居于集体主义和个人主义这两端的正好是日本和西方，而非中国。就中国人本身而言，他们在观念中一般不把个人和集体作为两个对立的面向。集体是同个体各方面都休戚相关的生活单位，即把个人、家庭和组织作为一个连续体来加以认识。以此特点同日本相比，为了组织和集体而牺牲家庭或个人在日本可能，但在中国不可能发生；以此特点同西方相比，由于西方人把个人、家庭、组织分得十分清楚，因此家庭是一个培养未成年人走向自立并最终同父母分离（无须互相依赖）的场所，集体不过是他可以出入自由，以实现其个人成就或获得收入的社团单位。可见，中国人对集体含义的理解要比日本人和西方人广泛、模糊。在中国人看来，个人的社会行为方向性如何，是要依据场合而定的，而场合的变化又是随四因素的配置变化而变化的。结果，中国人根据权威主义、伦常是非、利己和平均主义观念及强烈的血缘意识及其不同的配置，表现出不同的行为方式。他们在制度和对策、普遍主义和特殊主义、专制和自由、合群和内耗等之间也一直留有空间和余地，进而中国人的社会行为中总带有世故、圆通及见风使舵的色彩。

由此可见，当我们跳出了西式的二元范式的窠臼，就可以对中国人的社会行为取向做出以下几个结论：

第一，中国人社会行为的取向富有弹性和灵活性，和日本人或西方人相比，似乎介于两者之间，并时常在其间往复。

第二，这种取向上的特点产生于中国社会的家的结构。

第三，受这种结构和整体性思维的影响，集体和个人不是一种相对立的，而是一种相互依存的关系。

第四，在价值层面上，中国人面对这样的关系，强调行为各要素之间的正向理想配置，或者说，能将个人和集体融为一体并同时满足两者的需要是怎么强调也不过分的。

第五，个人和集体间的相容性关系既不是集体取向，也不是个人取向，它包含了个人和他人（群体）互相从对方那里获得自身利益（今天在中国流行的"人人为我，我为人人"和"主观为自己，客观为别人"等都是这种相容性的体现）。

第六，在制度和现实层面上，中国人社会行为的各要素之间不构成一致性关系，而是紧张性关系，它导致中国人的社会行为是否能达到社会价值观所强调的和谐，需依情境和四因素的配置情况而定。

总之，中国人社会行为取向的运作依照（家长）权威地位建立（或瓦解）、道德规范有效（或失效）、利益分配平均（或不均）、对血缘关系的认可（或不认可）而定。而在这四个因素中，血缘关系用来限定集体意识的范围，资源分配方式决定在群体中集体或个人重心的偏移，而儒家思想的作用在于抑制这种个人主义导向，达到集体主义，最后这两种力量通过家长的权威性加以汇合。家长权威一方面在儒家伦理中得到强化，另一方面又在分配制度中受到削弱。这就体现为中国人在社会组织中常言"摆平摆不平"。这句话看似平淡无奇，其实却最切实、最深刻地道出了中国人在社会行为取向上的抉择。这如同在一个圆筒中放置一个可滚动的球，该球并不被固定在哪一端。其滚动的方向是由这一圆筒两端被置之高低来决定的，同样的比喻又如跷跷板，其重心依支撑点的位置来决定。

这一理论模式可被称为"社会行为配置理论"或中国人"本土社会行动模式"。从这一模式出发，也许能解答几个原先在学术界一直争论不休的问题：（1）儒家的道德是公德还是私德？依照这一模式结构，便可以发现儒家的道德实质上是公私兼顾、公私不分的，但有血缘和泛血缘的倾向。（2）儒法互补问题。儒家的道德规范在制约上的失范，使得中国社会及组织中的权威者从来不敢轻视法家之道。(3)利义之辨。权威因素和分配因素上的构成方式造成中国伦理思想史上的利义之辨从来没有间断过，但也从来没有让人心服口服过。其实两者在本理论中构成了一种张力。（4）中国人的计策行为。这一模式导致中国人的谋略文化必然发达，因为谋略文化所体现的都是利益争斗上的智慧。（5）这一理论正印证了一些学者对《易经》的研究结论：中国文化的特征是"不可无不可"[1]，而不是表现为一种单一的行为取向。

从本文的这一理论构成上看，原先国内外学者得出的有关中国人的社会行为是集体主义抑或个人主义的结论，都是在四因素中择其一种来理解中国人的社会行为的。诸如中国人是权威主义、利己主义、关系主义、伦理本位、家族主义等。而通过本文对于中国人的行为取

---

[1]　章秋农：《周易占筮学——读筮占技术研究》，杭州：浙江古籍出版社1990年版，第3页。

向的理论建构，我认为有必要重新对此进行理论上的再探讨和实证上的再研究。在这类研究中，我们应注意对中国人的家长权威、规范遵从、资源分配、血缘认同等几个方面做指标设计，尤其要考量中国人在社会互动和群体中对"均"的经济学、心理学及社会学意义上的理解。我相信，推进这一方向的研究成果，不但对我们深入理解和解释中国人的社会行为结构与相应策略具有重要的理论和现实意义，而且对建立中国人自己的社会学和社会心理学体系也具有非常深远的意义。

个人地位

——中国日常社会学理论的建立

　　属于交往范畴的一种既模糊又有特色的概念叫作"关系"。众所周知，在中国漫长的历史长河当中，无论是在政治体制中还是在民间生活中，无论是在儒家的价值传统中还是在社会自身的运行中，"关系"的这一特色性含义都具有实质性的重大意义。即使是在改革开放后的今天，许多实证研究也都在证明，中国社会结构的转型、市场经济的发育及个人的成功在一定程度上仍受"关系"因素的作用和影响[1]，乃至西方经济学者在解释华人社会经济现象时有"关系资本主义"的提法[2]。对于"关系"的研究，以往我们注重的是宏大的叙事方式，比如"关系"同市场经济、政治（腐败）、地方保护主义、法制等的关系，而忽略了它的日常性。实际上，上述这些经验研究所昭示的，正是中国社会中的很多大事件和大格局都是以日常行为为基础的。

　　探讨中国人的日常行为中的"关系"，我们发现最为常见的表达

---

[1]　参见李路路：《私营企业主的个人背景与企业"成功"》，《中国社会科学》1997年第2期；袁岳、王欣、张守礼：《北京外来人口中的三种权威及其影响》，《战略与管理》1997年第2期；陈吉元、胡必亮主编：《当代中国的村庄经济与村落文化》，太原：山西经济出版社1996年版，第5章。

[2]　参见何梦笔：《网络　文化与华人社会经济行为方式》，太原：山西经济出版社1996年版，"作者的话"第3页。

即是"人情""感恩""面子""报答""送礼"等词语。然而，当东西方学者想把这些词语转化为概念来认识中国人的关系时，他们得到的是一些感性的或零星的认识，而不是一个明确而具有逻辑性的分析框架。譬如，"关系"一词本身字面空泛，而内涵却丰富具体，它似乎在中国达到了只能意会、不能言传的地步；又如"面子"一词，自 A. 明恩溥（A. Smith）一百年前首次将其列为中国人的第一特征起 [1]，其含义就让人琢磨不透，它既可以同"关系""人情""报"等概念相互包含，又同荣誉、虚荣、做戏、形式主义、光宗耀祖、地位、道德、自尊、礼节等意思纠缠在一起。实在是叫人"不想还好，一想可就觉得糊涂" [2]（鲁迅语），"举个例子很容易，下个定义却很难" [3]（林语堂语）。再如，"人情"在儒家经典中的本义是指人的本能，诸如喜、怒、哀、乐之类，但老百姓却乐于在亲情和世情的含义上加以使用，诸如"做个人情""送人情""欠人情""人情债"等 [4]，而这些意思多少也基本上同"报"的含义相类似。许多中国学者在研究中放弃了对它们进行定义而直接使用这些概念，其原因是这些概念在中国文化背景中不下定义比下定义还要来得清楚。可是，一旦这一背景不存在，它们立刻就会变得很难读解。许多西方学者在其研究中只好用拼音，如 *"guanxi""renqing""mianzi"* 等，而不是相应的翻译，如"interaction""communication""relationship""tie""face"等来表示。正因为此，无论在国内还是国外，关于中国人交往和"关系"的研究一直缺乏一个

---

[1]　亚瑟·亨·史密斯：《中国人的性格》，乐爱国、张华玉译，北京：学苑出版社 1998 年版，第 1—4 页。

[2]　参见鲁迅：《说"面子"》，载《鲁迅全集》第 6 卷，北京：人民文学出版社 1981 年版。

[3]　Lin Yutang, *My Country and My People* (New York: John Day Book, 1935), p. 200.

[4]　参见翟学伟：《中国人际关系的特质——本土的概念及其模式》，《社会学研究》1993 年第 4 期。

能将这些概念界定清楚并将其整合起来的研究范式 [1]，致使目前很多研究成果尚构不成对中国人的交往形态的整体性解释。本文在此想通过对这些日常概念的梳理，建构一个新的概念，以便对中国日常社会建构和运作进行理论性探讨，并使该概念扩充为一个解释中国社会关系构成及其运行机制的分析框架。

一、对原有概念框架的检讨与研究假设提出

如果我们用现有的西方社会学体系来认识中国社会中的"关系"，就可以发现表示人际交往的最重要概念当属"角色"。许多社会学家认为，通过对角色的分析可以解释社会交往的建构和运作原理。围绕"角色"概念的丰富含义，社会学也相应地发展出了三种理论范式：（1）结构角色理论。自 R. 林顿（R. Linton）在 20 世纪 30 年代提出角色是地位的动态体现起 [2]，该看法被许多社会学家所接受 [3]，直至后来 P. 布劳（P. Blau）用结构主义的观点对它进行了最为系统的研究。布劳认为，社会角色就是社会位置，而社会结构就是社会位置的分布。这种分布不是抽象的概念，而是可以用数量表现的事实。社会位置可分为两类：类别参数和等级参数。前者如人的性别、民族、职业、住所等；后者如教育、声望、财富、权力、年龄等。人们在社会中的角色和地位的分化，相应产生出社会的异质性和不平等性，由此对社会

---

[1] 何梦笔：《网络　文化与华人社会经济行为方式》，太原：山西经济出版社 1996 年版，第 35 页。

[2] 参见 R. Linton, *The Study of Man* (New York: Appleton, 1936)。

[3] 参见乔纳森·H. 特纳：《社会学理论的结构》，吴曲辉等译，杭州：浙江人民出版社 1987 年版，第四编。

整合产生影响。[1]　（2）角色过程理论。源自 G. 米德（G. Mead）开创的社会行为主义，后相继衍化成符号互动论、社会角色理论等。这个框架预设了社会先于个体，而个体在参与社会活动时需要从自我中逐渐分离出一个外化的自我来顺应这个社会。结果这种顺应外化成了符合他人期待的社会角色。（3）角色表演理论。由于受 M. 韦伯（M. Weber）的理解社会学和 A. 舒茨（A. Schutz）的现象学社会学的影响，H. 加芬克尔（H. Garfinkel）的常人方法论与 E. 戈夫曼（E. Goffman）的戏剧理论提出了互动双方的假定、理解和表演者自我呈现的策略。尽管他们的理论框架并不相同，但他们似乎都认为，社会是由没有历史背景的个人在现实互动中建立起来的真实社会，不存在什么外在于个体的稳定的规范与结构。角色和地位在中间的作用不过是互动者互动时使用的有意义的符号或面具而已。[2] 而社会学家只有去了解行动者的主观意识、共同设定、印象整饰等，才能理解社会。

以上三种理论范式虽有各自的解释优势，却也有各自的不足。如结构角色理论把社会看得太有秩序，以至于将个体的行为看成一种相应的机械反应；角色过程理论把个人扮演角色看作对他人期待的顺应，结果也只暗示了个人适应社会的那一面；而以角色的主观性为起点的社会学理论，由于完全把社会交还给了个人的意识、自我或表演的策略，因而忽略了超越个体的社会制度对人的制约作用。以上研究范式上的对立催生了 A. 吉登斯（A. Giddens）、P. 布尔迪厄（P. Bourdieu）等一些社会学家的新方法论。前者提出了社会建构的两重性问题[3]，

---

[1]　参见彼特·布劳：《不平等和异质性》，王春光、谢圣赞译，北京：中国社会科学出版社 1991 年版。

[2]　参见 C. Wolf, "Status," in A. Kuper, and J. Kuper (eds.), *The Social Science Encyclopedia* (Routledge & Paul, 1985), p. 826。

[3]　参见 A. 吉登斯：《论社会学方法新规》，黄平译，《天涯》1997 年第 15 期，第 156—157 页；吉登斯：《社会的构成：结构化理论大纲》，李康、李猛译，北京：生活·读书·新知三联书店 1998 年版。

而后者提出了"实践性"与"习性"[1] 等概念，其目的都在于说明行动者（agency）与社会结构（structure）之间的作用与反作用关系。可以说，西方社会学研究中出现的这一新理路，源于当代西方社会学家希望在这种对立性之间找到一种认识社会的新途径，但这种努力仅仅是理论上的而且是针对上述问题而生的。

中国社会的建构方式本身就不同于西方社会，因此从中产生的理论构想也就不必受西方社会学传统及其发展的制约，而可以从自生的传统脉络中寻求灵感。也就是说，中国社会不是以这样一种二元的方式建构起来的，因此其理论的基础也不在建立或调和二元结构的理论方面。比如，就拿医生给病人看病这件小事来看，这事本身在西方理论框架中怎么说也不过是治疗者与被治疗者的角色关系。结构论者讲的是互动中的制度约定；互动论者讲的是各自如何扮演角色；而现象学看到的则是医生或病人的对话方式和自我表演。即使新框架，也是围绕这种关系来解释其中的个人与结构在关系建立上的相互作用的。但中国人在看病时往往会出现另一种现象，即病人总希望他能同医生建立一种个人的或特殊的（医生和病人关系之外的）关系，结果送"红包"或托人关照等行为在中国社会就非常普遍。又如，师生关系本来不过是一种教与学的角色关系，用上述种种理论分析，说到底也是教育体制与个人学习行为之间所发生的结构和互动问题。但中国许多学生家长却明白，这里面的问题是如何动用各自的社会资源，如请客、送礼、帮忙办事等，来为孩子的班主任和主课教师服务，以加强教师对自己小孩的特别待遇。可见，中国人交往上的日常性具有角色理论很难解释清楚之处。也许是由于中国社会学研究者过于依赖西方理论框架，中国社会中本来就有的很多至关重要的现象、概念、理论

---

[1]　参见布尔迪厄：《文化资本与社会炼金术——布尔迪厄访谈录》，包亚明译，上海：上海人民出版社 1997 年版；皮埃尔·布迪厄、华康德：《实践与反思——反思社会学导引》，李猛、李康译，北京：中央编译出版社 1998 年版。

和方法论材料，乃至于超越西方二元结构讨论的理论探索，均被我们忽视了。

为了形成本文的分析框架，我从中国社会的一些经验事实出发，首先假设：一个真实的社会建构（social construction of reality）是一个自主的行动者与社会规范结构相权宜的产物。也就是说，当行动者无形或被迫地接受社会先于自己的那些社会角色和社会位置，而他在其规范的制约下又有自己的意愿要表达时，他会采取一种同社会结构可融通或相权衡的方式来行动。这时的行动者关注的问题是，他如何能将自己的主观意图或计谋同外在规范相调适，即既能在行动的规范上不显得违反制度的合理性，但又同时能实现自己意图的策略性介入，由此造成的行动结果是形式上的名实相符和实际上的名实分离。[1]

关于这一点，许多中国人在现实生活中多少都有些感性认识。如有人将这些现象比喻为"打擦边球"；有人把它直接归纳为"上有政策，下有对策"或者叫"轰轰烈烈走过场"；又有人具体形象地把招待吃饭时规定的"四菜一汤"说成"四盆一缸"；等等。仍以上文的医生给病人看病为例，按照我的这个假定，如果医生和病人之间通过送"红包"或他人关照而建立起了特殊"关系"的话，那么他们的行动规范仍然是医生依据病情开药，但策略上完全可以是病人要求医生开他要的药，或开同此病无关的药，甚至其他东西（如补品），但药房的账目完全符合医院的要求和财务制度。根据这一假设，我认为权宜出来的真实社会建构不宜像西方社会学那样采用二元划分的方法分析，如制度和非制度、结构和行动者、理性的和非理性的等，也不能简单地用后来的西方社会学家的新理论来生搬硬套，因为这里存在一个西方理

---

[1] 参见翟学伟：《"土政策"的功能分析——从普遍主义到特殊主义》，《社会学研究》1997年第3期。

论无法涵盖的运作空间及其规则。这些空间及其规则看似个体仍受制于社会角色及其规范法则，但实际上个人可以机智、灵活地实现自己的目标。

可以认为，任何一种真实的社会建构中多少都会存在这样的现象，但本文只对中国人的这类行为进行研究。

二、一个概念的提出

由上文分析，我们已经看出，西方社会学中的"角色"概念并不能解释清楚中国人的"关系"。也有不少学者因此会坚持从儒家伦理思想出发，用"仁""义""伦常""礼节"等概念来解释。但我认为，这种表达基本上是价值层次上的，属应然性的，而非实然性的。这似乎一直是中国日常社会研究止步不前的症结所在。[1]可见，要想在社会学意义上揭示中国社会建构的本质，我们首先要解决的问题就是提出一个既能被现在的社会学所接受（具有学术性、通用性、明确性和可操作性），又能把那些失去的运作空间和规则找回来的概念。

从上面的假定出发，我下面要寻求的概念应当从中国人实际生活中产生，但又要尽可能地使之同角色概念和儒家伦理思想相关联。理由是，中国实际生活中的有些词语所表现出的意思，正是中国人将现实情境同儒家规范结构相协调的结果，比如上文提到的"面子""人情"等。这些概念中所包含的丰富含义正表达了我所假定的行动者和社会

---

[1]　这里是指近来在台港和大陆（内地）等的学术界开展的本土化运动，有关观点参见《本土心理学研究》1993 年创刊号（杨国枢主编：《本土心理学的开展》，台北：桂冠图书公司 1993 年版）；杨中芳：《如何研究中国人》，台北：桂冠图书公司 1996 年版。

结构权宜出来的真实社会建构与运作之策略和过程 [1]，只不过因为这些概念没有经过学术处理和界定，才使中国日常社会建构的关键仍不易被看清而已。

当然，要想厘清这些日常性词语的学术意义是相当困难的，因为它们在感性上是可以意会的，但在理性上是很难概括准确的。为了梳理上的方便，我去繁就简地认为，"人情"和"关系"应该是由"面子"派生出来的两个概念（"报"隐藏在这三个概念当中）。理由是，根据"人情"和"关系"这两个概念的日常含义，我们在经验上发现它们的有无或是否中断是因一个人有没有面子引起的。换句话说，中国人在社会互动的时候一般不会同没有"面子"的人讲什么人情和关系，即使要讲的话，也要看在另一个人的面子上。[2] 虽然中国人客观地处在血缘、地缘或其他关系之中，但不是凡有此类关系的人就都有面子。显然，我们在中国人的关系研究中不能只笼统地认为中国人看重血缘和地缘关系。这种认识不但不够准确，而且非常粗糙。如果关系的建立来自中国人所讲究的面子，那么我要建立的概念就应当先从分析面子开始。

中国人所谓的"面子"，在起源上既同"脸""颜""面目"等用语密切相关，也可引申为"光""气""丑"等，这类用语是指一个体单位在其社会圈内所展示的形象类型及其程度。由于这种类型及其程度受儒家道德和日常礼仪的标准的检验，因此可以根据这种检验的结果，搭配成"要脸""争脸（争光、争气）""丢脸（丢丑）""无脸见人""厚脸""厚颜无耻""不要脸"等词。这就说明，当一个个体在他所表现

---

[1]　参见 Hsien Chin Hu, "The Concept of Face," *American Anthropology,* 46, 1944; Liansheng Yang, "The Concept of 'Bao' as a Basis for Social Relationships in China," in J. K. Fairbank(eds.), *Chinese Thought and Institutions* (University of Chicago, 1957)；黄光国：《人情与面子：中国人的权力游戏》，载黄光国编：《中国人的权力游戏》，台北：巨流图书公司 1988 年版。

[2]　参见翟学伟：《面子·人情·关系网》，郑州：河南人民出版社 1994 年版。

的形象达到了道德或礼的规范标准时，他就会被与他交往的人看得起，受到尊敬和赞誉，或特别优待，反之则被瞧不起，遭到冷落，或被唾弃，这就是所谓的有没有面子的问题。由此一来，面子在根本上是一种由于个体单位表现出来的形象类型而导致的能不能被他人看得起的心理和行为。[1] 而一个人一旦在社会交往中具有了脸面上的被评价性，也就预示了他可能发展出的人情和关系，如当我们说"看在我的面子上"时就等于说"我和你有这份情"，或"我知道你不会不买我的账"。

以上这种分析是尽可能地从众多的日常含义中归纳、简化出来的一种理想型（ideal type）分析，它的核心是中国人在交往中有强调是否"被看得起""被当回事""被买账"和"情分如何""算老几""有没有资格"及是否"掉价"的特点。但每个中国人都知道，"脸"和"面子"在中国的实际用法多种多样，更主要的是可以互相混用和通用，如"争脸"和"争面子"，"给面子""赏脸"和"做个人情"，"托关系""报答"和"回报"等。因此在分析出了这些概念的含义及其关系上的理想型后，我们与其再退回到这些概念的繁杂含义里面去，不如从中生产一个新的学术概念来得合理。如果做到了这一点，我们一来可以摆脱在各自复杂含义取舍上的纠缠和研究上的分散、零碎之局面；二来可以以这一概念为基础来寻找中国人日常社会建构的框架；三来即使我们还有种种理由仍然使用"面子""人情""关系"等概念，我们也不再是任意或含混地使用它们，而是能更加清楚地知道这些概念的运作指向与边界。正如我们知道"角色"这一概念的运作指向和边界可以是社会地位、社会规范或他人期待、自我表演一样，我们也应生产一种解释框架，以看清楚"面子"和"人情"等的运作指向和边界在哪里。可见，一个新概念的提出和一种分析框架的建立，在实质上是希望能给中国人的社会关系运作方向一个定位。

---

[1] 参见翟学伟：《中国人的脸面观》，台北：桂冠图书公司 1995 年版。

上述的梳理使我有理由认为，启用"个人地位"（英文可相应译作"personal status"）一词，可以较完整、准确、学术性地表达出"面子""人情""关系""报"等日常生活概念的含义。所谓个人地位是指一个体单位自身具有的社会重要性在社会交往中被他人（社会）所承认的方式及其程度。这里面包含以下几层意思：（1）"个人地位"是一种社会交往中的概念，而非个人特征性（人格）的概念，即它同社会地位对应，而不同人格对应，因为它只有通过一种关系的建立才能体现。（2）个体单位自身的"社会重要性"来自人们在交往中对彼此的有价值社会资源所进行的定义和判断。通俗地讲，它更多地是表示一个人的"身价"如何，而非"身份"如何，但这两者之间并不相斥，存在一定的交叉性关系。（3）"承认的方式和程度"既有主观性的和计策性的，又有外在的表现性。一方面它要靠一个个体依据自己积累的交往经验对自己的社会重要性做估价，另一方面也可以从他人的说话语气、客气程度、重视程度、热情程度、接待规格或其他仪式行为和事件中看出。（4）由于个体有很多社会交往，自然要对各交往者做心理上（心目中）的排序（日常语所谓的"掂量"），进而构成一个人心目中的个人地位序列体系，以体现社会重要程度上的差别。[1]

回过头来再看一下"面子""人情""关系""报"等概念，我们可以发现它们的模糊含义可以在此概念中得到较为清楚和整合性的展现。因此，我认为研究中国真实社会建构的关键或权宜法则，可以将重点放在分析"个人地位"的形成、获得和社会运作的方式上面。

---

[1] 我在研究中国人的面子时曾经提出了"心理地位"的概念，这个概念同这里的"个人地位"的概念的关系是：（1）心理地位一般只适用于解释面子，而不能涵盖更多的关系上的内容；（2）按照本书第一部分中第二篇的假定，中国社会具有连续统的特征，因此在中国，心理地位、个人地位和社会地位的关系是一个连续的关系，是一个互相包含而非排斥的关系；（3）个人地位偏重对个人关系的解释，心理地位偏重对心理排序的解释。

三、个人地位的形成与提升途径

"角色"这个概念在西方社会学中始终是一个微观概念。相形之下，它在中国人看来却是一个既微观又宏观的概念。西方社会学认为，这一概念作为分析社会的起点，在微观层次上可以作为互动方式的最小单位，在宏观上可以构成我们认识阶层、社会结构的基础。而在中国人看来，这一概念不但足以直接表现宏观社会结构的层次和等级，比如君君、臣臣、父父、子子，或儒家的"五伦"，而且在它之下还可以再分出许多更加微观、复杂的社会运作现象。这些复杂的现象就是中国人所讲究的交情、脸面、报恩、做人等。显然中国人在现实的复杂关系中认识到，儒家通过角色的规范作为中国人处理交际规范的原则非但不具体，反而很空洞，里面的内容还需要有一套做人的细腻原则和策略来填充。诚如一些研究中国社会的学者从中所看到的那样，中国社会是靠"个人关系"（personal relationship）联结起来的社会。[1]

在我看来，"个人关系"很不同于"人际关系"（interpersonal relationship）。虽然人际关系也是指个人与个人的关系，但这一层意义上的个人是有角色的个人，它表明的是一种类的概念，如中国的"五伦"及其规范即属此类。而个人关系指的却是一个真实的个人面对着角色规范关系原则和自己所面临的现实生活环境所表现出的实际关系状态。但问题的复杂性在于实际关系状态并非就一定是指个人关系，而没有角色和规范的作用。关于个人关系与角色规范之间的关系，我认为在中国社会，可能是一种价值与实际、规范与操作的交织。在价值层面

---

[1] 参见 T. Parsons，*The Structure of Social Action* (New York: Free Press, 1961), pp. 542-552. F. Butterfield, *China Alive in Bitter Sea* (London: Cororet Books, 1983), pp. 74-75; T. B. Gold, "After Comradeship: Personal Relationship in China since the Cultural Revolution," *China Quarterly*, 104, 1985, p. 673; J. K. Fairbank, *The United States and China* (Harvard University Press, 1976), p. 12, p. 93; 金耀基：《关系和网络的建构：一个社会学的诠释》，《二十一世纪》1992 年 8 月号。

上，儒家想通过"礼"的操作来实现其理想化的角色关系。如董仲舒所谓的礼者"序尊卑贵贱大小之位，而差外内远近新故之级者也"[1]。看起来，儒家反复强调的"礼"似乎已规范了人的一切行为程式，但正因为它在实际中不可能做到这一点（单这两句话中的变项组成的多变项统计分析就不行，如序列上是"尊"，差别上是"外"会怎样，序列上是"贱"，差别上是"近"又会怎样等），就得根据具体的情境来灵活地操作"礼"了。这就在现实中促使一个个体只能以"礼"为据，在交往中结合自己的实际情况来自主地区分每一具体对象同他的特定关系。在这层意义上讲，一种作为人际关系的概念不但不表示个人关系，反而限制个人关系，因为它要让人们以类的方式遵循相应的规范来互动。而个人关系互动的结果同儒家想表达的规范恰恰相反。在"礼"的名正言顺的指导和推动下，伦常规范只被灵活地运用于个人关系之中，而失去了米德所讲的概化他人（generalized others）之可能。忽视了"人际关系"和"个人关系"这两个概念之间的重要差别，就会误把中国社会的价值倡导或制度设立看作中国社会之真实建构本身。

当个人关系在社会中日显其重要性时，个人地位也随之游离于社会角色和地位之内或之外并表现出来，进而使它的获得途径和表达方式同角色也有所不同。前者需要讨论的是自我、面具、地位、表演、规范和他人期待等一系列问题，而根据我提出的中国人社会行为取向上的四因素模式变量[2]，我认为个人地位的获得、提升及运行方式等会在以下几个方面有充分的表现，它们分别是个人权威、道德品质、礼尚往来及连带关系。

---

[1] 董仲舒：《春秋繁露》，上海：上海古籍出版社 1989 年版，"奉本"第 58 页。

[2] 参见翟学伟：《中国人在社会行为取向上的抉择——一种本土社会心理学理论的建构》，《中国社会科学季刊》1995 年冬季卷。

（一）个人权威

权力是一个个体（或群体）在特定的角色和地位上所表现出的迫使他人产生遵从性的能力或影响力。美国学者 D. H. 朗（D. H. Wrang）的定义是："个人权威有双重含义：一方面，它是基于掌权者的特殊性格和能力，而不是基于其社会角色或广义的规范品质；另一方面，它源于对象对独特的个人品质的感觉和评价而不是掌权者强制、奖励或提供专家咨询的资源。"[1] 在布劳等人看来，权威是权力的合法化，它更多地体现出受权力控制的人对权力拥有者的赞成和承认。[2] 可是，个人权威其实不需要合法性的支持。因此许多中国人不太理解西方社会学家和管理学家为什么津津乐道于领导是一种行为，是一种合法性的权威。他们宁可相信领导是指一个人拥有了一种魅力、资格、威望、才干、手腕和／或品格。如果比较于韦伯的统治类型划分，即将权威分成法理型权威、传统型权威和卡里斯玛权威（charismatic authority，又译个人魅力型权威）来看，那么传统型权威和法理型权威所产生的结果主要是赋予一个人社会地位，而个人地位一般可能会部分地表现在传统型权威中，而集中地表现在卡里斯玛权威上。韦伯本人在研究卡里斯玛权威时也发现："中国人的理论充分显示了君权地位的卡里斯玛特征，而这是依附于他的个人资格，以及他的被证实的个人价值。"[3]根据上文所说的个人地位可以被包含于社会角色和地位之中的含义，卡里斯玛权威也可以隐藏在传统型权威或法理型权威之内，如家长制或科层制之内。这意味着在中国社会，如果权威者建立不起来他的卡

---

[1]　丹尼斯·朗：《权力论》，陆震纶、郑明哲译，北京：中国社会科学出版社 2001 年版，第 67 页。

[2]　彼得·布劳：《社会生活中的交换与权力》，孙非、张黎勤译，北京：华夏出版社 1988 年版，第 233 页。

[3]　郑乐平编译：《经济·社会·宗教——马克斯·韦伯文选》，上海：上海社会科学出版社 1997 年版，第 193 页。

里斯玛，即使他有法理型权威做依托，其权威面临危机都只是个时间问题。另外，我发现，从个人地位角度来看权威类型，在中国社会我们还可以看到一种弱势权威的存在，即以社会地位之弱来获得个人地位之强。这种看似矛盾且不可能存在的权威，往往表现为一个个体不以强者的面目而是以弱者的姿态来实现强者对自己的顺从，比如独生子女对父母、妻子对丈夫、囚犯对长官、学生对老师、下级对上级等，弱者一方都会在缺乏强势时采用"一哭、二闹、三上吊"等行动来获得以柔弱胜刚强的效果。中国江湖上的手下败将常讲的"看在我上有老母下有婴儿的份上，饶我一命吧"就属于用弱势权威来实现强者屈从的一种策略。这点背后可能有儒家和老子思想的支撑，需要另行研究。

（二）道德品质

在中国，道德的本义有遵从和维护权威者之意，如孝、尊、敬、恭等。它作为一个表示个人品德的词的出现，可能是在孔子对"君子"含义的修改之后。中国词语中的"君子"原指一种占有统治地位的人，故有君君、臣臣的说法，表示不同等级地位上的角色要按自己的角色规范来行事。但同样也是孔子，在他强调了这样一种角色地位和规范后，又将"君子"的含义转化为一种高尚的、有修养的、有学识的人。转化之后，"君"不但同"臣"相对立，而且同那些不守道德的或没受过教育的"小人"相对立。[1] 上面的这种转化暗含了一种前提的改变，即位于君子地位上的人不一定是个守道德的人，而不在君子地位上的人也不一定不是一个君子，从而使个人品质成为判断君子的关键。这种前提的改变不但使得一个个体的个人地位凸显出来，社会地位淡化下去，而且确立了个人地位有别于社会地位的另一种空间。因为它使

---

[1]　参见余英时：《儒家"君子"的理想》，载余英时：《中国思想传统的现代诠释》，南京：江苏人民出版社 1989 年版。

人人都相信，只要他注意培养自己的道德情操，就能提高自己的个人地位（而非社会地位），即"德高"可以"望重"。

（三）礼尚往来

礼尚往来在中国不单反映一般意义上的社会交换行为，而且具有"报"的含义。通常意义上的社会交换主要是指双方对等的交换，而"报"指的却是一种不对等的交换。[1] 交换的对等关系在客观上导致的是人与人的社会交易和投资互不拖欠而随时可以终止，而不对等关系所造成的客观结果则是相互拖欠，并且具有反复循环下去的特点，即所谓的你敬我一尺，我敬你一丈，你滴水之恩，我涌泉相报。由此一来，中国式的交换带有一种"恩"的观念，即表示一方因对方的施礼或帮助而更看重和敬重对方，进而与之达成更为友好的或联系得更紧密的关系，并做好以更大的投入来回报对方的准备。可见，"报"的根本含义就在于个体通过礼尚往来来提高一方的或彼此的个人地位。如果这种行为引起了对方的对等性偿还，那就意味着送礼者的个人地位没有提高；而如果一方用加倍施予的方式来让对方为此和自己在交换上拖欠下去，或彼此拖欠下去，则表明互动的双方在逐级地加重自己在对方心目中的地位。虽然他们各自的或彼此之间的社会地位都没有改变，但互相之间的个人地位却不断升级。当然这种个人地位上的升级也许最终会引起社会地位的提升，但这是另外一个问题。

（四）连带关系

传统中国是一个以血缘为纽带发展起来的社会。它对个人地位的获得具有两个方面的影响：一是从纵向上看，前定（代）的社会地位的高低会影响后代的个人地位的高低，如一个人出生于名门望族，可以获得先赋性的个人地位。二是从横向上看，一个人的社会地位或个

---

[1]　参见费孝通：《乡土中国》，北京：生活·读书·新知三联书店1985年版，第75页；Yunxiang Yan, *The Flow of Gifts: Reciprocity and Social Networks in a Chinese Village* (Stanford University Press, 1996)。

人地位的提升会引起相关他人的联结倾向（所谓"一人得道，鸡犬升天"）。因为在中国社会，如果一个人能联结上那些有权势的或有头有脸的人就等于自己也有了个人地位。比如，在中国历史上，母亲或妻子可以过问政治主要因为她们同有权势的统治者有连带关系；一些人经商畅通无阻是因为他们有个位居高位的系属。费孝通曾用"差序格局"这一概念对中国社会的这种关系网络的形状进行了概括和描述 [1]，但"差序格局"主要指的是个体在社会空间的天然分布，而个人地位想表明的是人们根据个人地位高低而建立起来的网络社会，即人们常说的"找熟人""托人""撑腰"或"沾光"等。根据个人地位的这一含义，即使人们在事实上存在血缘关系或准血缘关系，但如果没有个人地位，也不会有人去联结他们。比如在"文化大革命"期间，大学生里流传着这样一种说法："一年土，二年洋，三年不认爹和娘。"这意思是说尽管爹娘很亲，但由于他们在大学生的交往圈中不够体面，身为儿女的大学生也就只好装作不认识他们。当然在连带关系里，还有一个显性个人地位和潜性个人地位的划分问题。显性个人地位是指已被他人承认的个人地位，也就是说个体的社会重要性已是事实，上述的"托人"或"沾光"等皆属此类；潜性个人地位形成于个人地位虽未获得，但他人在交往中对对方的未来个人地位有所顾忌或产生了预期的情况下。因此个体在他人没有个人地位或个人地位不高的前提下仍有联结倾向，是出于为自己留条后路的考虑，即属于一种计策性行为。可见，"关系"在中国社会的特定含义之一，是指一个人能否联结到事实上的或可能性上的有权有势的他人。

从上述四种产生个人地位的基础及个人获得社会资源的途径来看，中国社会的真实建构其实是围绕着形成和提升一个个体的个人地位而展开的。它反映出中国人在建构真实社会时有明显的交往个别化的倾

---

[1]　费孝通：《乡土中国》，北京：生活·读书·新知三联书店 1985 年版，第 24 页。

向。这可以成为我们理解中国真实社会建构的起点。

四、个人地位的运作方式

我们在前文已看到，有学者提出中国人的特征是个体主义、个人主义、自我主义、利己主义等[1]，并发现了礼的个人含义和具体性[2]。由于这些学者看到了个人在中国社会的突出地位，因而发现中国人因有个人化倾向而缺乏联结成公共社会的可能性。又有学者认为中国人的特征是集体主义、关系主义、他人取向、情境中心、伦理本位等[3]，由于这些学者看到了儒家思想中的社会角色及其规范对中国人的影响，认为中国社会是一个合群的和重视血缘关系的社会，因而提出中国人具有重群体和重关系的倾向。面对同一个社会而产生两种相反的观点，我认为其关键问题出在中国社会联结的可能性上。其实，中国人在社会行为和社会形成的特征上既不是个人取向，也不是群体取向。中国社会既无法借助社会角色及其规范而联结成一个具有公共性的社会，也不像一盘散沙那样不能联结成一个大型社会，而是通过个人地位的获得来联结成一种网状社会。如果一个处在关系中的个体能获得他的个人地位，如"面子""人情"等，那他的关系圈就能迅速扩大，形成他的广泛的社会网络；如果一个处在关系中的个体无法获得他的个人地位，则他就无法同其他个体产生联结（但不排除他

---

[1]　有关讨论详见翟学伟：《"泥"与"沙"——为中国"国民性"之症结求答案》，《二十一世纪》1994 年 4 月号。

[2]　参见余英时：《从价值系统看中国文化的现代意义》，载《文化：中国与世界》编委会编：《文化：中国与世界（第一辑）》，北京：生活·读书·新知三联书店 1987 年版。

[3]　详见翟学伟：《"泥"与"沙"：为中国"国民性"之症结求答案》，《二十一世纪》1994 年 4 月号。

想方设法通过寻找一个中间人来联结）。这里值得注意的是，"联结"（connection）不是"团结"（solidarity），如果不加区别，就很容易导致中国社会或者被误看作集体性的社会，或者被误认为散漫性的社会。

为了分析个人地位在中国社会的运作方式，我先根据一些社会学家的观点，将社会行为分为表现性行为和工具性行为。[1] 从我前文对个人地位获得的四种方式中可以发现，如果一个个体通过他的个人权威和道德品质来得到他的个人地位，那这种建立方式属于表现性的；如果一个个体通过礼尚往来或连带关系来得到他的个人地位，则属于工具性的。从社会发生的角度来看，表现性行为是社会建立的基础，也可以是社会地位、角色和等级制的起源。如果一个社会中没有人能先通过表现性行为来获得个人地位，那么则不可能再用工具性行为来获得个人地位。用通俗的话来讲，即在一个社会生活圈中，比如家族、乡里等，如果没有人争光，也就没有人沾光。这点同 G. 霍曼斯（G. Homans）把社会行为的发生还原到行为主义心理学的观点很不相同。我认为，从社会学的研究起点上讲，表现性行为在个人地位的形成上是自生性的，如成就、本领、能力、年龄（辈分）、德行、人格魅力乃至容貌等，它构成了个人在社会生活中的活动基础；而工具性行为在个人地位形成上是派生性的，如裙带、老乡、求情、沾光、施报、交易、托人、拉帮结派等，它导致日常社会的建构从单一性走向复杂性。

研究个人地位的社会运作，主要是分析上面提到的个人地位生成的四个因素是如何在社会中相互作用和相互制约的。

首先来看一看表现性行为中的个人权威和道德品质之间的关系。从儒家思想角度来讲，个人权威和道德品质之间本应是同质性关系。

---

[1]　林南：《社会资源和社会流动——一种地位获得的结构理论》，载南开大学社会学系编：《社会学论文集》，昆明：云南人民出版社 1989 年版，第 256 页。

儒家的仁君、内圣外王、修齐治平等思想都反映出儒家有将个人权威同道德品质合为一体的倾向。但在实际生活中，这两者之间的理想结合缺乏必然基础。个人权威和道德品质之间在现实运作中所发生的分离，可能源于儒家伦理结构自身的矛盾性。一方面，儒家伦理中的孝亲观念使得辈分和亲情这些先赋性（ascribed）参数可以让社会中的每一个人都有机会和场合获得他（或她）的社会和个人地位。这样一种制度安排在无形中就等于让个人在无须努力的情况下就可以得到他的个人权威了。对于以上这种个人权威人人有份的现象，我将它称为个人权威的普遍性原则，也就是一些社会心理学家发现的中国人具有权威性的人格特征。[1] 另一方面，就儒家伦理结构的矛盾体而言，假如每个人都可能获得个人权威，那么"君子"的含义将再度发生改变。前次改变发生在社会角色和地位向个人道德品质的转化上，而这次改变则是从内在的道德修养外化为他人的评头论足或尊敬。因为对每个人来讲，有辈分和亲情是可能的，但个个都讲道德是不可能的。讲个人权威的可能与讲道德的不一定可能使个人地位的含义再度发生改变。由于前一次改变是从社会地位向品德的转化，因此角色已不再重要，而这次转化时，品德也已式微，重要的问题已变成他人如何评价自己。这时，个人权威和道德品质之间的关系不再是个体因修养德行而赢得他人的尊敬，而是个体总是要求得到一个好名声。至此，不论一个人的品质、言行如何，降低一个人的声威就意味着让这个人蒙受羞辱。[2] 最终，表现性个人地位的运作所产生的他人评价只单向地形成了他人的正面评价，而不再可能出现负面评价。我将这一现象称为他人的正面评价性原则，也可俗称为"不得罪人原则"。

---

[1] 杨国枢：《中国人的社会取向：社会互动的观点》，载杨国枢、余安邦编著：《中国人的心理与行为：理论及方法篇（一九九二）》，台北：桂冠图书公司1993年版，第110—114页。

[2] 鲁思·本尼迪克特：《菊与刀——日本文化的类型》，吕万和、熊达云、王智新译，北京：商务印书馆1990年版，第155页。

其次来看一下工具性行为中的礼尚往来和连带关系之间的关系。礼尚往来一般是指双方之间的施报关系，而连带关系通常是指一方同多方之间的联系。我曾在中国人际关系网络的平衡性原则中指出，三个以上的中国人在社会交往中非常重视社会资源分配上的平衡性原则。所谓平衡性原则，是指中国人在同三个以上的具有同等个人地位者交往时，往往用等量交换原则来保持一方和多方之间的平衡关系。而在这样的交换格局中，任何一方不遵循这一原则都会造成人际关系上的紧张和冲突。这一点正好同两人之间要遵循的报的原则相矛盾。因为任何三个人以上的交往关系拆散开来看，都是两人关系，而两人关系所遵循的报的原则是要不断地提高彼此的个人地位。结果，两个人之间的个人地位越高，也就预示着第三人的个人地位相对降低，致使三人以上的平衡性原则遭到破坏。互动中的个体面对这样一种潜在的原则冲突，就会再在其基础上形成一个更为圆通性的原则，即在三个以上的同类个体出现的情况下，将报作为一种两人之间的隐蔽性行为来加以实施，以达成彼此间的心照不宣，从而使三人以上的关系网络仍然维持原有的平衡。我将这一原则称为交往的表面平衡性原则，也可俗称为"摆平原则"。

最后来看一下表现性行为和工具性行为之间的关系。表现性行为与工具性行为如前所说是一种原生与派生的关系。根据它们的各自行为特征，派生的工具性行为可以使原生的表现性行为得到强化。也就是说，当一个人的表现性行为因得到他人的承认而提升了其个人地位时，他就会用工具性行为来报答对方；当一个人的表现性行为得不到他人的承认而致使其个人地位下降时，他就会用工具性行为来惩罚对方。因此，因社会交往受他人正面评价性原则的驱使，工具性行为受交往表面平衡性原则的驱使，以及后者对前者一再强化，导致这种社会在个人关系建构上必然发展出交往的形式化的特征。这一特征在中国语言中被许多尊称、敬语、谦辞（久仰、大驾光临、不敢当等）等固定下来。一旦交往形式化运作起来，又必然会模糊表现性行为本身的程度差异及其同工具性行为在获得个人地位上的性质差异。例如在各种评奖过程中，找关系获个奖、花钱获个奖、靠已有的名气获个奖与靠自己的实力获个奖，并没有什么本质差别，但获不获奖却有本质的差别，此为"不得罪人原则"的结果；又如，评奖委员会在给有些人颁各级奖项的同时，也不会忘记让更多的参与者获个优秀奖、鼓励奖、组织奖、文明奖之类，此为"摆平原则"的结果。可见，儒家价值体系所建构的社会本就有一套社会评价标准，但因个人权威的普遍性原则，他人正面评价性原则和表面平衡性原则的作用及后者对前者的强化，这种评价标准已被交往的形式化特征所消解，带来的只是每个人对个人地位高低的焦虑和敏感度的增加。以上所论述的个人地位运作形成了表现性行为在生成中原本具有的客观评价体系和社会规范体系，但运作的结果却变成人们的一种工具性的应世策略。

因此在中国社会，个人地位的获得和运作中的最核心问题就是，能否分辨出表现性和工具性的差异以及会不会产生形式化的问题。而我们从这一问题中又可以发现，上文提出的社会结构和行动者之间的权宜，作为一种实现的可能，是借助个人地位运作中必然发生的主观计策性和外在评价性来实现的。

五、个人地位和社会地位之比较

韦伯在提出社会地位的划分标准时，将声望同权力、财富一道用来标志不同个体在社会分层中的等级。仔细辨认韦伯的这三个标准，我们发现，权力和财富是两个客观性指标，而声望的情况就有些复杂了，因为声望是社会成员对个人所占据的社会位置的社会评定。作为社会个体，他们之间的价值和社会经历的差别，造成声望评价的不同。

声望之所以能作为一个测量社会分层的标准，也就是因为社会学家相信，社会上的大多数个体对一种个人地位持有相同或相似的稳定看法。尽管它是个人的主观反映，但具有统计学上的意义。可惜的是，由于本可以作为个人地位的声望参数被附属在权力和财富等社会地位之内，因此它更多地是被当作一种同社会地位基本相同的职业角色（类别）来加以研究的。

布劳对社会角色和地位的分析是通过划分类别参数和等级参数而有逻辑地展开的[1]，但我认为布劳的这种地位分类有问题。也就是说，布劳由于没有考虑到类别参数也含有社会等级这一事实，因此他的类别参数和等级参数之间并没有一个客观的划分标准。正如布劳本人将年龄归为等级参数一样，其他的类别参数（诸如性别、民族、职业和住所等）为什么不可以是等级参数呢？结果在他的分析框架中，人们看到的其实是社会中只存在一个等级序列，即使社会结构中存在异质性，也不过是附属在等级地位之中，这就影响了他对社会宏观结构的推论。

从韦伯的社会声望也具有社会分层含义的观点和布劳对社会结构的等级分层中的不足之处受到启发，我认为在一般性的社会中存在两种地位等级：社会地位等级和个人地位等级。其中，权力和财富是划分社会地位等级的两个重要参数，而社会名望和人际连接则是区别个人地位等级的两个重要参数。后两个参数用中国词语来表达很近似于"面子"和"人情"。[2]还有一些等级参数究竟是属于衡量社会地位的，还是属于衡量个人地位的，在不同的社会文化里有所不同，如年龄和性别在有的社会（如中国传统社会）里是衡量一个人社会地位的标准，

---

[1]　参见彼特·布劳：《不平等和异质性》，王春光、谢圣赞译，北京：中国社会科学出版社1991年版。

[2]　西方社会在这两个参数上的实例是人们因对某个明星的崇拜和对某个人的爱所表现出来的种种不同于角色规范的行为，但它显示的社会生活范围比中国社会小得多。

但在另一些社会或时代（如西方社会）里只属于个人地位，无法构成划分社会等级的指标。

比较个人地位和社会地位的异同，主要是认识它们在研究框架上的异同。这两种解释社会运作的框架不是相互排斥的，而是两种视角，两种分析社会的途径。它们在现实社会运作中往往是相辅相成的。从理论上讲，个人地位上的有价值社会资源通常靠社会角色来赋予，而相同角色之间的特殊性也需要个人地位来体现，比如都是局长，但因其所控制的社会资源不同，或者都是教授，但因其学识、德行、年龄不一样，其社会重要性也就不一样。如果将这种相辅相成的关系放到不同的社会类型中比较，我们还可以发现，一个社会在规范上越是强调用个体的先赋性参数来限定他的社会角色和社会地位，但又存在生成个人地位的社会基础（如中国社会），个人地位在现实社会运作中就越显得具有潜在的重要性，因为它成为社会个体区分自己与相同社会位置上的他人的唯一方式。反之，一个社会在规范上越是强调用个体的获得性个人地位就可以改变其社会地位，那么这时的个人地位获得就容易同他的社会地位合为一体（如现代西方社会）。假如一个社会完全用森严的世袭等级来建构其日常社会且不给个人地位留多少余地，那么个人地位的作用将下降到最低限度（如传统西方的世袭制和印度社会）。倘若一个社会处于缺少社会角色规范的情况下，那个人地位将会代替社会角色和地位来维持社会运行。最后一种类型的社会较容易在宗教社会、秘密社会和集群行为中出现。

"角色"原是作为一个戏剧学词语进入社会学的，这就意味着围绕角色形成的理论仍可以在戏剧化的比喻上体现出它们的差异。比如，结构论者关心的问题是演出的剧本对角色是如何要求的，演员表演得符不符合规范；互动论者关心的是演员的真实自我如何进入角色；现象论者关心的是演员这时如何在观众面前计策性地展现自我技术和能力；而个人地位分析框架所关心的则是在一场戏中无论演员演得好坏，观众和演员之间是否能达成捧场的关系。哪一种理论对中国真实社会更有解释力是显而易见的。

用这个框架再回过头来看儒家社会理论，我们看到，中国人在实践儒家"五伦"时并不是按照西方社会学中的角色和地位理论来行事的，而是按照个人地位的概念来行动的，即效忠、孝悌、恭敬等角色规范行为并不发生在角色关系上，而是发生在个人关系上。如人们实际效忠的是某一特定的个人，而非某种特定角色。西方式的一仆二主是社会角色和地位运作的结果，而中国式的一仆不从二主是个人地位运作的结果。

六、结语：中国人日常社会学分析框架的建立

从以上对个人地位的分析研究中，我们可以看到，"个人地位"这一概念能提供给我们的分析框架是：

（1）真实社会的建构是社会个体运用行动策略同现存的社会结构相权宜的产物。

（2）它在中国日常社会中以个人权威、道德品质、礼尚往来、连带关系为基础建构起来，从而表现出交往的个别化倾向。

（3）交往的个别化导致社会个体对彼此有价值的社会资源的承认方式及其程度的重视和交换，这就催生了有别于社会地位的个人地位，它在类型上可分为显性的和潜性的。

（4）个人地位是他人在一个个体的心理空间的序列分布，而非人口在社会空间的等级分布。这使个人地位既具有个人内在的计策性特征，又具有外化的个人关系特征。

（5）从社会建构的发生学上看，个人地位由个人的表现性行为引起。

（6）从社会关系网络的建立上看，个人地位由个人的工具性行为引起。

（7）一个个体的个人地位的获得与否决定他进入社会关系网络的可能性。

（8）个人地位的失去或下降会造成一个个体蒙受耻辱或在建立社会关系网络时的失败，通常需要借助中间人来修补或联结，而能够充当中间人的人仍然是那些在双方那里都已拥有个人地位的人。

（9）个人权威的普遍性原则、他人的正面评价性原则和交往的表面平衡性原则是表现性行为和工具性行为相互作用而产生的三个重要原则，这三个原则导致个人交往中普遍存在形式化倾向。

（10）个人地位使得一种特定的个人影响、情境或场合比一般的角色对应和规范原则更重要。

（11）个人地位由于比社会地位更容易获得社会资源而会受到社会个体的高度重视，并得到更多运用。

（12）个人地位既能帮助一个个体获得或改变其社会角色和地位，也能使处于相同社会地位的个体具有明显的特点。

我在前文提出，任何社会都存在这样的个人地位，如果将中国社会的个人地位的产生基础加以一般性的抽象，那么我们会看到，人格权威、个人特征、社会交换、感情程度等因素是我们分析任何一种社会中的个人地位的基础框架。

在我这个分析框架建立之前，许多西方社会学家及有关学者在各自的经典论述中也片断地提出过各自的一些见解，如米德在社会及组织中看到的人格力量和个人关系的作用[1]、C. H. 库利（C. H. Cooley）在社会互动中提出的"镜中我"概念及个人优势同权威形成的关

---

[1] 乔治·H. 米德：《心灵、自我与社会》，赵月瑟译，上海：上海译文出版社1992年版，第272—276页。

系 [1]、W. I. 托马斯（W. I. Thomas）提出的情境定义的真实性问题 [2]、E. 戈夫曼（E. Goffman）反复研究的日常接触 [3]、韦伯在社会地位的划分中认识到的社会荣誉的特别之处 [4]、T. 帕森斯（T. Parsons）在建构社会行为模式变量中提出的特殊主义 [5] 及由 H. 海曼（H. Hyman）开始而逐渐发展建立的参照群体理论 [6] 等。在有关中国社会的研究中，B. 罗素（B. Russell）认为要面子维护了每一个中国人的尊严。[7] 韦伯发现中国人因为讲面子而发展不出契约性的社会组织 [8]，费正清（J. K. Fairbank）看出面子是因个人尊严获得的社会赞许 [9]，帕森斯看到中国人在社会生活中只关心获得一个好名声 [10]。还有一些社会学家用"特殊主义纽带"这一概念来概括中国人的关系特征 [11]，而对力图揭示中国人性格的鲁迅、林语堂等文学家来说，他们也只能用"中国精神的纲领"、中国人的"阴性三位一体"或统治中国人的"女神"等文学性

---

[1]　查尔斯·霍顿库利：《人类本性与社会秩序》，包凡一等译，北京：华夏出版社 1989 年版，第 118 页、第 204—232 页。

[2]　参见 W. I. 托马斯等：《不适应的少女》，钱军等译，济南：山东人民出版社 1988 年版，第二章。

[3]　参见欧文·戈夫曼：《日常接触》，徐江敏等译，北京：华夏出版社 1990 年版。

[4]　Max Weber, "Class, Status, Party," in Peter I. Rose (eds.), *The Study of Society* (New York: Random House, 1970), p. 337, p. 341.

[5]　参见 T. Parsons, and E. Shils, *Toward a General Theory of Action* (Harvard University Press, 1950)。

[6]　参见 H. H. Hyman, "The Psychology of Status," *Archices of Psychology,* 26(9), 1942。

[7]　罗素：《中国问题》，秦悦译，上海：学林出版社 1996 年版，第 161 页。

[8]　参见马克斯·韦伯：《儒教与道教》，王容芬译，北京：商务印书馆 1995 年版。

[9]　费正清：《美国与中国》，张理京译，北京：世界知识出版社 1999 年版，第 125 页。

[10]　帕森斯：《社会行动的结构》，张明德、夏翼南、彭刚译，南京：译林出版社 2003 年版，第 611 页。

[11]　参见 Steve Duck, and Daniel Perlman, *Understanding Personal Relationship: An Interdisciplinary Approach* (London: Sage, 1985)。

语言来表述中国人的这类行为规则。[1] 总起来看，在关于中国人这一方面的种种论述中，当以殷海光对"面子和声威"的阐述和 P. 杜赞奇（P. Duara）的有关实证研究最接近个人地位的基本含义。[2] 我提出这样一个分析框架，正是希望我们能对中国社会乃至人类社会中的有关问题进行清晰而系统的研究。它使我们对中国人的社会交往、计策行为、组织运作、沟通方式、领导行为、规范与行动的关系及社会一般特征——是集体主义的还是个人主义的，以及是公共的还是个别性的等——都有一种更真实而深入的认识；也使我们对一般人类社会中的情感行为（如两人相爱而生的巨大社会能量）、评价行为（如人们对权威或明星的崇拜）、理性行为（如理性交换的限度、角色规范的制约度、正式和非正式组织对社会行动的各自影响）等有重新的解释和理解。

我认为，无论是东方还是西方，从微观研究出发来分析日常社会及其行为规则应该说都是社会学中一个值得提倡的研究方向 [3]，特别是中国人的思维特征能将日常社会的建构原则运用到更重大的事件中去。众所周知的儒家思想体系就是建立在日常规范的基础上的，但它的意义却远远超出了日常人伦。从事微观的或日常社会的研究，不但可以使社会学的宏观理论的解释力增强，还能使我们不断地发现社会构成和运作中的潜在过程、结构和一些新原则，从而使得社会学的研究更真实、更贴切、更严密、更精细、更具经验性及更具解释力。

---

[1]　参见鲁迅：《说"面子"》，载《鲁迅全集》第 6 卷，北京：人民文学出版社 1981 年版；Lin Yutang, *My Country and My People*, p. 195。

[2]　殷海光：《中国文化的展望》，北京：中国和平出版社 1988 年版，第 145—55 页；杜赞奇：《文化、权力与国家：1900—1942 年的华北农村》，王福明译，南京：江苏人民出版社 1994 年版，第 6 章。

[3]　参见李猛：《迈向关系－事件的社会学分析：一个导论》，《国外社会学》1997 年第 1 期。

社会系统、关系运作与权威结构

——在北京大学的讲演[*]

非常高兴能够参加北京大学举办的"人文与社会"跨学科讲座。

接到汪丁丁教授的邀请，我感到非常荣幸。为了这次讲座，我把原来在其他地方的演讲内容做了一些调整，以便能够更集中地反映我这些年来的研究。简单地说，我研究中国人关系的时间有 20 年左右，对这一方面有一些自己的观点，也有一点发言权，其中一些地方还有我的理解和创新。我很想在未来的研究当中，最终摆脱目前社会科学，特别是西方社会科学所限定的很多东西。我想从其中走出来，重新建立起一个研究中国人与中国社会的视角和架构。下面，我来谈一下我自己将如何从这里面走出来，提出我自己的理论架构，并且测试我的理论架构在解释中国社会和中国人方面，是否比我们使用的现有的西方社会科学的理论架构要更强大一点。

---

   * 此讲稿源自由北京大学国家发展研究院于 2010 年春季举办的"人文与社会"系列跨学科讲座。讲座安排为：第一讲，邵东方，"西方与中国学术的分流与同流以及相关问题的思考：以汉学中的人文学研究为例"；第二讲，刘东，"诸神之争与通识教育"；第三讲，李零，"说中国大一统——中国制造中国"；第四讲，夏中义，"百年中国学术思想三位历史人物——从王国维、王瑶到王元化"；第五讲，王焱，"苏格兰启蒙学派 VS 法国古典社会思想"；第六讲，翟学伟，"社会系统、关系运作与权威结构"；第七讲，施俊琦，"行为决策中的认知与偏差"；第八讲，魏宝社，"走向演化的认识论"。

我今天带来的这个题目，看起来是讲三个主题。实际上我是把这三个主题连在一起讲的。借用林语堂在《中国人》一书里的话来讲，它们很像一种"阳性或阴性三位一体"的东西，而我这里还想突破的是再把阳性，也就是社会结构，同阴性，也就是社会心理，也结合起来讲，那就不但是三位一体了，而且符合阴阳转化与阴阳交融了。

一、研究中国人与中国社会的视角及其可能的途径

将社会与心理、结构与行为结合起来讲，可以统称为对中国人和中国社会的研究。以往这类研究是分头进行的，而且各有自己的学科归属，井水不犯河水。但这样做下去有很多问题解决不了，需要整合与打通，或叫跨学科。所以我在进入研究之前，先想谈谈我的研究视角与方法论方面的问题。总体上看，现在中国社会科学界主要是采用西方的范式、理论及概念，或拿着实证主义的方法来研究中国人与中国社会的。当然，当代中国人和中国社会问题不是一个简单的社会学问题，也不是经济学问题，而是一个社会科学的问题，而且人文学科也是一个很强大的传统，现在有很大的市场。目前此论题已经慢慢浮现出几种不同的研究趋向，它们都有各自的优势和弱点。

第一种是人文取向的研究方式，即从哲学、历史学、文学及文化的角度出发，进行中国人与中国社会的思考。我记得，20 世纪 80 年代初出现的最早思考中国人的一些书，其实不是社会科学家们写的，而是文学和历史学家写的，有的是搞文化研究的人写的。20 年后回头来看，它们的问题出在哪里呢？我觉得，是出在情绪化的倾向以及研究范式方面。五四新文化运动后，出现了一波又一波的关于中国人与中国社会的讨论，其中有太多的价值涉入，尤其是批判意识太强，导致我们不能冷静客观地来面对中国人与中国社会，不能进入研究分析的

层面，更谈不上好的研究方法。

第二种是国学取向的研究方式，就是通过对中国文化典籍的解读来了解中国人和中国社会。这种研究方式在民国的时候就很强大，在哲学、文化和伦理学界也很盛行。最近由于《百家讲坛》的推动，我们再一次遇到了类似的问题。我个人认为，这样的研究不太可取，因为毕竟社会科学已在中国生根，通过回归传统国学去找答案或者是站在这种立场上来认识中国社会，所看到的东西大都是应然的，和我们在社会科学里看到的要研究的事实不一样。而且国学取向的研究方式有一个预设，就是中国思想家很了不起，以前的学人很了不起。这就免不了赞美的成分偏多，带着得意和羡慕来诠释，而中国人与中国社会当中很多实然的问题则被掩盖了。

第三种是西方学界有关地域性的研究，这一点大家都知道。国外的中国研究，目前也是不可忽略的，甚至是为我们的研究带来很大启发和影响。它开始主要在历史学范畴内，近20年来进入了社会科学领域。但这种研究是用西方思维来看待中国和中国社会的。其中不乏很独到的东西，却也有很多偏差和偏见。中国人的特点与中国社会的运行不是他们讲的那样，可是如果你接受了它的视角、定义和方法，你就不知不觉地也这样认为了。目前最大的问题就是西方理论与中国经验的问题，似乎世界各地都在给西方学者提供建构理论的材料，但世界各地的学者自己却不能根据经验来建立理论。这个现象很奇怪。比如中国改革开放30年，改革开放的经验，西方人也没有。这里面成功的不成功的经验都有，但一到理论上就很苍白。我们要么就拿西方理论来说事，要么就是经验总结，就是没有自己的理论。很多现象你用一个西方概念来看，意思是不准的。这不禁让我想到一个很简单的例子：我们中国人要好的时候，男人跟男人可以勾肩搭背，女人和女人可以手拉手，按照西方人的理解这就是同性恋，可这在中国只表示亲密。我记得在网上看到中国武侠小说被翻译成英文，像《笑傲江湖》，西方的读者想要知道这个小说里武功最高的人为什么是个变性人，但我们却认为这是武功境界高了就会发生的问题，同性取向扯不上关系。又比如"中国功夫"被翻译成"拳击""格斗"等，意思也不对了。这时你就发现，概念的差异会导致理解上的差异。你还会发现，有些中国的现象用西方人的语言来说，意思就变得怪怪的。

长时间以来，我一直在思考这个问题：究竟从哪里入手才能体现出我们自己（或者本土学者）的研究取向。同当今的其他社会科学研究相比，中国人与中国社会的研究应该被放入什么样的视角或层面思考？关于理论、方法、概念、命题等，我们可以做什么？

为了让大家理解我下面要讲的内容，我先把我的方法论思考简述如下（PPT 呈现，见图 1）：

一、本土化与本土性的差异。
二、二元对立与连续统的差异。
三、逻辑 / 分类与隐喻 / 理解的差异。
四、界定性的方式与脉络观的方式的差异。

图 1　现有研究与本土研究的比较

先看"本土化"和"本土性"的差异。大家可能多少听说过，关于本土的研究有一种提法叫作"本土化"。20 世纪 90 年代起我对此做过一些研究，但是我现在已经不大提这个概念了。我在此想把这个概念和我的一个新想法做比较，也就是"本土性"研究。本土化是什么意思呢？就是你承认西方有一套东西，但是你接着承认那个东西拿到中国是生搬硬套的、隔靴搔痒的。怎么办呢？你感觉到不合适，因此就需要"化"，化到合适为止。本土化的研究就试图转化西方的概念、理论和方法，只是目前达到的程度是转化了一些概念而已，看趋势，估计方法和理论很难转化。而现在我想做的是本土性的研究。本土性就是不转化任何东西，在对中国人与中国社会的思考中建构自己的概念和理论，以此也与人文、国学进行区分——因为它们不需要建构概念和理论。我的理论中一定要有社会科学所强调的概念要素，概念与概念之间要构成命题和逻辑的推理，而不是罗列"中国人、中国文化的特点一、二、三、四、五、六"。我试图建立的是一个理论架构，即在社会科学的框架中，对中国人与中国社会自身所表现出来的种种现象进行概念上的和理论上的提炼，然后在这个基础上建立一个分析架构。这是我对"本土化"和"本土性"差异的理解。

下面谈二元对立与连续性关系的不同。虽然西方社会科学的很多理论彼此之间并不相通，而且有很多争论，但从总体上来考察西方社会科学，我们会发现一个基本的特征，就是它倾向做二元对立的划分。所谓二元对立的划分，就是说人的大脑分为左半脑和右半脑。左半脑偏向抽象思维，有理智；右半脑偏向形象思维，有情感。西方人对人的大脑的认识导致他们看世界也使用二元对立的方式。比如说，空间有上有下，有左有右；性别有男和女；年龄有成年与未成年；人有身与心、好与坏、善与恶；世界有神与人、世俗与神圣、传统与现代、国家与社会……无论是什么样的理论，包括社会学内部的理论，西方学者都喜欢区分实证的、现象学的，结构的、行为的，或者是集体的、个人的。西方的文学作品也有这个倾向，比如说《理智与情感》《傲慢与偏见》《红与黑》《战争与和平》《灵与肉》等。文学家可能觉得，要把两个对立的东西放在一起构成二元对立的关系，才会让你觉得世界充满着张力及冲突。在社会科学领域，"国家与社会"的视角对中国很多学者的影响是很大的，当然我个人对此持保留看法。

在中国人构造的社会里，无论是我们主观上对客观事物的认识，还是用主观方式构造出来的生活世界，都不是用二元的方式建立起来的。比如说，天人合一，政教合一，儒道释互补，阴阳转化等。别人讨论精神文明和物质文明哪个更重要，我们说"两手都要硬"；别人问"社会上有很多的现象和问题怎么办"？我们说"综合治理""双管齐下"。西方人说，白就是白，黑就是黑，黑不可能白，白不可能黑，但中国人说，灰可不可以，就是既不白也不黑。中国人习惯于连续性的思考，所以如果你对我的研究有所质疑，请你不要基于二元对立关系问我问题，因为我对中国社会的看法是连续性的，我认为很多事物和现象之间很难找到一个清晰的界限。西方的大多数理论有清晰的界限和界定，但是中国人习惯于模糊化的、连续的思考过程。我觉得，这种视角更接近对中国社会的认识。

再看逻辑／分类与隐喻／理解的不同。西方倾向对社会科学、人的生活，甚至整个世界做界定性的认识。以西方心理学为例，心理学研究喜欢做实验，把活生生的存在于具体生活环境中的人请到实验室去；西方的社会科学研究喜欢用实证主义的方法，用变量的方式，测定男女的年龄跨度、每月工资收入范围及其他所要研究的问题，其中分类方法非常重要。可是，中国人喜欢隐喻的、理解上的认识。在中国人看来，要理解一个人，就应该把他放回到他的社会中。比如说，夫妻两个吵架，我们不去测量其人格特征，而是问他们怎么结的婚，过的什么日子，住在什么地方，有没有老人和孩子……问了一大堆就明白了他们为什么吵架。这就是把一个事件放回到背景里的例子。但是西方人想到的竟然不是测量就是实验，指望在其中解释人的行为，而且坚持这种研究方式是正确的——用中国人的思维方式来看，这是不可思议的。但是我们要和国际接轨，写的论文要让他们认可，所以我们也要把人请到实验室里面去做实验，也移植一大堆量表——用这种方式真的能让我们理解中国人吗？中国人在实验室里对实验者做出的反应是他在生活中的真实反应吗？大家太关注 SSCI 有多少篇论文，却并没有研究出真实生活中人们的状态是什么样的。我们就在实验室里面照着西方人的方式做实验，除了被试的人种不同，其他的都和西方的研究一样。西方人更绝，觉得人不过是哺乳动物而已，为了避免伦理问题，很多情况下连人的研究都不想做，转而用白鼠做研究，然后全世界心理学家都跟着美国人养白鼠去了。试想，当我们研究白鼠的时候还会有背景的问题吗？严格说来也有背景，也就是可以忽略不计的铁笼子。另外，我们中国人对人的理解在很大程度上是在隐喻方面。比如，中国人好面子中的"面子"，翻译成英文是"face"，西方人觉得那就是人的一张脸。我就在书中试图告诉西方人，"面子"在中国是一个隐喻，其中的文化含义需要你去了解背景，然后再把人放到文化里面去才能理解。这样一来他们才知道，中国人说"面子"的时候，其实已经不是指人的面孔了，还有许多其他含义。再比如说中国人讲"关系"，这个词也有一点别的含义，就是"后门"。这就是一个隐喻。"靠山"是一个隐喻，"撑腰"又是一个隐喻，"大树底下好乘凉"也是一个隐喻。我认为，解读中国、理解中国人的所思所想可能都是跟隐喻有关的。

最后来看界定性的方式与脉络观的方式的差异。一个中国人，包括学者要想弄清楚一个现象，对有没有概念界定不感兴趣。西方的实证主义特别看重对概念的定义，可是用它来研究中国的一些概念则是不可取的。我多年的研究发现，中国社会最重要的概念都是不能定义的概念，一旦定义，反而就不明确了。这是我的困惑，也是以后在方法论上要谈论的问题。比如说，儒家讲的"仁"一定不能定义，只要定义一定是错的。儒家讲的"义"和"礼"也不能定义——当然这些抽象的伦理概念不能定义似乎也可以理解。但是，中国人用于社会的概念也不能定义。比如说，"面子""人情""关系"等，现在有不少人想做这方面的测量，但我觉得量表的设计不对头。但是不能定义是不是就意味着不能理解和研究呢？奇怪的是，不定义，中国人一样能理解；直接使用一个词，没有人认为这个概念不能用，没有人不懂，但是一旦定义，这个概念就错了。其实，实证主义的定义就是为了便于测量，而为了测量做定义，会损失掉很多中国文化中重要的东西。

从关联的角度出发，从背景的角度出发，从情境的角度出发，是中国人看事物的一个特点，所以我认为对于中国人与中国社会可能需要一种脉络式的研究。而如果用分类的方法，包括用一种切割式的方法来研究中国，可能会使得这个连续性很强的社会被切割得支离破碎，因为你下刀的地方可能恰恰是中国文化的精华所在。脉络式的研究方式是什么呢？它带有关联性的思考在里面。整个中国社会、中国人、中国文化体现出来的是一个基本的架构，表现的是中国人喜欢对事物与事物之间的联系进行思考，而不是对事物的本质进行思考。从宇宙到天，从天到地，再到人和其他事物之间的关系，中国文化的思考更多的是一种关联式的、联系的思考。所以我们在学马列的时候提倡"要用联系的观点看问题"，当然能够得到绝大多数中国人的同意，因为这些和中国传统是相合的。但大家一说"形而上学"，就会觉得奇怪，因为这同逻辑有关。这些问题需要深入地讨论下去，但是在这里我只将其作为一个引子，来让大家知道，为什么我用我自己的方式来讲中国人与中国社会。

二、中国社会的构成及其系统

讨论完上述视角和方法，我就认为，研究中国人与中国社会不是一个把它们简单地看成学科研究对象的问题，而是为了研究它们首先要做视角和方法调整的问题，否则我们会看不到或者看错它们。下面我就试着用连续的、脉络的观点来认识一下中国社会是一个什么样的社会。我首先要说的是：中国社会是最成熟的农业文明。

这个社会在整个传统文化中凸显了四个彼此相联系的特征（PPT呈现，见图2）：

> 一、天、地、耕种／灌溉的关联性（天、地、人的关系）。
> 二、小农经济与家庭生活（利己性与社会网络）。
> 三、中华帝国的官僚体制（社会等级与权贵）。
> 四、由此而生的思想传统（儒家、法家与道家的互补）。

图 2　中国传统社会的系统

看上去，这些并非难懂，但是我们在城市发展、工业化的过程中已经开始慢慢忘掉我们所处的这些自然与人文环境。今天中国社会经济的发展依然不能说是工业社会，而只是在走向工业化。你玩后现代，除了时髦，同中国社会没有关系。中华人民共和国成立六十年来，中国经历了很多事情，我觉得在很大程度上是因为中国领导人了解农村社会的特征，才使得中国能够走到今天。如果他们不考虑这些特征，可能有很多事情的结果就不同了。这里可以举三个例子。第一个例子，当时中国革命开始学习苏俄和其他一些国家，当相关理论和实践被引进中国的时候，中国第一代领导人想在城市里面闹革命——上海就是非常重要的地方，但是后来发生了"白色恐怖"，革命中心就转移了。后来走的是"农村包围城市"的道路，使中国革命最终胜利。如果当时的领导人接受了西方人的观点，认为占领大城市就等于统治了这个国家，这种革命实际上是不成功的。毛泽东认识到中国的革命要从农村开始，中国的革命是跟农民、土地有关的。从这个意义上来讲，我觉得农村、农业、农民对中国有特殊的意义。第二个例子，中国的改革也可以按照东欧或者苏联的模式来进行，但是中国的第二代领导人认为中国的改革应该从农村开始。所以，当年作为城里人，我们对"土地承包""万元户"很陌生。西方社会心理学家也发现，中国人的现代化不同于西方，是从农村开始的。虽然后来城市化和企业的改革不怎么顺利，甚至有一些地区没有改好或者出现了大问题，但是农村改革为后来其他的改革奠定了很好的基础。第三个例子，在世界性金融危机到来的时候，中国又一次想到了农村，想到了"家电下乡"的活动。我一再想，每次中国在有困难的时候都能想到农村，平常为什么就想不到，想到的只是去农村搞那么多企业，去污染土地，造那么多的小别墅，把耕地面积都给占了？

可见，我的第一个判断是，中国还是一个农业文明的社会，包括今天生活在城市里的人的社会心理与行为也是一样。我后面会提到，中国人大量的思维方式和交往方式，是以农业文明作为逻辑基础而建立的。农业社会究竟是什么呢？众所周知，中国农业社会关注天、土地和灌溉。我最近写的一篇关于"公"与"私"的文章，其中有一部分谈到天或天道，因为中国发文章要有英文摘要，所以就找了一个美国学生帮我梳理。他一看到天就用了"heaven"。我虽然不能用英文很好地翻译我的摘要，但也知道这个词的含义是完全对不上的。怎么办呢？他说没有对应的词，只能这样。如果我用英文向英语世界的人介绍中国的"天"的概念，不停地跟他们讲"heaven"或"sky"，他们会觉得中国文化不过如此，或者非常好理解，也和他们自己的文化差不多。但假如我跟西方人讲"天"，他问"天"是什么，我说："天就是 *tian*，你自己去了解，你自己去研究什么是天。"他就得承认，这里面的东西他不懂的太多了，他就会来了解中国人的所思所想。同样，关系是什么？关系就是 *guanxi*，英文中没有这个词就得让西方人自己去了解。我想，多用汉语拼音也许是逼着西方人来了解中国的一种最初步的办法。其实，我说的都不是天方夜谭，也不是自以为是，今天很多研究中国社会的西方人都说"*guanxi*"，不再用其他的词。再有，西方学者也不再用"face"来理解"脸面"，而是用"*lian*"和"*mianzi*"，其他如"*renqing*"（人情）、"*ganqing*"（感情）、"*bao*"（报）等。这就是让他们重新理解中国人与中国社会的过程。

农业文明的首要特点是关注天。中国人关注天，是因为农耕让我们不关注天不行，传统农业是靠天吃饭、望天收。最近中国西南地区发生干旱，漫长的几个月下来天气总是这么奇怪。对中国人来说，这是天灾，人拿天没有任何办法。它要怎么样你得由着它、顺着它。但在西方的文化里，他们觉得任何的自然方面的东西，都可以用人的智力、工具、发明创造和知识去改变。比如对于中国人来说，冬天到了就穿棉袄、盖棉被，但是西方人就发明了空调，让屋子里像夏天；中国人夏天到了要脱衣服，西方人看到夏天到了，还让你穿着，因为有空调降温；中国人总认为人和路的关系是"有路就往前走，前面没有路就绕过去"，西方人则要建路、铺路，甚至是打山洞，架设桥梁；中国人讲上天是讲神话，西方人可以真的做一个大金属盒子把许多人装进去，在天上飞一圈。在农业社会，人们想让天下雨的时候它不下，不要天下雨的时候它偏下，怎么办呢？中国人也没想到过人工降雨，自来水浇灌，唯一的办法就是雨下多了储存起来，不下雨了把水放出来——这是中国人的智慧方向。人的力量，就是在不能征服世界的时候只在自然、天地之间做调整，我想，中国人大部分的智慧都在于在天地之间做调整。今日中国可以提出创新的口号，但是中国人缺乏创新思维。可是一说"调整"中国就是一流的，说调整马上就会调，说整顿马上就整顿，因为中国人在天地之间几千年就是不停地调过来调过去。对于金融危机我本人感受不太深，道理其实很简单——跟灌溉所影响的中国人的思维有关。平时省着点花，急用的时候我们就有钱用，而西方人都把未来还没有挣到的钱先花掉了。贷款出现问题，一发生经济危机就什么都没有了。中国人的储蓄思维是，有多少钱办多少事，家里总要留些钱，平时就想着预防万一，这样的社会怎么会有危机呢？西方人很奇怪：你们怎么老想存款，我们怎么老想赚钱？我会告诉他们：我们水都会存，怎么会不存钱呢？我们连银行都叫储蓄所。

　　中国农业文明的第二大特点是什么呢？我认为是小农经济与家庭生活。小农经济作为市场经济的对立物，是自给自足的，也就是说，自己生产是为了自己消费，而市场经济是自己生产，给别人消费；前者几乎没有流通和市场环节，而后者必须有。中国农民为自己干活，形成了自利性的人格倾向。但人的劳动又是要合作的。如何合作，不同类型的社会有不同的方式。中国人没有想过农业社会要用什么其他的组织形式来从事劳动，诸如大集团式的、庄园式的、农场式的，或者公社式的等。中国人最重要的合作形式就是家庭合作。毛泽东时代试过公社，可是没有成功，中国农民离开家就不知道怎么种地。由此一来，中国社会已经不需要在家庭之外建立什么别的组织，也缺少家庭之上的价值观，一定要说有，也是家庭的扩大。由此一来，中国人的利己性不仅能向内收缩，也可以向外扩充，似乎也有利他性，比如家乡人甚至到天下一家。对中国人来说，在家之外建立组织或组织起来搞一种信仰都是多余的，很少人热衷于此，许多人也不会参与。今日一些社会团体有些热闹，主要是因为里面的职位吸引人，不是内容吸引人。中国社会中的家庭和西方社会学中所讨论的家庭之间最大的不同是：家庭在西方社会意义上只是社会的一部分，是实体；可它在中国几乎是社会的全部，是虚实相间。所谓"修身、齐家、治国、平天下"，是一个从个人直至国家之间的连续统。中国人从来不觉得国和家、家和个人是分开的。社会学是工业社会的产物，工业社会是由社会组织建立起来的，所以西方社会学把"组织"看作一个核心的概念，可中国漫长的农业社会使得中国人对"组织"这个词很陌生，一直到中国近代革命才引入了"组织"这个概念，而且往往特指党派。比如说，你回家跟太太说"我今天终于加入组织了"，我们都明白你在说什么。即使西方影响到了中国，使中国人知道家庭之外还有社会组织，而非特指党派，但是我们也没有用"组织"这个词，而用了"单位"。单位一方面把组织的元素吸纳进来，另一方面又把家庭中的很多元素也吸纳进来，这就又构成了一个新的连续性的人群关系——个人、家庭、单位、组织，现在要加上社区。在中国，家庭跟单位一直分不太清楚，直到最近一二十年的市场化，两者之间的界限才渐渐清晰。为什么分不清呢？因为你在单位也可以当在自己"家"里面：农村人在家里面想要的东西，城市人的单位都能给你。要房子，单位盖房子；要吃饭，单位搞个食堂；要带孩子，单位建一个幼儿园；孩子要上学，大单位可以搞一个子弟学校；炒菜没有油，单位发"金龙鱼"；在家没有办法洗澡，单位搞个澡堂……单位简直就是家庭的延伸，所以中国人动不动就去找单位。这样你能说离开家庭进入单位，就是进入一种西方意义上的"组织"了吗？显然不能。如果你套西方社会科学中的"组织"概念来研究中国的组织，那么你一界定、一切割，中国社会最重要的特色就不见了，全世界的组织也就变成一样的了，最终回到什么制度、流程、管理之类的问题上去。今天许多讲座里讲的组织行为学或管理学之类就是讲这种千篇一律的管理原理，只可惜中国人的行为方式完全不是这样的。

在中国，单位中同家庭相连的部分是很重要的，是我们中国人选择是否进一个单位的重要标准。有人说中国人自由散漫，无组织无纪律，这是一个工业化视角的评价。中国人在家干活不上班，怎么会有时间概念？早晨四点钟起床和早晨十点钟起床有什么区别？不都是在地里面种地吗？有人说中国人勤劳，在我看来也谈不上勤劳——因为中国人都想做省油的灯。没有电，点油灯又嫌浪费，想省油就早点睡。晚上八点不到就睡，到早上四点就醒了。醒了去种地，这样就被人说成是勤劳。西方人有夜生活一说，往往会持续到半夜，个个都不是省油的灯，起来得就晚了。所以我觉得，在中国农业社会，家庭生活就是一切。家庭生活中既没有作息概念，也没有上下班的时间概念，但是却有劳动的概念。再说，孩子要念书也在家里面念；你说要娱乐，中国人的家庭就是最好的娱乐场，你还要到哪里娱乐呢？没有卡拉OK，没有网吧，没有咖啡吧，你只能享受天伦之乐，多生孩子，那就是乐。还有西方的社会保障体系，中国人觉得非常奇怪：养老怎么会跟政府或社会有关？养儿防老嘛。我生孩子就为了他养我。我怎么把他养大了他却想把我送到别的地方去呢？中国的家庭已经大到让你找不到出去的边界和出去的理由，因为所有的事情你都在家里做了。如果你现在同我抬杠，问我："人这一生有没有遇到陌生人的时候？"那当然肯定有的。可你再想想，遇到他们你怎么称呼呢？还是"大爷""大伯""大妈""大姨""大嫂""大哥""大姐"地乱喊，这就又没有走出去。所谓"四海之内皆兄弟"。比如我从南京坐飞机到哈尔滨开会，觉得很无聊，就从会场上溜出来看看街景。但是天黑了，街上没有什么人。我就跑到一家小店，这家店卖小家电，什么插头、灯泡之类，我一个人就这么转悠着。这时，过来一个人问我："哥，买些啥？"——真是祖国处处有亲人，走到哈尔滨我还有个"弟"。中国人实行改革开放、城市化、工业化，也涉及一个称呼的转换。见到陌生人该喊什么呢？"先生"这个词以前就有，只是其用法有些变化。"小姐"以前也有，不过现在尤其不能喊。"同志"几十年前也有，今天又不让你喊。北京人喊什么我不知道，至少南京人喊"师傅"。叫什么师傅呢，你又不是猪八戒？所以就找不到一个合适的称呼来进行正常的社会交往。怎么办呢？邻居家小孩打了你的孩子，你其实很生气，可也只能说"哥哥不要打弟弟"。这不还是一家人吗？这就说明，在中国人的现实生活中，家庭的包容性非常强。大到在社会层面，人与人的结合是家乡，家乡人外出会组织成帮会，比如同乡会、商会、会馆等。而在国家的层面，中国政治也的确一直是通过"家"的方式来建构"国"，所以在学术界也有"家国同构"的说法。

农业社会的第三个特点是中华帝国的官僚体系。孙中山说，中国人像是一盘散沙。这是由于家庭星星点点地分布在中国广大的乡村里面，造成这个社会缺乏组织，缺乏一种中间层。你让同乡人组织起来尚且可能，但让几万万同胞组织起来就很难。国家出于政治、稳定、治理、军事、灌溉、动员等需要，要建立一种政治架构。可是就在这沙盘上，家庭生活越松散，官僚体制就越严谨、越严密，即所谓中央集权制。西方社会学家韦伯在考察的时候对此感到非常惊讶。他考察现代社会的官僚制，却发现古老的中国文明中竟然也有这样一个制度——当然和西方的不一样。他觉得，这样一个传统的农业社会也能够架构起如此庞大的官僚体制，其中又包含君主的思想，真的令人费解。有君主思想就很难建立起现代意义上的官僚体系，现代意义上的官僚体系就是要打破君主的观念，所以英国、日本都走到其他道路上去了。但是在中国，这两者是合在一起，存于一种体制之中的。由于社会当中除了家庭、乡里乡亲以外没有别的组织形式，因此在这上面突然建立起庞大的官僚机构，会导致中国人在心目中把"做官"看作人生的唯一出路。即使有其他出路，比较于做官，还是差很多。这是"官本位"思想的来源。今天的社会虽然发展出了很多其他形式的组织，但所有这些组织都在向官靠拢。以教育为例，高等院校明明是一个教学、科研单位，但是它一样有行政化的倾向。教授在一起讨论得最多的不是学术，而是谁还有机会当官，谁还有机会从主任升到院长、校长，最后到国家什么部里去任职。政府一招聘官员，教授们就蠢蠢欲动。学校内部的管理也是行政化，教授是靠边站的。在中国，有的教授在发现自己只能当教授时，他还要追问一句：教授相当于行政多少级？然后得到的答案就是教授四年内相当于正处级，四年后相当于副厅级。弄清楚了，其实也没什么，但心里面就很踏实，就很舒服，也就知道了自己在这个社会中处于什么地位了。

中国的社会官僚体制中有一个非常奇特的地方，就是形成了一个倒金字塔，这是史学家的说法，我下面还有自己的观点。这是什么意思呢？就是越靠近百姓的官，人数越少；越往上走，人数越多。所以中国人讲官场不是指百姓和官之间的关系，而是官与官的关系，因为走上去以后周围全是官，分布在各个部门。大家都关注自己在哪边，哪个部门重要，哪个地方的资源多；又由于家乡、派系观念的渗透，也要问问自己是哪条线上的。这就形成了一个官场的系统。真正面对百姓的可能就是我们在很多戏曲里面看到的地方官员，比如县太爷，他们直接面对黎民百姓。他让黎民百姓体验到做官的重要性。在中国做官，官员们享有很多特权。可是特权积聚过多，社会的不满情绪就会激增，就会动荡、倾覆。怎么平衡呢？中国文化设计出了一个官僚的开放制度，也就是不搞世袭制——你不是羡慕我吗，没有问题，你可以参加考试，你只要考上你就跟我一样，这就是科举制度。这种制度开放到不管考生来自什么样的家庭，只要肯读书就有机会。所谓王侯将相，宁有种乎？我觉得，这个制度基本上把社会中的很多尖锐的矛盾都消解了。由此一来，家家户户都忙着做一件事，那就是生儿子——因为科举考试没有女子的份。很多人认为，从农业人口的角度来讲，生儿子是为了增加劳动力。我看远古是这样，中古就不这样了。你甘心生个儿子种田吗？当然是先考科举，考不上再去种田。所以儿子一生下来，整个家族省吃俭用地培养他。最理想的状态是，孩子聪明，书读得好，然后考个好成绩。这是全家人的兴奋点，也是孩子对家人的最好报答。科举制度的开放，不断的吸纳，导致官僚体制对社会产生巨大的吸引力，构成了中国社会的超稳定性。但是同时一个新问题产生了，即人们对知识的追求总是跟做官相联系，读书不是为了求知，更不是为了探索真理。

最后一个特点，我想讨论一下儒、法和道的问题。有关农业社会的很多问题，像天象、节气、天灾、战争、农业生产与技术、统治术等，会引发各种各样的思想流派的竞争，但是竞争到最后，哪一种思想对我上述的三点构成了指导性的意义，这种思想就可以在中国文化中变成一支重要的学派流传下来。事实上，对于中国农业社会生活体系有指导意义的思想，主要是儒家思想。为什么呢？因为儒家思想的核心就是"君君，臣臣，父父，子子"，就是"亲亲，尊尊"。君臣就是对着官僚体制说的；父子就是对着家庭生活说的。最后都归结为一

个"孝"字，即"以孝治天下"。你不用像《百家讲坛》讲的那样一句
句地理解中国思想家说了什么。你首先要知道，儒家是紧扣住中国社
会构成来宣扬自己的观点的，也没有超越我上面列的三大背景。儒家
的重心是强调"五伦"：父子、夫妻、兄弟、君臣、朋友。其中三伦
都在家庭结构里面；君臣一伦在官僚体制中；朋友一伦在社会生活中。
而君臣如同父子，朋友如同兄弟，好了，所有关系都被吸纳到家庭里
面去了。生人关系、组织关系、公共关系等，在儒家思想里面是没有
的，所谓"四海之内皆兄弟"，还有什么其他关系呢？所以孔子不会思
考这些东西。因为一个思想家不可能去思考农业社会没有的关系。现
在是有了，但却是没有规范的混乱关系。我们看到，儒家思想在中国
大行其道，因为它可以用来指导上述的第二个、第三个特点，核心是
要解决人与人的秩序问题，但进入官僚制度，不借助法家思想也管不
好。这依然根源于家和自私的力量。而道家更多的是对着第一特点说
的，就是思考天、地、人之间的关系，人和自然的关系，人和生命的
关系，生命和自然的关系，人的健康、寿命和自然之间的关系……这
都是道家反反复复思考的。这种思考有没有科学性呢？你用今天的科
学来套当然看不出什么科学性。有很多东西没有任何根据，只是靠人
的直觉、人的五官对自然界的感受思考出来的，但回到生命，就是回
到个体性，回到生命哲学，所以道家思想深入中国人的内心，成为中
国文化的根底。所以说，中国的儒家、法家和道家在中国历史上占上
风，是有其社会结构性的意义的，是嵌入中国社会系统的。

三、由图式推导出中国社会系统与中国人社会行为的关系

有了这四个特征以后，我想用脉络观把中国人的行为模式从中国社
会系统当中推导出来，大致可以得到下面这个图（PPT 呈现，见图 3）。

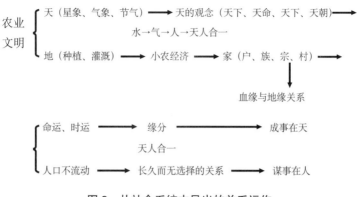

图3　从社会系统中导出的关系运作

从图3可以看到：首先是农业文明导致了农业生产对天的关注。这个"天"的概念范围非常大，包括星象、气象、季节、节气等方面的变化。结果中国人形成了天的观念，中国太多重要的概念都和天有关系。比如说中国有"天下"一说，而缺少"国家"与"民族"的概念，后者是近代以来逐渐形成的。中国人有强烈的天命观，强烈到什么地步？不论21世纪中国的社会多么发达，你走到中国人的现实生活里，还是要承认中国人的脑子中依然保留了天命的思想。比如，我到广州、深圳去讲课，大家在一起吃饭聊天，很多饭桌上的故事都是跟这个有关系，中国人特别喜欢谈这方面的事情；过去许多军阀作战也很相信天命，成功与失败都会想到天数、气数、命运、时运；许多西方人认为盖房子是建筑，然后是环境，中国人盖房子也是跟天命有关，这就是所谓风水，这不是建筑与环境的问题，而牵扯着人的命运。很多人认为自己的生活需要自己把握，包括做生意，但中国人认为做生意要看"天时、地利、人和"。又如，我们去经济发达的香港，看到中银大厦造得很高，把旁边的汇丰银行吓了一跳——你这家中国银行盖成一把刀的形状，我的生意怎么做？只要上班，头上永远立着一把刀。从风水上讲，生意还可以做吗？怎么办，没法把它拆掉，又没法自己搬走，就去问风水大师怎么办。大师说："我教你一招，你楼顶上面架四门炮，你对着它，它一砍你就轰它。"你们对照西方理论会觉得这是无稽之谈，但你要理解中国人的行为，你就需要这个系统。天的观念随着时代的变化在中国人的头脑中是不容易消失的。特别是女孩找不到男朋友的时候，你问她怎么回事，她会告诉你："有一些东西要随缘的，我的缘分还没有到。"我有时候在思考：袁世凯已经当了民国总统，已经最大了，为什么还要称帝？但是这个问题一旦放到中国文化当中，就可以理解了——人民同意的事情还要看看天同不同意，天不管总统，只管天子，所以人同意了，还不行，得让天同意，这就是中国政治的合法性。比如一个人有野心，他还得打着"替天行道"的旗号。因为中国人有连续统思维，即社会不是一个单独运行的系统，所有方面都和中国农业社会构成中的天对社会的影响有关，所以中国人的事变成了天的事。在中国人的观念里，生命不是自然生物体的存亡，而是跟天有关的，是与我们心中非常崇高、神圣、被敬仰的天相关的。从中我们可以看出很多问题，包括我刚才讲的官僚体制，它里面也有很多问题是用天来说话的，所以叫作"天朝"。

在中国人的农业社会，由客观的天产生天的观念，再到中国人在心理上有命运和时运的观念，是一个慢慢变化的过程。中国人把天的观念、命运和时运的观念用于人与人之间的交往，就产生了一个西方人理解不了的词，叫作"缘分"——我认识你，是命运安排的结果。中国人把最重要的夫妻关系都用缘分来界定，说明中国人倾向认为自己一生的安排由外部神秘力量控制。中国人很难用爱不爱来表达夫妻关系，这就是因为夫妻关系是缘分问题，不是爱情问题。有人说现在好了，进入21世纪了，年轻男女跑到《非诚勿扰》节目上来了，网上婚介所全有了。你别被外表变化所蒙蔽。比如，你看电视时爱上其中一位，赶快报名，但等轮到你，那女孩已被选走了，这还是缘分问题；反过来说，如果你心仪的女孩还在，那也真是同你有缘。那么，在缘和爱之间，是往爱那边去好，还是往缘这边来好呢？不好说。要说变，现在中国人选择了折中方案，这就是"配"。配，是爱与缘的混合。我们说"你们两个挺般配的"。般配了不爱才可惜；配了，就可以爱了。反过来，你追求一个人，追半天追不上，你说："我老追你，你怎么不睬我？"她回你一句："你也配？"这就是说想爱还要看配不配。你看中国人从来都是"天仙配"，然后变成"速配"，从来没有"速爱"。中国人找对象有一个考虑，就是是否相称。为什么中国人把爱看得不那么重要，没有像西方人那样，看成是维持两个人关系的基础呢？我也琢磨过来了。比如说，现在讲台上的这个盖子和这个盒子，它们可以合起来就叫作"配"。配的好处在哪里呢？是牢固。用命运的力量——缘分——来控制你，用"配"的力量来控制你，含义就是"牢固"。爱的确很重要，但是爱不牢靠，两三天就分开了。经常有父母告诫儿女："这个人是可爱，长得是好，条件是不错，但是不可靠，你们两个时间不会长的。"这是什么意思呢？中国人觉得婚姻这件事情是越长越好，你说得多长啊？——天长地久、海枯石烂啊。中国人把人的事用天来解释。可西方心理学只讨论人格，只研究人的内在特质。如果我们用天来解释人的结合，那么两个人一旦牵手成功，即使在生活中骂、吵，甚至打，大家也都知道两个人在一起这种状态不会变动。有人说西方人也有白头到老的，可是他们是在用加法过日子，有一天的爱，就过一天的生活，也可以过到最后。中国人是先有一个一辈子的设想，然后一天一天慢慢勾掉，用的是减法。西方人每天早晨起来要问候或用亲吻来示意"爱"，下班回来再用同样的方式说明"爱"还在。但缘分观则让中国人认为这完全多余，进而没有了任何表示，因为一切都很稳定，干吗多此一举？缘分最大的好处就是一辈子处于婚姻放假状态。什么叫放假？我举一个例子，原本有一个人，你们做同学的时候他（她）还没有结婚，他（或她）每天照镜子、换衣服，勤快得要命。但是几年不见，他（或她）身材变形了，人也比较邋遢。你一问，原因是他（或她）结婚了。结婚是什么意思呢？就是可以不修饰了，甚至不管自己的形象了。但是西方人都成老太太了还爱美，其深意还是想保持对对方的吸引力。西方人的婚姻生活是有紧张感的，因为每天夫妻双方都在想："我还能吸引他（或她）吗？"我告诉他们："中国人比你们幸福的地方，就是我们不用考虑这些。"西方的心理学喜欢讨论动机行为目标，认为人能实现目标在于自己的努力。而中国人觉得，很多事情能不能成，并不完全靠自己的努力，即使是百分之百的努力，还是有一个时运、机会、命运的问题。

关于土地引发的问题我不展开多讲，土地（不是钱）才是农民的命根子。学习过中国革命史的人都了解土地革命、土地改革。这些事件对应着中国社会最根本的问题。中国人重视土地，实行小农经济，然后是家庭生活。家庭生活之后就出现了中国人对血缘和地缘关系的关注，对血缘、地缘关系的关注会引导我们去研究人的社会交往。中国人与人之间的关系的起点是人口的不流动。我们今天的社会科学都是第二次世界大战后从美国移植的。但是美国是一个移民社会，它要关注随时可能移动的人的权利、平等、自由等。这是西方社会科学，包括心理学、政治学、社会学、经济学等的核心。它们假定一个社会以个体为单位，而且是自由移动的个体，好比西方的自助餐。但是中国人在农业社会中建立了家庭，土地不能移动，那么家就和土地相互依赖，好比中国人吃大餐的固定席位。当然，战争、饥荒也会导致人口的流动，这是一个移民生根的大话题，今天我不讨论。

中国的人口不流动导致中国人喜欢祖祖辈辈生活在一个地方，"外来者""陌生人"在中国有特殊的含义，隐含了根底浅、被欺负、不安全等意思。人口的不流动在日常生活中也看得很清楚。比如，你填过很多表格。中国人不问你是哪里出生的，而是问祖籍在哪里。中国人平时问你是哪里人，绝对不是问你现在的户口所在地、是在哪里出生的，而是问你老家，你爷爷是哪里的人。这似乎意味着，搞清楚一个人的祖宗八代比搞清楚他本人更重要。又如，中国人骂人绝对不骂本人。什么样的社会会骂本人呢？由到处移动的个体构成的社会。因为他移来移去，并没有背景，你抓住他，骂他本人就行。但是如果他一生很少移动，一骂连带出来就是一大片。所以中国人骂人是爬杆子地骂，最后就会骂对方的祖宗。这些都是在脉络观中才能看到的。

四、中国人关系的向度及其运作

理解了中国社会的系统，我们下面就可以讨论中国人的关系了。"关系"这个词，在西方人那里往往用互动、交流、交往、沟通等，但是很难用到"关系"。即使要用，也泛指两事物有联系。可"关系"在中国社会使用得非常多。它不是指普通的交往，而偏重指中国农业社会中长久而无变化的交往。中国人所谓的"搞关系"就是希望把短暂的有选择的关系变成长期的无变化的关系。

我先来谈一谈中国人关系的长久性。中国人认为，关系不是一天两天的事，不是短暂的事，而是一件很长久的事。中国人绝对不把单方面的打交道的人或角色互动说成"有关系"，比如医患、买卖等关系。我们说"这个人跟我有关系"，那么肯定就是指家人、亲戚、同学、战友、朋友、同事或邻居，等等。这些关系同血缘、地缘关系相吻合，是断不了、拆不开的。西方人重视小家庭，重视夫妻关系。夫妻关系是什么呢？是契约关系。中国人重视父子关系，这是永久的关系。

无变化也叫无选择性。无选择性是什么呢？爸爸妈妈能不能选？不能选。兄弟姐妹能不能选？不能。亲戚、同乡能不能选？不能。我觉得这是研究中国人关系的起点。西方所有的社会科学，无论是讨论市场、组织，还是讨论家庭、学校，西方人不会去过多考虑这些问题。如果你面对一个和你有长期而不能选择的关系的人，你怎么和他相处？社会科学极少讨论这类问题。因为在西方，无论是政治学、社会学、经济学还是心理学，它们永远都在提醒你：你是一个个体，你有你的独立性，你可以做你自己的决定。西方的家长也这样教育他的小孩：什么事情你都要自己决定，而且你到了一定的年龄时，要自己学会到外面去生活，不要待在家里面。可见西方人有互动、交流、吸引和冲突等，但这些都指向短期而有选择。

在中国，关系的复杂性在于，你得面对一群你没有办法选择和替换的人。你跟他吵架之后还是需要面对他，发生矛盾后还是他。要换一个，没有人换；要挑一个，不能挑。这是中国人关系的起点。有人会说，你讲的是以前的事，现在我搬了好多次家，生活在城市里了，这个理论就不准确了。但是我以为，只要你是中国人，只要你在家待过，上过学，或者工作过，这种关系就会出现，造成中国人关系的复杂性一代一代地传承下去。以上大学为例，你一头扎进去就是四年，在宿舍里面对着三至八个不能挑、不能选的人，你会怎么过？中国人没有隐私的观念，觉得我们能够长期地在一起亲密无间，为什么？原因在于你有什么我不知道啊？你说的梦话，以及那么多外人不知道的事，我都知道，我太了解你了！所以你为什么跟我那么亲密，是真心好吗？其实是你没有选择。有人说，现在的独生子女，在家里面也很自由，一个人一间屋子。但关键是，你的房间能关门吗？你放学回来把门一关，你父母买菜回来发现你在家还关上房门，肯定会觉得你在搞什么名堂。在家里面给你一间独立的房间可以，但人不能独立，"请别关门"。

中国人的很多关系是结构性的，不是由个体的意志决定的。这就是"人在江湖，身不由己"。从这个意义上讲，中国人为什么说"和为贵"，就是永远要让大家在长久而无选择的关系当中维持良好的关系。

无论你愿意不愿意，这都是必需的。西方不存在这个问题，不愿意就不愿意，愿意就愿意。西方人会告诉你他不愿意跟你好："我不喜欢你，我觉得我俩合不来。"中国人会说这些吗？你问他背后是不是说过你的坏话，他都不敢承认——"我听说你背后说跟我合不来。""哪里，我和你最好。"他为什么这么答，不是说中国人喜欢表里不一，喜欢面和心不和，其实是无可奈何的，说了又能怎么样，关系还是结束不了。为什么西方人简单呢？因为他们的关系是短暂而有选择的。时间短，说什么都可以，说完就走了；有选择，我连解释都不用，受不了你就走了。所以当你有一天到国外读书的时候，你会发现绝大多数的西方高校都是一人一间房。这在结构上构成了你的短暂而有选择的社交方式：合得来，开门；合不来，关上门。这就叫有退路，有个人空间。中国人除了被窝以外没有退路。要说退路也是身子钻到被窝笼子里，但是头还在外面。中国人在家里有父母，在结构上是被看住了；考上大学，终于觉得自由了，然后一头栽到几个人共住的一个房间里，又被好几个人盯死了，连独处的机会都没有。这些事情，从表面上看只是一些现象，但是现象后面有一些东西，让你觉得想挣脱也挣不掉，这就是中国人的关系结构要素。为什么我们叫它"关系"，而不叫"沟通""交往"？因为沟通、交往，可以是短暂的，也可以是长期的；你可以有选择，也可以没选择。但关系就是往长久而无选择的方向走，这就容易催生很多"做人"的问题及对付人的"计谋"，也发生了东方心理学中的"忍"。所以，鉴于上述关系要素，关于中国人的关系运作，我提出了若干个命题（PPT 呈现，见图 4）。

> 一、情理并重。
> 二、关系秩序的建立。
> 三、空间上的同一性一再强化。
> ……

图 4　中国人关系运作的特点

第一，情理并重。长久与无变化导致中国人的理性不容易发展起来，但这绝对不是说中国人没有理性。一旦你把人与人的交往方式放到一个长期而没有变化的条件下，那么这个社会里面的人与人的交往，只能发展出一种不能太讲理，也不能不讲理的情境。太讲理，每天都有争论，伤感情，不讲理也不行，我们会失掉互动的预期。最好的办法就是合情合理、于情于理都要如何如何。所以在中国社会，光讲理大家接受不了，光讲情也不行。怎么办呢？就变成了情理交融、合情合理。

第二，关系秩序的建立。我刚刚已经提到，如果关系短暂而又无选择，那么只好用契约来保证。如果关系是短暂、有选择的，那么趣味性、吸引力就非常重要。西方人因为兴趣爱好而产生的结合体叫俱乐部，也有很多形式的社团。在西方人看来，我跟你在这方面有共同兴趣，我们就可以走到一起，搞个组织，做些事情。因为他们觉得，几个人志同道合，可以一起搞些活动。但是中国人不考虑这些东西，无论认识不认识，无论友好不友好，中国人的组织更多地来源于家庭的放大，如同乡会、同学会、商会等。在中国人的关系中，秩序不用以契约方式来建立，它就存在于儒家的"五伦"关系之中。而父子、夫妻、兄弟、君臣等关系都是不对等的，其中一方对另一方具有支配性，只有朋友除外。西方人对朋友的理解非常窄，中国人的则非常宽，中国人想在朋友关系里面找一种没有高低的、没有主导和服从性的关系，可一旦关系对等，其中的秩序就很难建立了。中国人不喜欢对等关系，就像不喜欢吃自助餐一样。比如同学聚会，导师不参加就会乱，有导师参加就不会乱。对于朋友关系，孟子提到"信"，就是"朋友有信"。这是什么意思呢？在我看来，"五伦"关系中最松散、最不牢固的关系就是朋友关系。太松散，会导致没有高下尊卑，没有等级贵贱。要在这样的关系上建立信，没有其他"四伦"那么容易。有时，一个人有很多秘密不跟父母讲，也不跟领导讲，而找朋友讲。但是一讲，别人就充分掌握了你的信息，你就被控制了。只要关系一不好，就会产生问题。包括现在互联网上出现的这个"门"那个"门"等事件，归根结底就是因为交了朋友，后来又不好了，所以掌握信息的一方就会抖出来。

第三，空间上的同一性一再强化。我们刚才讲的脉络图（图3）中提到，中国人注重血缘、老乡的关系，造成中国人在空间上的同一性一再强化。强化的结果是什么呢？我称之为"关系的同域化的命题"。这是由中国人以家庭为单位放大出来的，所以中国人说同乡、同学、同事、同僚、同门等，都想说明共同区域内的人与人的交往在中国人看来比兴趣更重要。共同生活过，同一个屋睡过，一同吃过，一同学习过，一同战斗过等中的这个"同"，对中国人的关系强化具有很强的作用。

接下来我们来看看中国人的关系分类。

如果我们要将关系分为几个类型，怎么分呢？我有一个与西方社会不同的划分，我称之为"同质性交换"和"异质性交换"。同质性交换在西方是少有的。以西方人的交换理论看，他们认为交换的意思是：拿你有的换你所没有的。这就是西方的交换理论的前提，贯穿于整个市场交易和社会交换。比如说我们去寻找可交换的对象，看看你有什么，他有什么，然后再看看类与类之间怎么交换。又如交换怎么导致了权力？因为你手上没有资源，如果你想要我的资源，我就可以控制你，这就是权力形成的根源。

但是我研究中国人时发现，中国人似乎更强调同类交换。什么叫同类交换？我今天请你吃饭，你别忘了下次请我吃饭。如果我请你吃饭，你帮我做另外一件事，那就叫作异质性交换。对于农民而言，我今天到你家帮你盖房子，那就意味着下回我家盖房子时你也要来帮我盖；今天你生病住院了我陪你，希望以后我家有什么事情时，我很难过的时候，你也陪陪我……我读《诗经》的时候读到"投桃报李"，诗的最后一句说是为了感情，即永结为好，是很有见地的。我觉得同质性交换是为了感情而发生的交换，异质性交换是为了利益而进行的交换。但是请注意：理性，西方社会科学的核心概念"理性"只有在异质性交换中才能产生。同质性交换多了，自然产生不了理性，只有把同质性交换转向异质性交换才有市场和交易发展的空间。但问题是，中国市场发展到今天，有很多交换来自"咱俩曾经同吃同睡同住"。我支援过你，你也请过我，我们有很多同质性交换的时候，将来也就会有异质性交换。这就是从中国传统中导出来的交换模式。中国人一般很难抛掉情感性的交换，直奔利益的交换。今天很多地方结成了社会交换的网络，同乡会、同学会在这里面起到很重要的作用。这都是我们思考的关系不怎么同西方人一样的地方。比如在交换过程中，西方人会直接关心现在发生了什么事，他能帮什么。中国人则要先谈感情，然后再回到帮助上来。

既然中国社会是一个连续性的社会，我对关系中的人情分类也做了一个连续性的思考，也就是根据感情的深浅程度将其分成：感恩戴德、人情投资与礼尚往来。我认为，中国人人情中最浓烈的是恩情，即感恩戴德。"恩情"是什么呢？我没法下定义，但是中国人觉得什么时候才能把人情定义为恩，同事件有关系。比如人生的转折点、人的生死关头、人处于危险中——在受到威胁、处于危难中，这时的交换行为是"恩"的行为。但是我们一生中跟许多人交换，我们往往碰不到一个人危难、危险、处于生命转折点的时候，所以一般来讲，关系当中也很难建立起恩情关系。可一旦建立起来，这类关系就是最重要的。因为恩情的价值是无限的，所谓在未来的交换中没有办法拒绝。为什么价值会无限呢？中国人认为，如果在你最危险的时候、生死关头或者你人生中遇到坎的时候我帮了你，那这种帮是没有办法用物质、利益计算清楚的。比如说，我在看到你很饿、眼看快要断气的时候给你喝了一碗粥，你不能醒了之后只送给我一碗干饭。看起来，交换上你没有问题，但你是无情无义的。所以中国人交换时不喜欢针对那个东西本身进行计算，而是对东西所流露出来的背后的很多隐喻进行理解。比如，甲考大学不顺利，老师乙费了很大劲儿，帮他考到学校里面去了。甲在学校里面找到了终身伴侣，毕业后找到了好工作，又生了个儿子，还成为一个领导干部。甲想回报乙，如何算得清楚？此时，甲很感谢乙。

甲说："×× 老师多亏你帮忙，我想对你表示感谢。"

"你怎么谢呢？"

"这样吧，我银行一共就十万块钱，我都给你吧。"

"我就为了这十万块钱帮你吗？我是冲着这十万块钱来的吗？你觉得我帮你的忙就值十万块钱吗？"

这就搞的好像甲在犯错误。其实乙心里想不想要呢？当然想了，但又觉得不够。

结果甲说："我怎么办呢？"

"我也不知道。"这话等于说，乙"拿住"了甲，还没有想好要他怎么还。

"你别这样，这样我心不安了。"乙想，你心不安就对了。

中国人最厉害的一招来了，就是让甲等通知。有的人等到通知时才发现，对方的要求太高了，帮不了，但帮不了也得帮，因为"恩情"很难拒绝，进而造成了一生的"欠"。如果等了一辈子通知没有等到怎么办？快咽气的时候，甲把儿子叫过来说："我们家欠乙的情，你千万别忘了。"这个欠下来的恩情就一代一代传下去了。我认为，恩情契合中国人长期无变化的人际交往。这就是情理并重的思维，和市场理性的东西不一样。

另一种人情是人情投资，我称之为价值－工具理性，就是送礼。送礼本源自中国，但是受到了西方市场经济的强化。送人情、欠人情、利益交换、讨价还价都是在进行人情投资。你瞄准目标，有求于他才会投资，你的投资方向是明确的，而且投入也很大。但是你经过理性的思考，知道回报更大，所以再大的投资，你也会接受，因为更大的回报等在后面，这很接近市场中的交易行为。那么如何分辨人情投资和感恩戴德的差别呢？你想让一个人跟你产生恩情关系，就一定要在这个人还没有变成目标人物的时候，施恩于他。当一个人变成目标人物的时候，无论你怎么想跟他建立恩情关系都不可能了，因为他这时都会把你的帮助理解成投资关系。可见恩情是事先投资，比如大家在做同学时，一个人想回家，没钱，你把你钱包里的钱给他让他回家，因此自己不回家了。这个人将来"发达"了以后，第一个想到的就是你，在恩情上面会感谢你。但如果一个同学已经做了官员，你去做人情，这就不是恩情，而是人情投资了。所以这是有差别的。

最后一种是礼尚往来，我就不做解释了。日常的人与人之间的交往都会涉及礼尚往来，而今天的很多人想借助礼尚往来来实现前两种可能性，这些问题也是值得我们去思考的。

五、中国社会的权威结构

前面的讨论，我们是从宏观背景进入微观的社会互动的，现在我需要再从微观进入宏观看中国社会的结构。我到底想表达什么？当我用一种连续性的及脉络式的路径来理解中国的天人合一、家庭生活与官僚制、儒家思想，再到中国社会构成的时候，我发现很多问题是连在一起的，而不是切开的。从微观的社会关系运作上升到宏观的社会结构，我认为中国社会的架构很像一个葫芦，最上面是天道，连接皇权，接下来是官僚体制，中间留了一个通道，这个通道下面是中国广大且分散着的各种各样的共同体。这些共同体的构成是我们所说的"差序格局"，就是说由每个人以自己为中心逐渐扩散出去的关系圈所构成的社会网络。中国人不鼓励单枪匹马闯天下，中国人离开他的共同体就会孤苦伶仃、无依无靠。个人借助他所处的共同体，大家在互相的支撑和交换中实现了一个人由共同体走向国家之路，最终通过这个通道进入官僚体制。这就使得下面的共同体和上面的国家结构有着紧密的关联。而这个紧密的关联会导致什么结果呢？我想这里面存在一个中国人行动的动力问题。每一个人、每一个地区、每一个群体、每一个社会网络都有一个动力，如果一个群体想在社会上站得住，就要有靠山。一个共同体要能够成功，前提是一方面要先推着一个人进入官僚体制，另一方面这个人又能够同地方或群体勾连起来，这和"一人得道，鸡犬升天"相类似（PPT 呈现，见图 5）：

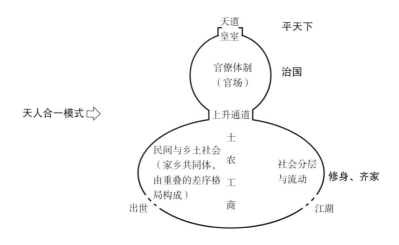

图 5　葫芦模式：中国人的社会与政治图景

从图 5 中，我们可以看到，国家与社会不是对立的关系。国家与社会因为这种官本位、家本位的并列，通过中间一个通道构成了一个权力与关系结合的官民动力系统。中国人对权力的追求导致社会对个体的压力，这个压力导致共同体中很多人想挤到一个通道里面去，走到这个官僚结构里面去，这个时候官僚制就具备了强大的吸引力。在这个状态下，就出现一个问题：假如失败了怎么办？很有可能出现两种选择。第一种，在中国，真正想反抗、想革命、想斗争的人是在此路不通之际成事的，因为他觉得自己是一个失败者，已不可能走到这个系统里面去了，他就很可能走到这个系统的反面，甚至成为危及社会的力量。第二种失败的人更加广泛。大多数人如我前面说的，马上想到成家立业。为什么呢？生孩子啊，让孩子再去试。孩子再失败了怎么办呢？再结婚生孩子……中国人往往通过这样的方式实现几代人的梦想。家谱的意义也是由此体现的。

有了这样的官僚权力架构，我们就又可以回到微观上来讨论权威如何同关系相结合了。韦伯曾经提出三种权威模式，但我这里将提出第四种。从连续体的观点来看，中国的权力结构是什么结构呢？首先，中国的共同体中的权力和国家官僚权力不像西方的二元对立或分类，西方一般都把它们分开来比较。但是在中国，我们从社会系统中看到的关系运作会影响到国家结构，即在共同体的权力和国家的官僚权力场中间有一个重合地带。而我们要讨论的概念"权力的再生产"就是在这个重合地带建立起来的。"权力的再生产"是什么意思呢？我们先来看看不同权力场的重叠关系（PPT呈现，见图6）：

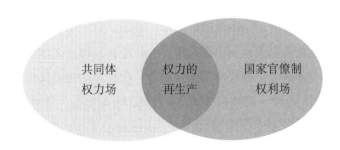

图6 不同权力场的重叠

我们再来认识一下权力再生产的运行过程（PPT呈现，图7）：

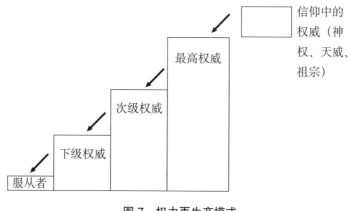

图7　权力再生产模式

从图7中我们看到，所有的社会都有信仰的权力系统，无论是神权、天威、祖宗，还是巫师等，这些为现实当中的权威提供了合法性，然后社会中出现最高权威，一层层往下控制。这在全世界都是一样的。但中国社会的权力结构有什么地方不一样呢？

想想《红楼梦》中的一段情节：贾政得知贾宝玉在外面厮混，与戏子交朋友，又被贾环诬告，很生气，拿着棍子在其书房把贾宝玉打了一顿。宝玉在家庭中地位很低没有办法，他就叫边上的人把他母亲找来救他。王夫人来了以后劝其丈夫：别打，并搬出贾母施压。此时，贾母闻讯赶来。贾母一出现时说的那一番话，对于研究中国社会中的权力结构也很有启发意义。她说道：先打死我，再打死他，岂不干净了。贾政上前陪笑，安抚母亲。贾母道：你是在和我说话吗？可怜我没养个听话的儿子，没地方说话。贾政跪下含泪说道：母亲教训的是，我也是为了光宗耀祖……贾母回道：你说教训儿子是为了光宗耀祖，那你父亲当年是怎么教训你的。贾政立刻保证以后再也不打儿子了。贾母还不解气，让丫鬟备轿，要带着王夫人、宝玉一起走。对于儿子把母亲气走，西方人觉得走就走吧，但是中国人会怎样呢？这时贾政把棍子一扔，忙叩头哭道：贾政无立足之地！有些遗憾，曹雪芹没有继续写下去，我这里给他续一下：此事之后，贾宝玉继续在家里面无所事事，在这妹妹的房间里转转，在那个花园里串串。他父亲回来了看到儿子还是没有长进，这时候他怎么办？还得打他一顿啊。但这时候这个办法不灵了，贾宝玉跟原来不一样了，他会说：你打打看，我找你妈去！中国有一部小说叫《羊的门》，其中讲到一个"文化大革命"时"下放"的北京老干部在村子里经常挨贫下中农批斗，一个民兵排长经常搀扶或私下同情他。这个老干部在"文化大革命"后官复原职，民兵排长当了村长。于是乡村里出现了这样一种现象：县里的一些决议需要征求这个村长的同意。

什么意思呢？就是在中国任何一个地位低下的、没有权力的人都知道，关系能够导致权力的翻转，我称之为"权力的再生产"。见下面的图（PPT呈现，见图8）：

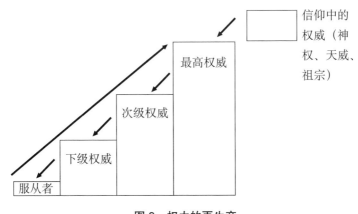

图8 权力的再生产

这种翻转会导致什么呢？就是在中国，当面对一个没有任何正式权力的人时，我们并不能肯定这个人没有权力，而要再看看他的关系状态，尤其是其恩情关系。比如，此人有什么来头，什么背景，什么靠山，有什么人撑腰。这就是一种脉络观。你确定他没有其他关系，那会是一个结果；如果有关系，那又是一个结果。反之，你只要看到一个人既不是官，又没有权力，还那么横，就可以推测一定有人给他撑腰。背景、靠山、撑腰等，是一种隐喻，需要我们去揭示它们在中国的含义。所以我觉得，本来中国就是一个官本位导致权力膨胀的社会，又因为关系和权力的结合，再导致无权者之权力的再生产，使得这个社会的问题更加严重。西方人研究权力，不过是研究 A 同 B 的关系。而中国人的权力结构是石头、剪子、布。西方人永远在 AB 里面做研究，如果要加进 C，那就再研究 BC。可是，中国人的权力关系是 ABC 构成的循环关系：看起来，每两者之间都有大小，可三者之间却没有大小。同样的循环还可以在晚清时候流行的儿童游戏"百姓、洋人、官"，即百姓反抗洋人，洋人欺负官，官压百姓，或也可以在"老虎吃鸡，鸡吃虫子，虫子吃棒子，棒打老虎"之类的童谣令中看到。在中国，权力本身就很大，关系又让权力更为强大。在这样的社会，我们如何实现个人的发展、社会的改良与国家的进步，我想这是值得大家思考的问题。

我的讲演就到这里，谢谢各位。

六、现场互动

提问：能不能请您回忆一下在您的童年、幼年或者少年时期和父母产生冲突的事，就是由您来决定，但是他们要牵制您的决定的一件事情？

翟学伟：对于绝大部分中国孩子，家长都是以"乖"作为其社会化是否完成的标准的。我记得，当年在家复习考研究生。那时候我已经成年了，成年人应该有权利做自己的决定。我复习最紧张的时候，从远方来了几个亲戚，要我们一家人陪着在城市里面玩一玩。我很自然地流露出"我不想玩，我想回家看书"的情绪，但是我没有说出来，只是玩的时候很不开心。然后，我父亲就说我是一个不懂礼貌的人。我说："我考研究生再不复习来不及了。"我父亲很生气。他很严厉地说："你要走就走！"他转头就带着他们一起走了，弄得来我家玩的亲戚很不好意思，过来拉我，说："你要看书就先走吧。"我看我父亲的样子已经没有办法走了，只好继续跟在后面，一直玩到结束。这件事情充分说明了关系比个人意志重要得多，我们处在长久而无选择的关系里面。

提问：我想问一下您关于中国权力和关系的现状的观点，前景怎么样？

翟学伟：我觉得国家在名称上先把"官"改成"公务员"，然后网络的发展使得很多东西的透明程度不断提高，会有一些改观。当然又有很多方式在控制网络舆论。这是一个漫长的博弈过程。当然如果仅仅作为口号来说是越来越好，但是我不关心明天怎么样，我只关心有什么机制可以让它慢慢走到一种新的可能性里来。

提问：我想问一下，西方商业化社会引进以后，我们的家庭观念的淡化导致了严重的后果，在这种情况下个人如何生存和发展？

翟学伟：中国的家庭规模在缩小，人们的家庭观念在淡化，这或许是一种趋势，但这些还不能说明中国人的关系和权力运作不重要了。我们的研究会讨论根源问题，但模式运行起来可以脱离根源。当然要打破一种社会模式，还是需要考虑这个根源强大与否。

提问：请问西方生命文化要求的流动性和个体性是什么？

翟学伟：我曾经有一篇文章想表达如果中国社会流动起来会发生什么事。我的观点是，首先，中国的大规模社会流动是发生在农民工层面的流动，学生的社会流动基本上是沿着我们上面说的社会结构展开的。

农民工的流动非常厉害，出来了大量的研究报告。但是我们发现，中国的农民工流向城市不是和传统告别，而是把整个村子流过来，包括北京周围的城中村等，他们依然有传统的邻居关系，把传统融入了这个现代化的城市。我可以在这里干活，但是我要回归到有安全感的传统、有关系网的社会里面去，这是传统社会转变为现代社会时会发生的事情。

其次，无论借鉴多少西方人的那种一开始就考虑一个移民社会如何用制度来确保移民和流动不发生问题的理论和经验，在中国都没有发挥应有的作用，因为中国社会长期的不流动所催生的信任是非常强大的。这是什么意思呢？就是"跑得了和尚跑不了庙"。在中国，所有的信任是建立在知根知底的基础上的——我对他的信息有全方位的控制，我对他才有信任的可能。但是中国社会一旦爆发流动性，除了一串数字形式的电话号码以外，对方所有的信息都消失掉了。这种消失是爆发式的，在中国很难找到一个治理方式可以补上。诚信危机就在这个时候爆发了。我觉得中国的诚信危机跟传统社会碎片化、原有的信任关系不再起支撑作用有关，而新的机制，像美国社会那样一开始就在流动中建立的人与人的信任机制，在中国是没有的。这时候坑蒙拐骗就会产生。

提问：个人在这当中怎么发展呢？

翟学伟：我曾经有一篇文章，基本观点就是我希望社会学在未来发展成为对个人有用的学科。为什么这样讲呢？因为社会学老跟你谈数据、谈调查、谈结构、谈制度，谈到后来个人就会变得很渺小。当社会学变成对个体有用的知识的时候，里面的知识传递方式和建构方式就要有一个新的转向。这个转向要往个人方向上走，其中有没有个人知识呢？我觉得有。历史学、文学、法律，这些对你的成长都有利，但是我的讲课到目前为止，社会学的知识还不能为个人提供，所以我回答不了你。

提问：我们都知道在中国社会学研究领域有一本书很有名，就是《乡土中国》，在您这次讲座的参考书中也有这本书。我自己也看过，也很喜欢。我想问，您对这本书的评价是什么，它对您有什么启发，以及在现在的中国社会中，您认为书中有哪些观点可以得到修正？

翟学伟：这是一个很花时间的问题，但是我可以简单回答一下。我建议你看我在《中国社会科学》上发的一篇《再论差距格局》，主题就是费孝通理论的遗产与局限，这篇文章基本上是我对费孝通的学术贡献做的个人的思考。简单地说，我对费老的评价是：他是一个在建立中国派的年代中，第一个能够不依赖西方的架构，独立到中国农村去看，并且用自己独立的思考来研究乡土中国的学者。他的书里面提出"差序格局"的概念，我想尚没有一个学者可以拿一个概念和费孝通这个概念来比。所以我要去谈他的差序格局好在哪里，贡献在哪里，但是我也要谈局限性在哪里。今天中国学者想做中国社会研究，如何在这个概念的基础上再往下走，我都有个人的思考。

提问：您刚才谈到的中国社会结构形成的方式建立在农业文明的四个组成要素上，您好像把整个社会发展的逻辑起点推到自然和地理的因素上去了。我觉得，农业文明与游牧文明相比，流动性大的文明是人类发展过程中文明的进步。您的意思我觉得是说，农业文明发展到一定时候有一个停滞，架构稳定以后自己也逃不出去了，所以我们的思想到了儒道以后没有办法超脱儒道构架的思想体系了。西方的思想，其实最后也是农耕定居的文明，他们是怎么逃脱这个模式的呢？这对我有一点点困扰，是不是说一旦跳出这个模式以后，所有的在农耕文明基础上发展的社会结构都会向西方社会结构靠拢？现在中国也这么大幅度地融入世界贸易，我想这个贸易肯定是异质性的交换，肯定是由理性主导的，这是不是意味着至少在商业文明方面中国越来越向西方靠拢？您是不是认为以后中国的结构就会走上这条道路呢？

翟学伟：今天的问题有不少是关于以后和未来的，但是我恰恰觉得社会学不关注以后和未来。当然，我们可以用逻辑或数据加以推导和预测。我就这里面的几个点来讲一下：第一，如果你看冯友兰的书，他也认为人类社会是从农业、工业这样过来的；然后看五四运动前后的书，受进化论影响的人也会认为社会的进步是农业、工业的顺序。但是在讨论中国社会、中国人、中国文化模式的时候，我自己偏向不用这套观点来看这个社会。用这套观点看社会就相当于使用一把尺子，这是西方人给你做好的，你拿这把尺子看社会形态，你永远不比它好。中国社会当中有些东西是西方社会可能再往下走也没有的，中国现在有一些东西是再往下走也走不到西方的现今里面去的。现在也有人谈"中国模式""中国特色"或者是"第三条道路"，不管用什么词来换，包括中国举办奥运会的方法，都让我们感觉到，其实中国人愿意沿着自己的一条可能的路往下走，可能是既非传统中国又非今日西方。当然这是对未来的预期，我也不敢说会怎么样。

对于你的第一个问题，我不是一个环境决定论者，我也不想基于地域来谈人。但是我觉得要谈清楚中国的问题，就要用中国的理论方式，要找到一条出路，那就是我们习惯于把人放在背景中看。比如说，对于鱼缸里的鱼，西方人会看鱼，会抽象地讨论这条鱼。中国人会说鱼在鱼缸里面，这个鱼缸适合养多大的鱼，鱼和水之间是什么关系或给它们置办个什么景等，这是关联式的思考。这样，我们对于一些东西的理解会超越西方分类式、抽象式的理解，就能够看到中国社会更多、更关键的东西。我是为了看到更多、更关键的东西才回到背景中的。背景在社会学研究中是一种结构，比如我给美国学生上课的时候说："不管你是什么皮肤的人，一旦你有机会进入一个长久无选择的社会结构，即使没有儒家教诲，你建立的关系也是中国人所讲的关系。"所以不要总是用观念文化来说事，而要把从文化中找到的要素摆进去来看人类，这是我的观点。谢谢大家。

索　引